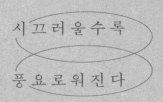

시끄러울수록
풍요로워진다

시 끄 러 울 수 록

풍 요 로 워 진 다

삶을 회복하는 힘, 팬데믹 이후 우리에게 필요한 세상

묵수정 지음

한겨레출판

밤이 익어간다.

어둠이 지상에 내려앉자, 새들이 요란하게 그들의 축제를 시작했다. 밤은 문명의 소란을 어둠으로 덮고, 자연의 소리를 세상에 들려준다. 나무 위에서, 전깃줄, 피뢰침 위에서. 그들은 하루를 마감하는 대화의 향연을 벌인다. 밤이 지나고 여명에 세상이 눈 뜰 무렵, 또 다른 새들의 지저귐이 어둠의 커튼을 걷어 올린다. 그 소리에 눈을 뜨는 아침, 안도한다. 자연이 아직 우리를 버리지 않았다. 명랑한 새들의 노랫소리를 아침마다 들을 수 있다는 건, 그들이 의지해 살아갈 나무와 그 열매와 물, 숨 쉴 공기가 있다는 얘기다. 인간도 얼마든지 그 속에서 살아갈 수 있다. 다른 모든 생명체들처럼.

대략 3년 전부터 인류는 기묘한 세상에 진입했다. 이 희한한 세상의 설계자가 '자본'이라는 사실엔 의심의 여지가 없다.

2010년엔 89명이 인류의 부 절반을 소유했고, 2019년엔 23명이 그것을 소유하게 되었을 때, 신에 도전하고자 하는 과대망상의 자아들이 세상을 향해 어떤 짓도 저지를 수 있음을 각오해야 했다. 중세 교회 권력이 하늘을 찌르며 성경을 멋대로 쓰기 시작하고, 면죄부를 만들어 팔며, 사람을 살리는 치유자들을 마녀라 지목하고 불태울 때, 아무도 그들에 맞서지 못했다. 오늘 자본의 행패는 중세 교회의 모습을 떠올리게 한다. 그들은 과학을 사유화하여, 과학이라는 간판을 건 종교를 만들었다. 국제보건기구들, 과학잡지들, 학회들을 자본으로 지배하며 자신들의 입맛에 따라 적어간 이 신흥 종교의 교리는 지구적 도그마가 되었다. 과학을 믿으란 말은 과학적 근거 없이 제시된 한 가지 명제를 맹목적으로 따르라는 지시가 되었고, 거대 제약사들과 보건 당국은 미디어와 손잡고, 그 지시를 어기는 자들을 향한 현대판 종교 재판을 벌였다. 인권과 민주주의는 그 속에서 익사해 버렸다.

식당에 다닥다닥 붙어 앉아 마음껏 마시고 떠들고 먹을 순 있지만, 거리에 나서는 순간, 마스크를 써야 "안전"하다는 프로파간다 속에서, 더 이상 누구도 '과학'을 말할 순 없다.

여기에 저항하는 정치세력은 존재하지 않는다. 소수의 깨어있는 시민들이 자본이란 이름의 벌거벗은 임금의 몰골을 목청 높여 고발할 뿐.

20세기 말 유럽 땅으로 이주해온 후, 틈틈이 이곳에서 목격한 사회적 진화와 소란, 그것들이 남기는 지문을 기록하고 전달해왔다. 나의 시선은 권력의 선동에 맞서는 소수의 시민들 곁에 고집스럽게 머물러 있었다. 소수가 언제나 옳은 건 아니지만, 굴종을 거부하고 다른 길에 들어서는 사람은 늘 소수였기에.

이 책은 그 기록들을 모으고 간추린 것이다. 지나온 길목 어디에서나 인간의 존엄을 끌어내려, 발아래 굴복시키고자 길을 막고 서 있는 자본이 있었고, 거기에 맞서 분투하는 소수의 시민들이 있었다. 21세기로 접어들며 자본의 공격은 더욱 노골화되었다. 그러나 자신이 지닌 천부인권을 한 치도 양보할 수 없는 시민들에겐 강력한 무기가 있었다. 생명을 향한 진실, 사랑, 연대. 작은 촛불 하나가 어두운 방을 밝히는 것처럼. 그들이 치켜든 횃불, 그들이 외친 말들은 질식되어가던 사회를 흔들어 깨웠다. 그들이 시끄러운 소리를 내며 지나간 자리마다 새로운 풍요가 싹텄다. 노란 조끼의 봉기가 전무후무한 다원적 민중 연대의 토대를 만들었고, 보건독재의 억압은 자연치유와 자립 경제, 유기농업에 대한 폭발적 관심을 사회에 확산시켰다.

며칠 전 유로스타를 타고 런던에 다녀왔다. 이미 영국과 프랑스에선 수개월 전부터 마스크의 의무를 전체 공간에서 해제하였으나, 객차 복도 위에 걸린 스크린에선, 마스크 착용이 의무라는 철 지난 문자 방송이 쉴 새 없이 영어와 불어로 지나가고 있었다. 현실에선 승무원도 승객도 그 누구도 마스크를 쓰고 있지 않음에도. 무력한 권력의 프로파간다와 격렬한 시민적 저항의 열매를 누리고 있는 시민들의 극적 대조가 객차 안에서 펼쳐졌다. 언제든 우리의 저항이 느슨해질 때, 그들의 힘 빠진 프로파간다는 다시 우리의 목을 조이는 현실이 될 수 있음을 상기시키며.

마음껏 숨 쉴 권리를 방해하는 권력은 일찍이 없었다. 그런 점에서 우린 전대미문의 권력자들을 만난 셈이다. 그러나 이런 상황은 용기와 지혜를 지닌 이들에게 새로운 세상의 빗장을 여는 계기를 제공하기도 한다. 신체의 자유마저 억압하는 권력 앞에서 진정한 자유에 물음이 터져나왔고, 자립적인 에코빌리지(생태 마을)를 찾아 도시를 떠나는 사람들이 생겨났으며, 제약회사가 군림하는 의료시스템에 의존하지 않고 스스로 건강을 돌보는 방법을 찾는 이들도 늘어났다. 고난의 시간을 전환의 시간으로 만들기 위해선 용단과 지혜가 필요하다. 지혜는 그 어떤 뛰어난 선각자가 가지고 있다가 전해주지 않을 것이다. 자연을 응시하고, 호흡하고, 그들과 소통하는 것, 같은 고난을 겪고 있는 이웃의 시민들이 어떤 전략으로 이 고난을 돌파했는지 살펴보는 것으로 충분하다. 너무 멀리 자연의 순리로부터 이탈하지 않는 한, 우린 언제나 건강한 삶으로 돌아올 수 있다. 그것이 생명체가 지닌 복원력résilience이다.

2022년 8월 1일은, 지난 2년간, 프랑스 사회를 독재 상태에서 작동하도록 했던 보건비상시국이 마침내 해제된 날이다. 시민들이 투표로 바꿔놓은 국회 안 권력구도는 마크롱 정권이 2023년까지 연장하려던 이 합법적 독재를 투표로 저지했다. 복원력이 작동하여, 제 궤도로 돌아오는 그 길목에 시민들은 들어섰다.

단일 사고를 강요하는 시대에 이 각별히 불온한 생각들을 기꺼이 책으로 엮어주신 한겨레출판사에 깊이 감사드린다.

2022년 8월 5일
목수정

차례

1부

접점을 만든다

: 소통과 상생이 있는
  소비를 위해

2부

발언한다

: 누구의 희생도 없이
  행복한 가정과 학교를 위해

3 부

거리로 나선다

: 뒷전으로 밀려온
누군가의 존엄성을 위해

4 부

고발한다

: 팬데믹 전체주의를
지나며

1부

접점을 만든다

소통과 상생이 있는 소비를 위해

스크린 독점 없고,
티켓 값 절반인 공공영화관

　몽트뢰이Montreuil는 파리 동쪽에 있는 인구 10만의 도시다. 90여 개의 국적을 가진 사람들이 모여 사는, 놀라운 인종적 다양성을 보여주는 이곳엔 예전부터 노동자, 이민자들이 자리 잡고 살아왔다. 80~90년대를 기점으로 이곳에 있던 작은 공장들이 하나둘 문을 닫으면서, 그 자리를 예술가들이 채워가기 시작했다.

　공장터가 예술가들의 아틀리에Atelier: 작업 공간로 개조되는 경우가 늘어나면서 이제 몽트뢰이는 프랑스에서 인구 중 예술가 비율이 제일 높은 도시로 꼽힌다. 주거지의 3분의 1이 사회임대주택일 정도로 임대주택 비중이 높고, 난민 수용을 위해 지자체가 적극적 노력을 기울이는 곳이기도 하다.

　몽트뢰이의 새 주민층이 된 소위 '보보Bobo: 부르주아 보헤미안, 히피적·

좌파적 감성을 지닌 부르주아'들과 기존 주민들은 그럭저럭 마음이 맞는 이웃이 되어갔다. 2008년 단 한 번 녹색당 시장이 당선된 적을 제외하고, 근 1세기 동안 공산당 시장을 배출했다는 전통을 변함없이 이어온 것만 봐도 두 계층이 엇비슷한 정치적 취향을 공유함을 알 수 있다.

바로 이 도시에 유럽에서 제일 큰 공공영화관 멜리에스Méliès가 자리 잡고 있다. 공공도서관은 익숙하지만 공공영화관은 우리에겐 좀 낯선 개념이다. 프랑스엔 지자체가 소유주인 스크린이 1300여 개 정도 있고, 영화관 전체의 15퍼센트를 차지한다. 대부분 상업영화관이 들어설 만큼 인구가 많지 않거나, 기존 상업영화관이 경영난으로 손 털고 나가자 지자체가 주민들의 문화향유권을 위해 영화관을 사들인 케이스다. 절대 다수가 단관 혹은 두 개 관 정도의 소규모이며, 대부분 민간단체에 다소의 지원금을 주고 위탁운영한다. 이 가운데 79석부터 319석에 이르는 여섯 개 관 규모의 공공영화관 멜리에스의 존재는 단연, 독보적이다.

영화관에서 '상업' 두 글자를 뺐더니

파리 인근에 소문이 자자한 이 영화관에선 매달 80여 편의 영화들이 상영된다. 국적으로 따져보자면 약 25~30개국의 영화들이다. 프랑스와 미국 영화가 가장 자주 보이지만, 터키, 마케도니아, 중국, 이스라엘, 팔레스타인, 아일랜드, 아르헨티나, 러시아, 브라질, 캐나다, 스웨덴, 보스니아, 한국 등 이 동네 사는 사람들의 국적 수만큼이나 다양한 나라의 영화들을 멜리에스에선 익숙하게 만날 수 있다. 다큐멘터리, 단편 영화, 애니메이션, 고전 영화, 독립 영화, 블록버스터 영화 등 영화의 형태에도 경계가 없다. 멜리에스의 프로그래머 눈에 들기만 한다면!

한국 영화계의 고질적 악습인 '스크린 독과점'은 원칙적으로 불가하다. 프랑스의 모든 멀티플렉스에서 한 영화는 동시에 두 개 이상의 관에서 상영될 수 없기 때문이다. 더욱이 멜리에스는 최대치의 다양성을 첫 번째 원칙으로 삼는다. 개봉 영화를 올릴 땐 최소 2주 이상 상영한다. 관객들의 큰 호응을 얻었다면 그다음 달에도 상영할 수 있지만, 상영은 늘 단관에서, 최대 5~6주까지 이뤄진다. 매달 32쪽짜리 상영표를 만들어 도시 곳곳에 배포하므로 미리 결정된 일정은 영화 흥행 성적에 따라 변경되지 않는다.

관람료는 2.5유로에서 최대 6유로(약 3000~7000원)로, 일반 멀티플렉스들에 비하면 절반가다. 상영되는 영화의 85퍼센트는 소위 예술실험영화인데, 객석점유율은 프랑스 상업영화관들의 평균을 두 배 이상 뛰어넘는다.

멜리에스에 들어서면, 먼저 넉넉한 공간 구성에 압도당한다. 3층으로 구성된, 총 3500제곱미터의 공간에는 여섯 개의 상영관, 도서관, 카페·레스토랑, 유아 놀이방 등이 함께 자리하고 있다. 1층 매표소에서 올려다보면 높은 천정에 커다란 달이 걸려 있다. 영화관의 이름이기도 한 전설적인 프랑스 영화감독 조르주 멜리에스Georges Méliès의 대표작 <달세계 여행>Le Voyage dans la lune·1902을 상징하는 것으로, NASA가 찍은 실제 달의 모습을 축소해 만들었다.

붉은 카펫이 깔린 계단을 밟고 2층에 올라서면 테라스까지 이어진 탁 트인 공간에 넓게 펼쳐진 카페 겸 레스토랑 '라 파뷔La Fabu'가 눈에 들어온다. 영화를 보고 나면 쫓기듯 지체 없이 뒷문으로 나와야 하는 일반 극장에서와 달리, 누구든 이 여유로운 공간에 걸터앉아, 착한 가격의 유기농 와인을 마시며, 보고 나온 영화를 논할 수 있다.

두 번째로 눈길을 끄는 요소는 이 공간에서 일하는 사람들이다. 매표소나 검표소에서 우리가 만나는 사람들은 기계적 친절함과 유니폼 속에 자신을 감춘, 상업 공간의 그 흔한 직원들이 아니다. 제집에 온 사람을 맞는 듯 여유롭고 개별화된 친절함을 가진 다양한 연령대의 직원들은, 멜리에스의 '낯선 온기'를 구성하는 강력한 요소다.

영화가 끝난 뒤에 시작되는 일

한 걸음 더 깊숙이 들어가면 이 공간을 구성하는 것은 영화만이 아니라는 사실을 발견하게 된다. 영화 내에서의 다양성뿐 아니라 이 공간 안에 경계 없는 문화 프로그램과 시민 활동가들의 다양한 활동들이 쉼 없이 꿈틀거린다.

영화관 2층에 자리 잡은 도서관은 '북 리브_{Bouq Lib}'라는 이름의 도서운동 단체가 운영한다. 누구든 세상과 나눠 읽고 싶은 책을 북 리브 운동에 참여하는 공간에 갖다 놓는다. 그럼 그 책등에 푸른색 "Bouq Lib" 스티커가 붙고, 서가에 꽂힌다. 사람들은 그 책들을 거기서 읽어도 되고 마음 내키면 들고 떠나도 된다. 다 읽은 책은 사람들 눈에 띄는 어디에든 놔두어야 하는 것이 게임의 규칙이다. 그곳이 카페든 화장실이든 공원 벤치든 상관없다. 프랑스에서 널리 상용화된 공공 자전거 벨리브를 좇아 작명한 듯한 이 '책 돌려보기 운동'은 2011년 바로 여기 몽트뢰이에서 시작된 시민운동이다.

멜리에스엔 철학의 자리도 있다. 아이들을 위한 철학 아틀리에가 한 달에 한 번씩 카페 한편에서 열린다. 어른들을 위한 '철학으로 영화 읽기' 프로그램은 '콜레즈 인터내셔날 필로(국제철학개방대학)'와 파트너십을 맺고 매달 진행된다. 그런가 하면 매주 토요일 오후엔 몽트뢰이 지역화폐 운동을 하는 활동가들의 정기 모임이 멜리에스 내 도서관에서 열린다. 지역화폐 사용자들끼리 화폐 교환도 하고, 지역화폐를 알리기 위한 홍보활동도 진행한다.

멜리에스가 예술실험영화 상영 영화관에게 정부가 지급하는 지원금을 탈 수 있는 쿼터(2016년부터는 연간 상영 영화 총횟수의 20퍼센트 이상을 예술실험영화로 분류되는 영화로 채워야 함)를 훌쩍 넘어,

75퍼센트 이상을 소위 "좋은 영화"들로 스크린을 채우는 것과 비슷하게, 여기에 있는 카페 '라 파뷔'도 좋은 먹거리를 제공하는 데 초점을 맞춘 평범하지 않은 카페. 고용주와 고용인이 따로 없는 협동조합으로, 수평적 역할 분배와 투표로 카페 운영의 모든 것을 결정한다.

카페에서 파는 모든 음료와 술은 유기농산물이고 60퍼센트 이상은 지역농산물이다. 멜리에스가 좋은 영화들을 틀어 국가로부터 지원금을 받는 것처럼, 여기도 지역농산물을 주로 파는 까닭에 지역으로부터 지원금을 받는다. 대신 팝콘도 콜라도, 프랑스 아이들이 즐기는 전통의 불량식품 봉봉Bonbon: 젤리형 사탕도 없다. 좋은 영화로 정신의 양식을 채운 후, 나쁜 음식으로 배를 채우게 할 수 없다는 듯 말이다. 종종 저녁엔 재즈 콘서트가 카페 한구석에 마련되기도 한다. 몽트뢰이에 무대를 필요로 하는 가수와 음악가는 얼마든지 있으니, 그들을 위해서도 멜리에스는 기꺼이 문을 연다.

알수록 매혹적인 이 공간의 껍질을 한 겹 더 벗겨보기 위해 예술감독 스테판 구데Stephane Goudet를 만나 직접 이야기를 나누었다. 다음은 그 대화를 인터뷰 형식으로 기록한 것이다.

- 멜리에스의 프로그램 다양성은 늘 감탄을 자아냅니다. 어떤 기준으로 영화를 선정하나요?
  "다양성의 극대화, 원칙이 있다면 그것입니다. 그리고 미학적으로 만족스러워야 하고요. 저와 또 다른 프로그래머 한 사람이 영화들을 보

고 그중 마음에 드는 작품들로 프로그램을 구성합니다. 주민들의 요구도 적극 반영합니다. 몽트뢰이 내에 있는 영화 동호회를 비롯해 다양한 시민단체들과 소통하지요. 그들이 보고 싶어 하는 영화들, 우리 프로그래머들이 미처 보지 못한 영화들에 대한 의견을 전달받고 반영하는 식입니다."

- 좋은 영화를 상영한다고 해서 꼭 많은 관객이 든다는 보장은 없는데 말이지요.

"멜리에스는 좋은 프로그램으로 먼저 시네필들과 영화인들을 사로잡았어요. 일주일에 서너 번은 감독 초대 행사를 진행하는데, 감독들과 배우들은 기꺼이 우리의 부름에 응해주지요. 멜리에스는 영화를 상품으로 소비하는 공간이 아니라, 영화를 입체적으로 즐기고, 소화하고, 논하는 장소로서의 성격을 획득해 나갔다고 봅니다. 그런 것들이 관객들을 만족시키고요."

- 이 정도의 다양한 프로그램을 구성하고, 매주 서너 차례의 행사를 치러내려면 다른 영화관에 비해서 예산이 더 많이 소요될 것 같습니다. 멜리에스의 재정구조는 어떤가요?

"인건비를 포함해 우리가 쓰는 모든 비용의 8할이 관객들이 내는 입장료로 충당됩니다. 나머지 20퍼센트는 정부와 지자체 지원이고요. 즉 프랑스국립영화센터CNC에서 예술실험영화 전용관에 대한 지원금으로 8만 유로(약 1억 800만 원)를 주고, 지자체에서 홍보에 드는 프로그램 제작비, 관객 서비스 개발을 전담하는 직원들에 대한 인건비로 일정액을 지원합니다. 관람료를 조금만 인상하면 재정 독립을 충분히 달성할 수 있을 테지만, 그것은 멜리에스의 목표도, 지자체가 바라는 바도 아닙니다.

지난해에 1유로 정도 입장료 인상을 시도하기도 했는데, 시의회에서 반대했습니다. '우리는 멜리에스가 관객층을 더 폭넓게 확대하는 걸 목표로 한다. 입장료가 저소득층에 부담이 되어선 안 된다.' 이게 시의 회의 논지였지요. 바로 그런 목적을 멜리에스가 실현할 수 있도록, 시 의회는 새로운 관객 확장을 위한 비용을 기꺼이 지불합니다.

우리는 이윤을 남길 권리가 없어요. 이윤이 발생하면 그걸 어떤 식으로든 관객에게 돌려줄 방법을 찾아야 합니다. 그러니 처음부터 이윤이 발생하지 않고, 관객들에게 돌아가는 득이 최대치가 되도록 극장을 운영하지요. 예를 들면, 좋은 영화들을 틀고, 입장료를 낮게 책정하고, 직원들에게 적절한 임금을 지불하는 것이죠."

- 정부와 지자체의 지원을 받기 때문에 영화 프로그램 선정에 이런저런 외압이나 간섭을 받는 경우도 있나요?

"며칠 전, 다큐멘터리 영화 <나는 태양을 원해!>*J'veux du Soleil!·2019* 시사회가 있었습니다. 이 시사회를 위해 세 개의 관을 할애했는데, 좌석

• 프랑스 극좌정당 '굴종하지 않는 프랑스' 소속 프랑수아 뤼팽 의원이 영화감독 질 페레와 함께 전국을 다니며 마크롱 대통령 퇴진을 요구한 노란 조끼 운동을 취재한 다큐 영화이다.

들이 순식간에 매진될 만큼 반응이 뜨거웠습니다. 아시다시피 몽트뢰이 시장은 공산당 소속입니다. 공산당과 굴종하지 않는 프랑스당, 두 정당은 내년도 지방선거에서 라이벌 구도를 펼칠 겁니다. 시장 입장에선 라이벌 정당의 정치인이 만든 영화 시사회가 몽트뢰이 시민들 앞에 초대되는 것이 달갑지 않을 수 있지요. 하지만 시장은 우리에게 어떤 압력도 행사하지 않았습니다. 멜리에스의 프로그래머에겐 100퍼센트의 독립성이 보장되어 있습니다."

- 그날 시사회에 있었습니다. 시장도 왔는데, 관객들 앞에서 발언하지 않는 걸 보고 조금 놀랐어요.

"가끔 발언을 하는 경우도 있으나, 거의 그러지 않아요. 지원은 하지만, 간섭을 하거나 정치적으로 이용해선 안 된다는 걸 아니까요."

멀티플렉스들이 걸어온 싸움, 가뿐히 이겨준 멜리에스

- 직원 수는 몇 명인가요?

  "스물두 명입니다. 예술 부문을 담당하는 디렉터 한 사람과 행정을 담당하는 디렉터 한 사람, 이렇게 두 명의 디렉터가 전체를 책임집니다. 프로그래밍은 총 네 사람이 맡는데, 저와 또 한 명의 프로그램 담당자가 대부분의 영화를 선정하고, 한 사람은 어린이와 청소년 관련한 프로그램을 전담합니다. 그리고 몽트뢰이 시내의 시민단체들과의 접촉을 담당하여 프로그램에 대한 지역주민들의 요구를 수용해 전달하는 직원이 있습니다."

- 직원들이 다른 곳과 매우 다르다는 느낌을 받습니다. 따뜻하기도 하고, 각각의 직원들이 자기 색깔을 가진 채로, 여유롭게 관객을 맞이합

니다. 이런 느낌은 어디에서 오는 건가요?

"그런 얘기를 들으니 기쁘네요. 우린 이 공간 전체가 훈훈하고 따뜻한 공간이길 바랍니다. 건축할 때부터의 콘셉트도 그러했고, 공간 구성, 여기서 일하는 사람들 모두 그러한 원칙을 가지고 있어요. 극장 안에서 좌석 간의 거리, 각 좌석이 갖는 편안함 등에 규정이 허락하는 최고 치를 선택해왔습니다. 사실 직원의 절반 이상이 예술가들이에요. 무용가, 음악가, 화가, 조각가… 본업이 있는 사람들이 자기 시간의 일부를 쪼개어 여기서 일하는 경우가 많지요."

- 일부러 예술가들을 뽑은 건가요?

"결과적으로 그리 된 것입니다. 우리의 직원 채용 기준은 영화를 얼마나 사랑하는 사람인가, 입니다. 멜리에스는 일주일에도 서너 번 행사가 있고, 이런저런 프로그램들이 끊임없이 진행됩니다. 여기에서 일하는 건, 일반적인 상업영화관에서 일하는 것과 다른 의미를 갖습니다. 좀 더 귀찮고 고될 수 있지요. 그러나 영화를 사랑하는 사람이라면 자부심과 재미를 두 배로 느낄 수 있는 곳이고요."

- 학교들과의 공조나 연계가 활발한가요?

"네, 활발합니다. 어린이·청소년 관객 전담 직원은 단지 매달 어떤 어린이용 프로그램이 상영된다고 학교에 전달하는 게 아니라, 교사들을 초대해서 보여주거나 프로그램을 들고 찾아가기도 하지요. 적극적으로 관객을 확장합니다. 유치원에서부터 초·중·고·직업학교 학생들까지 다양한 영화 단체 관람이 이뤄지고, 이들이 전체 관객의 20퍼센트를 차지합니다.

학교 측의 요구로 일정한 시리즈를 만들어서 상영하기도 하고, 몽트뢰이뿐 아니라 일드프랑스 지역Ile-de-France: 파리를 비롯한 인근 지역 학교들과 활발히 공조하고 있어요. 그리고 영화 담당 교사들을 교육하는 역할도 맡고 있습니다. 일종의 교원 양성소지요."

대형 상업영화관들과 싸워 이기다

- 전에는 세 개의 상영관을 가진 극장이었는데, 지금의 여섯 개 관을 가진 새 공간으로 옮기면서 이러저러한 소송들이 있었던 걸로 압니다.

"아마 멜리에스는 프랑스에서 가장 많은 소송과 법적 다툼을 겪은 영화관일 겁니다. 세 개 관으로 있던 멜리에스도 과거에는 UGC라는 프랜차이즈 상업영화관이 운영해오던 것이었죠. 그러나 70~80년대를 지나면서 충분히 수익이 나오지 않는 영화관들이 문을 닫으며 철수했고, 멜리에스도 그런 이유로 시가 사들여서 시립영화관으로 만들게 됐습니다.

멜리에스는 공공영화관이 된 후에야 자리 잡기 시작했어요. 해를 거듭하며 명성이 쌓여갔고, 점점 관객이 늘었습니다. 우린 당시 시장에게 극장 규모를 넓히자고 제안했죠. 그렇게 2012년 준공 예정이던 시청 앞 새 건물 안에 여섯 개 관으로 멜리에스가 이전하는 계획이 확정되었습니다. 그러자 프랑스 영화시장의 80퍼센트를 점유하고 있던 두 개의 멀티플렉스 체인 UGC와 MK2가 멜리에스를 제소했습니다. 시의 지원을 받는 공공영화관이 여섯 개 상영관을 갖는 규모로 확장하게 되면 그 지배적 지위를 남용하게 된다는 것과 인근 지역의 민간 영화관과 불공정 경쟁을 하게 된다는 이유였습니다.

프랑스 영화시장의 80퍼센트를 독점하며 불공정 경쟁을 하고 있는 대표주자가 바로 그들이었는데 말이지요. 3년간 지속되던 그 웃기는 소송은 전 세계 영화인들의 분노를 샀습니다. 두 멀티플렉스 체인과 영화인들 사이의 대결이었지요. 2만 명의 시민들과 영화인들이 두 기업을 향한 비난 서명에 동참했고, 그중엔 칸영화제 그랑프리 수상자도 열여덟 명이나 있었습니다. 재판을 둘러싼 여론의 압박이 거세지자, 이 두 멀티플렉스는 최종 판결 일주일을 앞두고 소송을 취하했습니다.”

- **자본주의 경쟁의 논리를 벗어난 죄를 멜리에스에 물었던 걸로 보입니다. 자신들의 영화관을 몽트뢰이에 다시 세우고 싶었던 것일까요?**

"그렇게 보는 관점도 있지만, 우리는 그보다 공공영화관이 확대되는 걸 방해하기 위해 이렇게 귀찮은 싸움을 걸어왔다고 보고 있어요. 하지만 우리는 이겼고, 멜리에스에 대한 시민들과 영화인들의 지지는 확고해졌습니다. 지금 센 생드니 지역Seine-Saint-Denis: 파리의 북동쪽 외곽 지역에만 스무 개의 공공영화관이 있어요. 앞으로도 계속 선거가 있을 테고, 정치 지형의 변화나 이런저런 이유로 우리를 건드리는 무리가 있을지도 모르겠습니다. 하지만 그동안 잘 싸우고 지켜왔듯, 앞으로도 그럴 겁니다."

- 몽트뢰이는 오래전부터 좌파 동네였습니다. 몽트뢰이가 좌파 성향의 유권자들을 확고하게 유지하고 있는 것과 멜리에스가 상영하는 영화 프로그램들과 상관관계가 있다고 보나요?

"넓은 의미에서 그렇다고 볼 수 있습니다. 좌파란 무엇보다 예리한 비판의식을 가진 사람을 뜻합니다. 세상이 흘러가는 대로 자신을 맞추는 것이 아니라, 나를 둘러싼 현상들을 비판적으로 바라보는 눈을 가질 기회를 멜리에스가 상영하는 영화들이 제공한다고 할 수 있습니다.

우린 환경문제를 다루는 영화, 불평등, 인종차별, 전쟁 등의 주제를 다루는 영화들을 많이 상영합니다. 다양한 문화, 다양한 표현, 다양한 관점을 함께 제시하면서, 관객들에게 다른 각도에서 바라볼 수 있는 기회를 제공하지요. 그런 노력들 속에서 관객들은 우리와 함께 성장하고, 비판의식을 점점 닦아나갈 수 있을 겁니다. 그러나 그 어떤 정당에 대해서도 노골적으로 지지하거나, 응원하는 포지션을 갖고 있진 않습니다."

"일회성 페스티벌이 아니라 지역과 함께 호흡해야"

- 많은 지자체들이 문화도시이기를 희망하고, 그렇게 되고자 시도합니

다. 그럴 때 가장 먼저 하는 일은 국제적인 규모의 영화제나 비엔날레 등 페스티벌을 만드는 것이죠. 그러나 주민들이 이를 통해서 각별히 안목이 높아지거나, 창작의 기회가 확대되는 것도 아닙니다. 그 점이 늘 아쉬운 점이고 모순이라고 보는데, 몽트뢰이의 경우는 정반대 사례라고 봅니다.

"맞는 지적입니다. 칸만 봐도, 영화제가 있는 2주 동안 도시는 영화인들로 들썩거리지만, 그 시기가 지나고 나면 칸의 영화관들에는 그 어떤 특별함도 남아 있지 않아요. 우린 어떠한 페스티벌이나 일시적인 이벤트를 통해 단발적으로 시선을 모으고자 하지 않습니다.

대신 1년 내내 관객들이 좋은 프로그램을 만나도록 애쓰지요. 그리고 지속적으로 새로운 관객에게 다가가려고 노력합니다. 엘리트적 관점을 일방적으로 그들에게 강요하는 게 아니라, 그들의 요구가 프로그래머들에게 전달되게 합니다. 적극적으로 새로운 관객을 찾아 나서는 역할을 두 명의 전담 직원들이 맡고 있고요. 또한 멜리에스는 지역사회의 사회단체들과 촘촘히 연결되어 있습니다."

- 아쉬운 것, 아직 이루지 못한 것이 있다면요?

"청소년들의 영화 제작을 지원하는 일입니다. 인근 '민중의 집'La Maison Populaire*에 이미 그런 프로그램이 있긴 합니다. 그걸 멜리에스에서도 하고 싶습니다. 여기서 촬영, 편집 등을 위한 시설들을 지원하고, 영화 제작을 위한 일종의 아틀리에를 열어, 창작의 산실이 되도록 하는 것이 우리가 도달하고 싶은 최종 목적지입니다. 청소년들이 단순히 수

동적인 관객에 머물지 않고, 자신이 호흡하고 느끼는 현실에 대해 카메라라는 언어를 통해 말할 수 있는 통로를 찾아주고 싶어요. 그것이 멜리에스가 성취해야 할 최종 목표입니다."

멜리에스 안에서 귀퉁이를 돌 때마다 마주치는 이 낯선 편안함의 실체는 자본의 논리가 둔화된 세상이라는 점이었다. 이런 세상이 점점 더 큰 볼륨으로 작동하는 것은 확실히 자본에게는 위협이 될 만한 일이기도 했다. 이런 세상이 40년 가까이 성공적으로 가동되고 있으며, 심지어 점점 더 잘 돌아가고 있다면 더더욱 그럴 것이다. 자본은 이 위협적 예외가 보편적 모델이 되는 것을 경계한다. 그들과의 갈등과 대결은 필연이다. 후퇴하지 않고 더 나아가기 위해 기꺼이 그들이 걸어오는 싸움을 맞아 이겨주겠노라 다짐하는 스테판 구데의 태도를 보며 당분간은 멜리에스의 미래를 낙관할 수 있었다.

• 민중의 집은 몽트뢰이에 있는 시민들의 만남과 예술, 사회 교육의 공간이다. 1966년, 당시 몽트뢰이 시장이던 앙드레 그레구아의 주도로 <청소년의 집_Maison des jeunes_>이란 이름하에 문을 열었다. 급증하던 몽트뢰이 인구는 청소년 인구 또한 증가시켰고, 그들에게 적절한 민중교육과 예술문화 교육의 장을 제공하자는 것이 시장의 의도였다. 첫 대표로 연출가이자 배우였던 장 게랭이 임명되었고 연극, 미술, 무용, 음악 등의 예술 교육뿐 아니라 동양 무술 등 신체 교육도 이루어졌다. 70년대 들어선 성인들에게도 교육의 장을 제공하는 것으로 영역이 넓혀졌으며 청소년의 집은 민중의 집으로 개명되었다. 또한 예술 교육뿐 아니라 철학, 인문학, 외국어 교육 등 민중 교육의 범위도 확대되어 오늘에 이르게 되었다. 법적인 형태는 약 3000여 명의 시민들이 가입된 시민 단체의 형태이나 시와 도의 지원금을 받아 운영된다. 수강생들은 저렴한 수강료(연간 150~200유로)를 내고 다양한 교육들을 수혜할 수 있으며, 전시, 공연, 콘서트 등 다채로운 문화행사가 끊임없이 제공된다.

라 칼리포니
: 평화로운 반란의 전진 기지

묵직한 적포도주 산지 부르고뉴 지방 북단에 자리 잡은 투씨 Toucy는 내게 특별한 의미를 갖는 동네다. 그곳은 오랫동안 내게 작은 오아시스였고 언젠가부턴 보물섬이었으며, 지금은 생각만으로도 기대에 부풀어 오르게 하는 사회적 실험실이다.

휴가 때면 우리 가족은 파리에서 2시간 거리에 있는 부르고뉴 시골 별장에서 지낸다. 남편의 프로젝트인 "진화하는 생태설치미술 작업"이 2헥타르에 걸쳐 펼쳐지는 이곳에서, 그는 아침부터 해 떨어질 때까지 종횡무진 분주하지만, 나와 아이는 방목 중인 소 떼와 양 떼 사이에서 자연의 적막을 음미해야 한다. 때론 끝까지 책임지지 못할 텃밭을 일구기도 하고, 가꾸지 않아도 자라준 과일들을 따거나 나물을 캐기도 하며. 도시에서 살아온 이들에게 말없는 자연과 소통하기란 낯선 외국어를 배우는 것만큼이나 인내심이 필요한 일이다. 하여 조금이라도 도시 냄새가 나는 읍내로 자꾸 달려가게 된다. 차를 타고 5분 정도 가면 당도하게 되는 투씨엔 영화관, 서점, 갤러리, 대형 마트가 있는가 하면 고풍스러운 위엄을 자랑하는 고성도, 책을 열댓 권씩 빌릴 수 있는 규모가 큰 도서관도 있다. 시끌벅적한 장도 일주일에 한 번씩 열린다. 무엇보다 거기엔 사람이 모인다. 시골의 고요는 평화 속에서 자연의 소리를 듣게 해주지만, 사람들이 만들어내는 역동성에 대한 허기를 느끼게도 한다.

4년 전 여름 어느 날, 작아서 더는 입을 수 없게 된 아이 옷들, 가지고 놀 일이 없어진 장난감들이 무의미하게 자리를 차지하고 있는 모습이 눈에 띄었다. 이것들을 가급적 현명하게 처분할 방법을 찾다가 투씨에 재활용품센터가 문 열었단 사실을 발견하고 한달음에 달려갔다.

잔칫집에 온 듯 활기 넘치는 할머니들이 우리를 맞이했다. "봉쥬르 마드무아젤아가씨~!" 발랄한 목소리로 날 반기시는 할머니에게 "저 내일모레 오십이에요"라고 속삭이니, 바로 말을 바꾸신다. "봉쥬르 늙은 아줌마~". 우린 얼굴을 마주보며 까르르 웃음을 터트렸다. 농담의 엔돌핀이 충만한 공간, 일하는 사람들이 다들 신났음을 알려주는 신호다. 자발적 의사로 이곳에 와 새 생명을 불어넣으며 자신들 또한 여기서 활력과 기쁨을 얻고 있음을 알 수 있었다.

아이의 어릴 적 추억이 담긴 물건들을 위한 최선의 미래를 찾아주고 가벼워진 마음으로 매장을 둘러보았다. 아이들 용품뿐 아니라 쓸 만한 옷들과 신발들이 매장 가득 잘 정돈되어 걸려 있었다. 재활용품 매장에서 흔히 맡을 수 있는 퀴퀴한 냄새가 전혀 없는 걸로 보아 모든 것을 빨고 다려 단정히 전시하는 이곳 자원봉사자들의 수고와 정성을 가름할 수 있었다. 매장 한편에 있는 장식장에는 과일 잼을 담는 유리병들에 종류별로 단추들이 가득 담겨 있다. 구제할 수 없는 옷에서 단추라도 구해 빈병에 담는 저 마음. 우리 할머니 세대에게서나 봤음직한 모습이다. 직접 수 놓아 만든 커튼이며 이불보, 식탁보들이 정갈하게 차곡차곡 놓여 있기도 했다. 프랑스 할머니들은 이런 물건들을 필생의 신념처럼 소중히 다룬다. 우리 집에도 그 한 땀 한 땀의 정성이 느껴져 버리지 못하고, 막 쓰기도 힘들어 고이 모셔놓은 시어머니의 유물들이 장롱 한가득이다. 소녀시절부터 직접 수놓고 빳빳하게 다림질하며 사용해온 식탁보, 코바늘로 떠서 만들어낸 레이스 장식물들… 값을 헤아리기 힘든 이런 수공예품들까지도 여기에선 모두 1~5유로로 값이 매겨져 있다.

옷가지를 파는 건물 건너편엔 이 매장보다 열 배쯤 더 큰 건물이 서 있다. 이곳에선 가구와 식기, 찻잔, 전자용품, 램프, 장식품, 책 등을 판매한다. 그날 이후, 이곳은 우리 가족의 보물섬이 되었다. 나는 여기서 프로방스 풍의 넓은 탁자보, 친구 결혼식에 입고 갈 정장, 여름용 샌들, 크리스털 잔 세트 등을 구입했다. 아이는 트랜디한 바지들, 원피스들을 사고, 독립할 나이가 되면 이케아에 가는 대신 여기서 살림살이를 장만할 거라고 한다. 남편은 책과 음반, 설치미술에 사용할 특이한 물건들을 이곳에서 찾아낸다. 자원봉사 할머니는 우리에게 이 두 곳에서 나오는 수익으로 한 달에 5~6만 끼에 해당하는 식사를 저소득층에게 제공한다고 말해주었다. 그들의 어깨에 깃든 자부심과 단단하고도 발랄한 눈빛에 대한 설명으로 충분했다.

입을 다물지 못하고 매장을 구석구석 탐험하던 중 안쪽에는 다른 일들이 벌어지고 있음을 알게 되었다. 커튼으로 분리된 매장 안쪽에는 가전제품 아틀리에가 자리하고 있었다. 평생 기계를 만져오다 은퇴한 할아버지들은 이곳에 들어온 하자 있는 가전 제품들을 고쳐 새로운 생명을 줄 뿐 아니라, 고장 난 가전제품을 각자 고쳐 쓸 수 있도록 가르치는 '가전 재생 워크숍'을 운영하고 있었다. 물고기를 싸게 팔 뿐 아니라 낚시질도 가르쳐주는 살뜰한 풍경. 진정한 반자본주의 재생 프로그램의 끝판왕이 이 공간에서 펼쳐지고 있었다.

라 칼리포니의 탄생

투씨에 탄생한 이 새로운 공간의 이름은 라 칼리포니la Californie 다. 2018년 이 지역 세 개의 시민단체가 의기투합하여 버려진 공장 터에서 일을 벌였다. 재활용 운동에 뜻을 둔 "투씨 재활용Toucy recyclerie", 지역주민들의 상생을 위해 30년 전부터 꾸준히 애써온 "투씨 상부상조Toucy entreaide"가 결합하고, 마지막으로 "투씨 카스카 드Toucy cascade"란 이름의 디자이너들 협회가 합류했다. 이들은 물건을 재활용하여 새로운 모습과 용도로 재탄생시키는 데 목적을 둔 생태적 관점의 디자이너 그룹이다. 앞의 두 단체가 은퇴한 노인들이 주축을 이룬다면 디자이너 그룹은 상대적으로 젊은이들의 모임이다.

이 세 단체는 10여 년 전 문을 닫은 건축자재 공장터(약 5000평방미터)를 점거하여 청소를 하고 전기공사, 페인트칠 등 간단한 리모델링 작업을 한 후, 그들의 프로젝트를 구현할 공간으로 삼았다. 지자체는 공익 목적의 사업을 벌이려는 이들에게 전기세만 내고 공간을 사용할 수 있도록 허락해주었다.

세상 어디에나 재활용품 센터는 있고 프랑스에도 이미 1985년 피에르신부 재단이 설립하여 전국에 촘촘한 조직망이 확산되어 있는 에마위스Emmaus 매장이 기부받은 물건을 저렴하게 팔아 노숙자들을 돕고 있다. 그런데 라 칼리포니에는 우리가 익숙히 알고 있는 기부 물건 판매 매장과는 다른 점이 있었다. 이들은 스스로를 단순한 기부용품 재활용센터로 규정하지 않는다. 라 칼리포니는 자신들을 "만들어내고 실험하며 사람들의 만남을 목적으로 하는 공간"이라고 소개한다. 이 단순한 자기 규정은 행간을 읽어내려는 의지를 부추겼다.

처음 두 개의 공간에서 시작된 라 칼리포니는 갈 때마다 새로운 실험의 장을 열어가고 있었다. 공간과 사람들 안에 숨어 있던 가능성들을 하나씩 열어가며 문어발식(!) 확장을 거듭했다. 두 번째 갔을 땐 건물 뒷마당에 스탠딩 텃밭(허리를 굽히지 않고 밭을 가꿀 수 있도록 높게 만든 밭이다. 나무 판자로 넓은 사각형의 둑을 쌓고, 그 안을 흙과 거름으로 채워 허벅지 높이로 밭이 올라오게 만들었다. 사각의 독립된 밭마다 다른 작물들이 자란다)이 생겼고, 거기서 나오는 허브들로 음료를 만들어 파는 "엘도라도"라는 이름의 야외 카페가 문을 열었다. 카페라고는 하나, 라 칼리포니가 일주일에 두 번밖에 문을 안열기 때문에 카페 역시 그 시간만 함께 문을 열고 음료를 판다. 텃밭에서 나오는 대부분의 채소들은 지역의 저소득층 가족들에게 지원된다. 두 개의 매장에서 나오는 소득 대부분이 그들에게 전해지는 것과 마찬가지로.

세 번째 갔을 땐, 흙집 공사가 진행되고 있었다. 이 흙집은 라 칼리포니에서 벌어지는 모든 사업들의 중추가 되는 장소, 즉 다양한 워크숍과 회의가 열리는 센터가 될 거라는 설명이다. 6개월 뒤에 다시 왔을 때도 그 집이 여전히 완공되지 않은 것을 보고 완공 날짜를 묻자 건축이 끝나는 날 완성된다는 우문현답이 날아왔다. 정해진 기한도 예산도 없고, 주변에서 확보되는 재료들, 버려진 현장에서 찾아내거나 기부되는 자재들로 천천히 진행되는 건축이었다. 이 동네에 널린 밀짚단과 인근 땅에서 파낸 흙으로 자재를 마련했다. 최근엔 주민 참여 건축을 진행했는데, 참여를 원하는 지역의 어른과 아이들이 함께 모여 한 전문가의 지도하에 흙 미장 작업을 하며 작업의 속도를 앞당겼다. 밀짚단을 쌓아올려 벽을 만들고 안팎으로 흙을 바르고 기름칠해 미장질을 완성하는 흙건축은, 친환경 재료를 사용하므로 건축 자재의 가격이 저렴한 데 반해, 일손이 많이 필요한 것이 특징이다. 고도의 숙련된 기술이 필요치 않기에 주민 참여 건축이라는 프로젝트가 충분히 가능하다.

흙건축물 또한 결과만이 목적이 아니라 많은 사람들에게 새로운 방식의 집짓기를 소개하고 참여하게 한다는 점에서, 이런 건축이 가능함을 보여주는 과정 자체가 프로젝트의 목적 일부에 해당한다. 3분의 2 정도 완성된 집은 감탄을 자아내는 압도적 우아함을 지니고 있었다. 여기 참여했던 사람들이 흙건축의 매력에 입문하여 인근에 흙건축이 확산되는 것도 충분히 가능한 미래였다.

삶을 나누며 자본주의의 대안을 보여주는 곳

올 여름에 다시 들른 라 칼리포니는 또 다른 가지를 뻗었다. 단체의 멤버인 한 자전거 '덕후'께서 자전거 아틀리에를 연 것이다. 기후 위기에 대한 사회적 고민이 전국에 걸쳐 자전거 르네상스를 맞이하게 했고, 그 열기가 시골 마을까지 확산되어 각 가정마다 창고에 쓰러져 있던 자전거들을 일으켜 세웠다. 자전거 부흥기를 맞은 사람들에게 가장 필요한 건 자전거를 고쳐 쓸 줄 아는 기본 지식이다. 자전거 아틀리에 앞엔 자전거를 고쳐 쓰고자 하는 사람들로 문전성시였다. 자전거로 한마음 된 사람들은 거기서 만나 자전거 클럽을 결성하기도 하고, 함께 자전거 트래킹 코스를 짜기도 한다.

그런가 하면 가전제품 수리 아틀리에는 디지털 기기 용품 수리와 활용을 배우는 디지털 코너라는 곁가지를 뻗었다. 컴퓨터는 잘 고장 나기도 하지만 누군가에겐 익숙해지기 힘든 복잡한 물건이기도 하다. 디지털 클럽은 컴퓨터나 스마트폰 같은 기기들의 활용법을 전하고 잘 다스리는 방법을 가르쳐주는 동시에, 오작동일 때 해결하는 방법들도 제시한다. 허점을 지니도록 만들어 계속 신제품을 권하는 업체들에 맞서 라 칼리포니는 낚시하는 법과 고장 난 낚시대를 고치는 법 둘 다를 알려주고자 한다.

6월 말에는 라 칼리포니 내의 야외 공간에서 환경을 테마로 한 연극 공연이, 7월에는 록콘서트가 열리기도 했다. 젊은 자원봉사단을 중심으로 문화 프로그램이 본격 가동되는 중이다. 중장년층을 끌어들이던 공간은 어느새 10대와 20대까지 북적대는 공간으로 세대 확장을 거듭하고 있었다.

요즘 토요일 오후에 라 칼리포니에 들르면, 길가까지 길게 늘어선 차들의 행렬을 볼 수 있다. 이 동네뿐 아니라 다른 도시에서도 자신과 인연을 다한 물건에게 새 주인을 찾아주러 혹은 새 물건과 만나려는 사람들이 찾아온다. 걸리버가 소인국에 갔을 때 느

껐음직한 0이 하나 혹은 두 개씩 빠져 있는 소박한 단위의 숫자들을 달고 있는 이곳의 모든 물건들, 기계와 오래 상생할 수 있도록 고쳐 쓰는 기술을 전수하는 노인들의 손길은 리사이클링의 즐거움을 넘어 우리가 발목 잡혀 있는 자본주의를 넘어서는 삶이 이런 식으로 가능하겠다는 구체적 청사진을 보여준다.

탄생 4년 만에 투씨에서 가장 핫한 공간이 된 라 칼리포니의 성공 비결은 '삶'을 나누는 데 있다. 5000평방미터의 대지 위에서 벌어지는 다양한 활동에는 30여 명의 회원들이 돌아가며 자원봉사를 할 뿐 급여를 받는 사람은 없다. 물론 이 공간을 통해 어떤 방식으로든 큰 돈을 버는 사람도 없다. 그럼에도 불구하고 여기엔 점점 더 많은 사람이 모이고, 점점 더 많은 사회적 실험이 행해지며 지혜와 보람이 모인다. 여기서 얻어지는 수익금으로 일용할 양식이 담긴 상자를 매주 전달받는 이 지역 저소득층뿐 아니라 쓸모를 상실한 물건에 새 생명을 얻게 해준 사람, 필요한 물건을 저가에 구입한 사람들 모두 만족을 얻는다. 특히 이 모든 프로젝트의 주체인 노인들은 이곳에서의 활동을 통해 생활의 새로운 활력과 리듬을 되찾는다. 라 칼리포니에는 돈이 거의 굴러다니지 않건만, 이곳에 드나드는 모든 사람들을 살게 해준다.

할머니들이 대장 노릇을 하며 전체를 지휘하고, 할아버지들은 각자 가진 재능에 따라 자대에 배치되는 모습도 눈에 들어온다. 어떤 역할을 하든, 그들을 대할 때면, 매순간 자연스럽게 피어나는 농담과 미소에서 자긍심이 키워낸 건강한 에너지가 느껴진다.

한국에서 만나는 폐지 줍는 노인들은 재생 경제에 기여한다는 면에서 비슷한 목적을 나누지만, 그들을 향한 한국 자본주의 사회의 시선은 그들의 피곤한 얼굴에 더 선명한 고단함을 새긴다. 라 칼리포니를 꾸려가는 노인들 얼굴에 깃든 밝은 빛은 존엄한 노년의 삶에 대한 하나의 대안을 제시한다. 그들이 자신들의 지혜와 가치를 녹여내고 펼쳐갈 공동체의 주체가 될 때, 노년의 존엄은 완성된다. 그리고 뒤 따르는 세대들은 그러한 노년을 바라보며 알맞게 익어 향기를 내뿜는 인생을 설계할 수 있을 것이다. 마크롱 집권 1년, 노란 조끼 운동이 전국적으로 싹트던 바로 2018년에 이들이 준비한 평화로운 반란의 전진기지는 제 궤도에 올라서 미지의 세상을 향해 달리고 있었다.

영혼이 있는 동네 서점과
직거래 가게들

동네 서점은 죽지 않는다, 새롭게 태어날 뿐

전자책이나 아마존 같은 인터넷 서점들이 시장을 잠식하면서, 서점은 이제 세상 어느 곳에서나 사양길로 들어서지 않을까 짐작하기 쉽지만, 실상 파리의 서점들은 건재하다. 뿐만 아니라, 들를 때마다 많은 사람들로 활기를 띤다. 동네 서점은 아마존이 결코 줄 수 없는 것들을 주기 때문이고, 그것은 21세기의 인류가 가장 목말라하는 것이 되어가고 있기 때문이다. 조언, 대화, 미소, 예기치 않은 발견, 사회적 관계 맺음 같은…

동네 서점에 가면 와인숍에 갔을 때처럼 '북 소믈리에'를 만날 수 있다. 와인숍에서는 어떤 음식을 먹을 것인지 설명하고 거기에 어울릴 만한 포도주를 권해달라고 청하면, 소믈리에가 자신의 직관과 지식을 총동원해 고객과 논의를 거쳐 적합한 포도주를 권해준다. 마찬가지로 서점에 가서 자신이 요즘 원하는 책을 설명하거나 누군가에게 책을 선물하고 싶어 그 사람에 대한 몇 가지 정보를 전달하면, 서점 직원은 전문가다운 식견을 총 동원하여 적절한 책들을 골라주고, 그 책의 장점을 설명해준다.

때론 그들의 적절한 조언을 구하기 위해 줄을 서서 기다릴 때도 있다. 그런가 하면 그 달의 새로 나온 책에 서점 직원들이 한 줄 서평을 적어 책 위에 얹어두기도 하고, 서점의 관점에서 이달의 책을 선정하기도 한다.

작은 서점은 동네 사람들이 마주하고 대화를 나누는 사랑방이 되기도 하고, 화제의 저자와 만나 대화하는 지식의 토론장이 되기도 한다. 그렇게 서점은 마을 사람들이 온 마음으로 품는, 공동체의 공유 공간이 되어간다. 지자체에서도 이를 모를 리 없다. 서점은 온전히 사적인 상업공간이지만, 그 사회적 기능을 고려한다면, 공적인 기능을 도서관과 분담한다고 할 수 있다. 지자체들도 시민들이 정서적 오아시스를 잃는 것을 원하지 않으므로, 직간접적으로 서점들이 지자체 안에 유지될 수 있도록 지원하는 방법을 찾는다. 한 좋은 예로, 파리 시장 안 이달고의 사례를 들 수 있다. 2020년 11월, 정부가 두 번째로 이동통제령을 내리면서 서점을 필수품을 파는 상업시설에서 제외하자, 그녀는 이에 반기를 들며 한 작가와 함께 대통령을 향한 공개편지를 썼다. 그리고 서점이 이동통제령 기간 중에도 문을 열게 해야 함을 역설했다. 이달고의 의지는 전국의 모든 서점들의 지지와 시민들의 큰 반향을 얻으며, 당초 발표를 뒤집고 서점을 열도록 만들었다.

인간이 인간을 만나 소통하는 기쁨, 직거래 채소 바구니

매주 계절 채소들로 채워져 전달되는 생산자 직거래 채소 바구니Panier Vert는 수년 사이에 프랑스 전국에서 선풍적인 인기를 끌고 있는 히트 아이템이다. 지역의 소규모 생산자와 도심의 소비자, 혹은 유기농 직거래 매장이 계약을 맺고, 대략 15유로(약 2만 원) 어치의 계절 채소를 바구니 한가득 채워서 매주 전해주는 시스템이다.

겨울엔 간신히 배추와 감자, 무 정도로만 바구니가 채워지지만, 사람들은 믿을 수 있는 생산자가 직접 키운 계절 채소를 받아먹는 데서 큰 기쁨을 찾는다. 건강한 음식물을 섭취한다는 안도감에다 바구니를 받을 때 예기치 않은 갖가지 채소를 발견하는 즐거움, 중소규모의 농민들의 안정적 수입에 기여한다는 만족감까지 더해진다.

2019년 실시된 유럽의회 선거에서 녹색당이 13.5퍼센트 득표로 역대 최고의 성적을 낸 것도, 환경과 자연에 대한 프랑스 시민들의 관심이 부쩍 상승했음을 보여준다. 또 지금의 소비 패턴이

'반짝 나타나는' 소비자의 변덕이 아님을 짐작케 한다. 지난 15년 간 파리 수도권 지역의 인구 1인당 쓰레기 배출량이 108킬로그램 (약 20퍼센트) 줄어든 것도, 높아진 환경에 대한 관심과 이와 연계된 소비 패턴이 이뤄낸 긍정적 변화다.

직거래를 선호하며 사람들과의 긴밀한 접촉에 눈 뜬 도시민들은 곳곳에서 일주일에 한두 번씩 열리는 장터에 활기를 불어넣고 있다. 물론 프랑스에서 도심에서든 시골에서든 한 번도 장터가 사라진 적은 없었다. 하지만 점점 더 활기를 띠어가는 모습이 곳곳에서 목격된다. 생산자와 직접 거래하기 때문에 더 싱싱한 농산물을 접할 수 있고, 왁자지껄한 분위기에서 이웃과 상인들을 만나 대화를 나누며 소통하는 즐거움을 찾는 사람들이 많아진 것이다.

식품 이외에도, 쇠락해가는 대형매장을 대신해 등장하는 매장들은 제품의 질적인 면을 충족하면서도 인간적 접촉이 가능한 소형 전문매장들이다. 인간이 인간을 만나 소통하는 기쁨이 그 어느 때보다 소중한 사치이며, 그것을 누리기 위해 사람들은 1+1의 유혹을 등지고 있는 중이다.

21세기를 덮친 암흑기 같았던 이동통제령 시기, 오직 번창했던 것은 소규모의 직거래 유기농 매장들이었다. 2019년에 집 주변 유기농 매장이 한 개였다면, 지금은 네 개로 늘었고, 그들은 모두 성업 중이다. 대형 마트에서는 오직 신속하게 계산대를 통과하는 것이 직원과 소비자가 공유하는 유일한 목표이지만, 이 소형 유기농 매장에서는 브르타뉴 지방에서 실려 오는 과일과 채소들의 사연을 소비자와 매장 직원들이 나눈다. 빈 병을 들고 가 병의 무게를 달고, 거기에 올리브유를 채워 넣어 늘어난 무게만큼 비용을 지불하면서, 이 다소 번거로운 행위를 기꺼이 감수하는 기쁨과 의미를 직원과 소비자가 공유한다. 신속한 디지털 문화가 삶에서 제거해 낸 것들을 사람들은 기어이 되찾아가고 있다.

이동이 통제되던 코로나 팬데믹의 혹독한 경험이 인간이 살아가는 데 필요한 것이 무엇인지를 일깨운 것이다. 신속정확 배달보다 절실한 삶의 요소는 '건강한 삶의 온기'라는 사실을.

아마존과 '맞짱' 뜨는
동네 서점의 비법

책은 단순한 상품이 아니다. 한 사회의 지적, 문화적 성취와 흔적을 담은 보고이며 '다양성'을 유지할 수 있는 틀 안에서만 생명력을 발휘하는 유기체다. 책이 일반 상품들과 다른 법체계를 따르는 이유는 그 때문이다.

1981년 프랑스에서 통과된 도서정가제는 한 권의 책이 세상에 나오면, 책이 놓이는 곳이 어디든, 같은 가격으로 유통될 것을 규정하고 있다. 책의 다양성을 지켜줄 수 있는 최적의 공간인 동네 서점이 시장의 무자비한 질서 속에 살아남게 하기 위한 장치다.

40년 전 생겨난 이후 도서정가제는 탁월한 존재 의미를 입증하며 프랑스 사회에서 건재해왔고, 독일을 비롯한 다른 다수의 유럽 국가에서도 책의 생태계를 지키는 금과옥조로 간주되어 왔다. 그런데 한국 정부는 2020년, 갑작스럽게 도서정가제의 전면 재검토를 발표하고 나섰다. 청와대 게시판에 "도서정가제 폐지"를 요구하는 국민 청원이 20만이 넘는 서명을 얻은 후 이뤄진 급격한 변화였다.

프랑스인들은 도서정가제로 무엇을 얻었고, 우리는 그것으로 무엇을 경험했기에, 같은 이름을 가진 하나의 법률이 이토록 다른 취급을 당하고 있는 걸까?

도서정가제를 둘러싼 이곳 여론을 파악하는 건 어렵지 않다. 아마존이 호시탐탐 기회를 노렸으나 프랑스 정부와 유럽연합은 이 법에 대한 수호 의지를 분명히 밝혔다.

현장의 목소리를 파악할 겸 동네 서점을 찾아보았다. 파리 근교 인구 5만에 불과한 작은 도시 뱅센에 자리한 밀빠쥬Mille Pages: 천 페이지라는 서점이었다. 평소 얼굴을 익혀둔 직원에게 몇 가지 질문을 던졌다. "왜 갑자기 이런 질문을?" "지금 한국에서 도서정가제가 퇴출 위기에 놓여서." 그의 눈에 순간 불꽃이 튄다. "도서정가제는 프랑스에서든, 한국에서든 반드시 지켜야 하므로" 그는 나를 디렉터에게로 모시고 갔다.

25년간 서점에서 일해온 밀빠쥬의 디렉터 파스칼 튀오Pascal Thuot는 자신의 직원과 똑같은 사명감으로, 도서정가제가 태어난 배경과 그것과 함께 성장해온 서점의 역사로 나를 안내했다.

출판계 두 거장이 마련한 유토피아

공교롭게도 이 서점은 도서정가제와 같은 해에 태어났다. 1981
년. 그들이 같은 해에 태어난 것은 우연이 아니었다. 도서정가제
는 동네 서점들을 성장시켰을 뿐 아니라 대거 탄생시킨 주인공이
기 때문이다.

사회당 정권이 마침내 집권했던 그해에 많은 이들이 그동안 꿈
꿔왔던 개혁안들을 집권 세력에 전달했다. 프랑스의 대표적인 문
학 전문 출판사인 갈리마르Gallimard와 미뉘Edition de Minuit의 대표도
그들이 품고 있던 생각을 문화부 장관이 될 자크 랑에게 전했다.

프랑스의 기라성 같은 문인들과 오래 작업해온 이 양대 출판사
는 먼 곳으로 시선을 던져 그들이 구축한 문학의 세계가 안정적으
로 성장할 수 있는 환경을 구상했다. 문학이 어떤 시대적 변화를
맞더라도, 장기적으로 책을 독자에게 전달하는 가장 적절한 매개
자인 동네 서점이 무너지지 않을 법률적 틀을 마련하자는 것이 그
들의 생각이었다. 각각의 작가들이 만들어낸 문학이 저마다의 개
성을 가진 동네 서점 주인의 손에 선별되어 꽂히고, 그 서점들이
구축한 지역 독자들을 통해 뿌리 뻗게 하겠다는 생각이었다.

초기에 서점업계는 그들의 생각에 충분히 공감하지 못했다. 가
격 정책을 유동적으로 구사할 수 없는 건 다소 불편한 일처럼 보
이기도 했다. 그러나 효과는 금방 드러났다. 당시엔 인터넷 서점
이 없었으니 대형 서점 프낙FNAC: 우리나라의 교보문고처럼 초대형 매장과 체인

을 가진 대형서점이 가장 큰 위협 세력이었다. 프낙에선 책을 여러 권 사면 즉석에서 할인을 해주었으나 도서정가제 도입으로 더 이상 그렇게 할 수 없게 되었다. 그러자 동네 서점들은 프낙과 동등하게 경쟁할 수 있게 되었고, 그 상황은 동네 서점들의 출현을 부추기는 계기가 되었다.

2000년대 들어서면서 아마존을 대표로 하는 인터넷 서점들이 동네 서점을 위협하는 막강한 경쟁자로 등장했다. 그러나 출판사들은 동네 서점과 아마존에 같은 가격으로 책을 공급해야만 하며 아마존은 책을 배송할 때 배송료를 무료로 해줄 수 없도록 규제를 받았다. 비로소 동네 서점들은 도서정가제라는 수호천사의 진가를 확인할 수 있게 된 것이다.

도서정가제 성공의 산증인인 밀빠쥬 속으로 한 발자국 더 가까이 들어가 보았다. 다음은 디렉터 파스칼 튀오와 나눈 일문일답이다.

- 이 동네에 사는 독자의 눈으로 보기에 밀빠쥬는 아주 잘되는 서점으로 보입니다.

  "1981년 40제곱미터의 작은 서점에서 출발해 40년 만에 직원 스물다섯 명이 있는 800제곱미터 규모의 서점으로 성장했습니다. 지금 어린이 서점이 있는 자리가 최초의 자리지요. 서점이 생긴 이후 매출이 줄어든 적은 없어요. 매년 성장해왔습니다."

- 시에서 지원을 받나요?

"직접적인 재정 지원을 받진 않지만 우리가 있는 이 건물은 시가 절반의 지분을 가진 공공건물이에요. 시가 우리 집주인인 셈이지요. 뱅센시는 우리 서점의 존재가 시의 정체성과 시민들의 문화적·지적 생활에 중추 역할을 한다는 사실을 잘 알고 있습니다. 그래서 파트너십을 형성하고 있고, 지원을 받진 않지만 시세보다 훨씬 적은 집세를 냅니다. 매출의 4퍼센트 정도가 집세예요. 재정이 여유롭지 않을 땐 임대료를 줄여달라고도 요구합니다. 그리고 26퍼센트가 인건비죠. 수익이 매출의 39퍼센트 정도 되는데 집세와 인건비 두 가지를 제하고 나면 약 10퍼센트 정도의 이윤이 남습니다. 이 돈으로 공간을 쾌적하고 아름답게 꾸미고 독자들을 위해 다양한 행사를 엽니다. 서점은 사람들에게 자부심과 쾌적함, 지적인 자극과 호기심을 제공할 수 있어야 해요."

- 서점 앞 쇼윈도를 보니 지금은 아프로-아메리카 관련 주간인 듯합니다. 이런 식의 행사를 얼마의 주기로 하고 있나요?

"최근 미국에서 있었던 사건Black Lives Matter: '흑인의 생명도 소중하다' 운동 이후 아프로-아메리카 서적 행사를 기획했습니다. 이 행사를 장기간 할 계획이에요. 우린 늘 새로운 이슈를 제시하고, 주제를 선정해서 독자들에게 제시합니다."

- 이곳의 책에는 서점이 작성한 깨알 같은 메모가 꽂혀 있습니다. 언제부터 이런 일을 했나요?

"서점 문 열 때부터요. 그게 독자들을 향해 우리가 다가가는 방식입니다. 우린 독자들과 책을 매개하는 사람들입니다. 책에 대한 우리의 시선을 넌지시 전하면 독자들이 다가오기 쉬워집니다. 각각의 독자와 맺는 끈끈한 관계가 동네 서점으로서 우리의 장점이고 전략이지요. 독자들이 책에 대해 질문하고 의견을 구하고, 우리는 그들의 요구에 답하며 책을 통한 인간관계를 형성해갑니다."

- **매년 밀빠쥬 상을 선정하기도 합니다. 어떻게 하는 건가요?**

"매년 우리가 팔아온 책 중에서 국내 서적 두 권, 번역서 두 권을 선정해 상을 줍니다. 그 책을 서점의 가장 좋은 자리에 놓고 수상 결과를 독자들에게 널리 알리죠. 8월경부터 어떤 책을 후보에 올릴지 토론하고 가을에 직원들끼리 투표해서 시상해요. 우리에겐 매우 중요한 행사입니다. 공쿠르 문학상 수상작보다 우리 상을 탄 책이 우리 서점에서는 더 잘 나가요."

- **코로나 위기를 겪으며 직원을 감원하지는 않았나요?**

"전혀요. 셧다운 때는 모든 직원이 정부가 제시하는 일시적 실업 급여를 신청했고, 셧다운이 해제되면서 모두 다시 나와서 일하기 시작했습니다. 셧다운 기간에도 우리와 오래 관계를 맺어온 독자들을 위해 책을 주문받고 집에 배달해주는 서비스를 했고요. 다른 직원들은 집에 있었지만 저는 고객들과의 관계를 지속하기 위해 그 일을 혼자 했습니다."

- 셧다운은 해제되었지만 코로나는 여전히 우리 곁에 있습니다. 매출엔 지장 없나요?

"별 지장 없습니다. 코로나 위기를 거치면서 주민들 간에 연대하는 마음이 한층 더 강해졌다고 할까요. 여태까지도 그랬지만 코로나 이후로는 더욱 또렷해졌습니다. 우리에게 없는 책은 주문해서 며칠 기다렸다 가져가십니다. 그런 기다림에 서로 익숙하지요. 아마존에서 검색해서 우리에게 보여주며 구해달라고 합니다. 아마존을 돕는 것보다 동네 서점과 공생해야 한다는 생각인 겁니다. 코로나 위기를 거치며 지역 농산물, 지역 상품에 대한 애착이 강해진 것처럼요."

- 점점 더 많은 사람이 인터넷으로 주문을 하는 데 익숙해지고 SNS나 유튜브 등에 시간을 빼앗깁니다. 프랑스에서 도서정가제를 파괴하려는 온라인 서점들의 공격은 없었나요?

"물론 있었죠. 아마존 같은 인터넷 서점이 로비를 하고 언론을 통해 안 좋은 여론을 퍼뜨립니다. 그러나 어떤 정부도 감히 이 법을 흔들 생각은 하지 못했어요. 일단 이 법은 정부에 아무런 부담도 없죠. 어떤 조세 저항도 일으키지 않는 작동하기 쉬운 법이니까요.

그에 반해 이 법이 가져다주는 이득은 명백합니다. 동네 서점이라고 하는, 책이 생존하고 전달되는 데 가장 이상적인 공간을 이 법이 지켜 냅니다. 이걸 없애고, 대형 서점이나 인터넷 서점만 살아남게 만들어 버린다면, 그것은 독자를 소비자로 바꿔버리는 행위예요.

서점 주인들 가운데엔 훌륭한 사람도 있고 그렇지 않은 사람도 있어요. 그러나 서점은 출판인들이 알고 있는, 책이 독자들과 만나는 가장 이상적인 장소입니다. 책을 이해하고 사랑하는 사람들이 그들의 세계관으로 선별한 책으로 지은 집입니다. 그러니 어떤 일이 있어도 지켜야 한다고 생각해요.

독립 서점들이 중요한 건, 그 서점의 개수만큼의 창조성, 문학의 다양성, 책의 다양성이 보장될 수 있기 때문이에요. 인터넷 서점과 대형 서점만 남으면 출판계의 다양성이 축소됩니다. 소위 베스트셀러만 판매될 것입니다. 그건 책의 생태계를 파괴하고 생명력을 축소하는 길이지요. 이 모든 걸 멀리 내다보고 이 법이 만들어진 겁니다. 자신들이 지키고자 했던 작가들이 길게 살아남게 하기 위해 두 출판사가 지혜를 모은 셈이죠. 도서정가제는 출판계의 지속가능한 성장을 위한 토대입니다."

- 도서정가제가 동네 서점들의 생존을 위한 장치라고 보시나요?

"물론이죠. 그게 사라지면 당연히 동네 서점들도 사라집니다. 동네에 서점이 사라지면 마을의 지적인 심장이 사라지는 겁니다. 그걸 원하는 사람은 아무도 없고요. 정치인들도 이를 알기 때문에 감히 건드리지 못합니다. 지자체에서도 밀빠쥬가 활력을 지속해야 도시의 상가 전체가 활력을 함께 누린다는 걸 잘 압니다."

도서정가제에 대한 동네 서점의 의견을 물으러 갔는데 서점의 디렉터는 법을 창안한 두 선각자들이 가졌던 최초의 비전을 들려주었다. 그 법과 함께 태어난 이 서점은 법이 제공한 환경 속에서 20배로 성장했다. 몸집은 커졌지만 정신은 여전히 지역 주민들과 끈끈한 관계를 형성하는 동네 서점의 DNA를 간직하고 있다고 한다.

할인은 안 되지만… 국민 1인당 6.3권씩 책을 사는 비결

프랑스에선 2019년 한 해 4억 1900만 권의 책이 판매되었다. 6700만 인구가 평균 6.3권씩 책을 산 셈이다. 그중 온라인 서점의 판매 비율은 20퍼센트, 동네 서점의 비율은 22퍼센트다. 한국의 2018년 책 판매량은 1억 1700만 권이다. 인구 한 명당 평균 2.3권을 구입한 셈이다. 온라인 서점 판매 비율은 53.1퍼센트, 동네 서점 구입 비율은 10.6퍼센트다. 단순 비교하자면 우린 최대 15퍼센트까지 할인 혜택을 받을 수 있는 온라인 서점을 가졌지만 온라인 서점에서도 책값을 안 깎아주는 환경에 있는 사람들보다 훨씬 적게 책을 산 셈이다.

이번 청와대 청원을 주도한 도서정가제 폐지를 말하는 사람들은 도서정가제가 낳은 최대의 비극이 ▲도서 '소비자'의 책 구매 외면 ▲ 종이책 신인 작가의 멸절 ▲ 중소 출판사 경영 최악 상황 ▲ 지역 서점 감소 지속이라고 주장한다.

그러나 100여 개 전국 동네 서점들의 모임인 '동네책방네트워크'에 따르면 그들의 주장은 현실과 다르다. 도서정가제가 실시되고 있다는 현실이 무색하게 온라인 서점엔 10퍼센트의 책 가격 할인과 5퍼센트의 적립 할인이 허용되어 독립 서점들에 불리한 구조를 제공한다. 반면 프랑스에선 인터넷 서점엔 허용 안 되는 적립 할인이 동네 서점의 경우, 5퍼센트까지 허용되기도 한다. 내가 다니는 두 개의 동네 서점에선 5회 이상 서점에서 책을 구입한 고객에게 6회째부터 정가의 5퍼센트까지 할인해주는 정책을 실시하고 있다.

그런데도 "2014년 법개정 이후, 101개에 불과했던 독립 서점은 2020년 650개로 늘었고, 신생 출판사 또한 2013년 4만 4148개에서 2018년 6만 1084개로 증가했다."(전국동네책방네트워크 성명 중에서)

독자들이 점점 독서를 하기 힘들어지는 첫 요인으로 꼽은 것은 시간이 부족하기 때문(19.4퍼센트 응답)이지 비용에 대한 부담 때문(1.4퍼센트 응답)이 아니다. 불완전한 형태로나마 지켜지는 도서정가제는, 자기만의 개성을 담은 매력적인 서점을 만들고 그 속에서 삶을 펼치고자 하는 청년들의 창업에 힘입어 다양한 형태로 전국에 독립 서점들이 확대되도록 했다. 또한 이런 현상은 출판물의 다양성을 견인하기도 했다.

프랑스 동네 서점들이 경험하고 예견하던 것들을 고스란히 우리 동네 서점들도 체험하고 실현해가던 중이었다. 지금 필요한 것은 도서정가제의 폐지가 아니라 이제 막 뿌리 내리기 시작한 동네 서점들을 응원하는 강력한 제도 보완, 막강한 도서정가제로의 개혁이다. 북 소믈리에 역할을 하는 책방지기의 책과 동네 사람들을 맺어주는 일은, 10퍼센트 할인해주고 총알배송 해주는 시스템보다 더 막강한 힘을 발휘한다.

현재 온라인 서점에 유리하게 지급되는 책 공급률은 도서정가제의 취지에 맞춰 작은 서점에도 똑같이 적용되어야 한다. 온라인 서점에 허용되는 할인도 조정되어야 할 것이다. 또한 독립 서점이 창업을 하거나 확장을 할 때, 정부는 동네서점지원기금 등의 무이자 대출이나 직접적인 지원 등을 통해 지역사회에 서점들이 확산되고 뿌리 내리는 걸 돕는 방법을 검토해야 한다. 앞선 밀빠쮸 서점의 사례처럼 지자체가 공공건물에 낮은 임대료를 받고 서점을 맞이하는 것도 좋은 예가 될 것이다.

책을 공산품으로만 취급해 싼값에 소비하게 할 것인가, 다양성을 확보해주는 정책으로 무성한 가지를 넓게 펼치게 할 것인가. 우린 선택할 수 있다.

짓는 대신 고쳐 쓰는 프랑스 주택 vs. 단명하는 한국 아파트

2015년 방영 드라마 <응답하라 1988> 마지막 회엔 정팔이네 가족이 쌍문동 골목을 떠나 이사 가는 장면이 나온다. 정팔 아빠는 트럭 기사에게 자신들이 가는 곳이 '판교'라고 말해준다. 복권 당첨으로 1차 인생 역전했던 이 가정에 머지않아 2차 인생 역전의 날이 올 것임을 예고하는 대목이다. 복권과 부동산 개발은 '몸뚱이 말고 아무것도 가진 게 없는 사람들'이 인생 역전할 수 있는 거의 유일한 방법이다. 이 둘을 모두 얻게 된 기막힌 행운의 가족은 이후에도 쌍문동 골목에서 누렸던 행복을 이어갈 수 있었을까?

동네 꼬마들, 이웃들이 바글바글 어울려 살던 골목은 재개발 지구로 지정되어 폐허가 되었고, 텃밭 일구며 여유롭게 살아가려고 찾은 판교 또한 개발의 은총을 받게 된다. 개발 이익을 손에 쥐었을지 모르나, 스스로 결정하지 않은 개발이란 이름의 사회적 당위 앞에서 그들은 다시 떠나야 했을 것이다. 대박이 두 번이나 터진 이 행운의 가정도 포기해야 하는 한 가지는 '정주하는 삶'이다.

인천공항에서 내려 차를 타고 부모님 집으로 가는 1시간 30분의 여정에서 매번 확인하는 것은 5천 년 역사를 자랑하는 나라이건만, 거리에서 만나는 모든 건축물은 반짝거리는 새 건물들이다. 밤낮없이 어딘가에선 새로운 고층 아파트들이 올라간다. 여기가 혹시 막 일어서기 시작하는 개발도상국인가? 아무도 그리 말할 사람은 없을 것이다. 초가집 없애고 마을길 넓히던 시절은 50년 전이고, 나름 선진국이라 자부하기 시작한 지 제법 된다.

그런데 왜 새로운 아파트를 계속 짓는가? 쌀처럼 먹어치우는 식량도 아니고, 자동차처럼 10년 남짓 쓰면 삐거덕거리는 물건도 아니다. 혹시 인구가 급격히 증가 중인가?

통계청에 따르면 한국의 인구증가율은 2010년대에 둔화되더니 2021년부터 마이너스로 전환, 2021년 인구는 5173만 명으로 2020년 5182만 명에 비해 약 9만 명이 줄었다. 대한민국의 인구는 예상치를 뒤엎고 빠른 속도로 줄어들고 있다.

그렇다면 혹시 인구 대비 주택이 부족한가? 주택보급율이 100퍼센트를 넘어선 지 20년쯤 됐다. 1인 가구가 늘어나 실질적 주택 보급이 넉넉하진 않다고 하나, 돈이 부족할 뿐 매물이 부족한 적은 없었다. 그런데 왜? 계속 짓는 걸까?

단명하는 한국의 아파트

2008년 국토교통부가 내놓은 통계에 따르면, 한국의 아파트 수명은 26.9년이다. 이는 128년의 수명을 지닌 영국의 아파트에 비해 5분의 1 수준이다. 지진 다발국 일본에 비해서도 절반에 그친다. 한국의 아파트는 왜 이토록 짧은 수명을 가지고 있을까? 한국 건축 기술이 떨어져서? 그럴 리 없다. 이렇게 건설업이 흥한 나라에서 기술은 축적될 수밖에 없는 법.

한국의 아파트들이 1세대를 못 넘기고 요절하는 이유를 대한민국 성인이라면 누구든 10초 안에 감 잡을 수 있다. 사회 전체가 개발의 유혹에 저항하지 못하기 때문이다. 개발 이익을 차지하는 사람이 결국 소수라는 사실은 비밀이 아니건만, 불을 찾아 날아드는 불나방처럼, 재개발이라는 종소리가 딸랑거리면, 사람들은 흥분의 도가니 속에서 너도나도 개발열차에 올라탄다.

재건축의 사이클이 빨라질수록 건설사와 그곳에 투자한 사람들이 부를 축적할 뿐 아니라, 집주인들 또한 재건축으로 가치가 상승한 부동산을 보유하게 되므로, 가진 사람 대부분이 그 길에 들어선다. 그러나 집을 뜯어 먹고살 게 아닌 바에야, 재건축 후 좀 더 값나가는 아파트를 소유한다 한들 여전히 살 집 하나를 가졌단 사실엔 변함이 없다. 내 아파트 값만 오른 게 아니라, 옆집 아파트, 개발을 시작한 옆 동네도 오를 터이니 교환가치가 상승한 것도 아니다. 게다가 완공될 때까지 전셋집을 옮겨 다녀야 하는 심란한 시간을 견뎌야 한다.

그럼에도 불구하고, 오래된 아파트 주민들의 하나된 염원은 재개발이다. 이러한 심리를 잘 아는 정치인들은 경기 부양의 수단이자 부동산 대박의 꿈을 안길, 당선을 위한 가장 확실한 공약으로 재개발을 약속해왔다. 그들은 딜러처럼 다가와 재개발이라는 마약을 덥석 물게 하고, 그 마약이 퍼뜨릴 악영향은 또 다른 재개발 약속으로 덮어왔다. 1970년대 강남 8학군 개발이 이뤄진 후 지금까지, 주변에 갑자기 부자가 된 사람들의 전설 속에는 언제나 부동산 대박의 스토리가 있었다. 부동산 불패 신화는 그렇게 약 반세기에 걸쳐 사람들의 사고를 불가역적으로 고정시켜 왔다.

짓는 대신 고쳐 쓴다

세상 모든 나라가 우리처럼 사는 걸까? 내가 잘 아는 또 다른 나라의 이야기를 해보겠다. 22년 전 프랑스에 와서 가장 오래 살았던 집은 마레지구에 있던 17세기에 지어진 4층짜리 아파트였다. 1층 한가운데 지하 8미터 깊이의 우물이 그대로 남아 있는 그 집은 2차대전 전까지는 술집이었다. 전후 한동안 폐허로 버려져 있던 것을 은행이 사들여 직원들을 위한 임대주택으로 사용했고, 그 건물의 1층과 지하를 70년대에 남편이 사들여 40년 동안 작업실과 주거용도로 사용해왔다. 지금은 두 명의 의사가 사들여, 병원으로 개조해 쓰는 중이다. 거길 떠나 8년 전, 파리에서 1킬로미터 정도 떨어진 외곽으로 이사왔다. 19세기에 지어진 소규모 공장을 영화제작자가 사들여, 철근 골조를 그대로 남긴 채 나무집으로 개조해 영화사로 사용한 게 2000년대 초반이었다. 그 집을 우리가 사들여, 작업실 겸 생활 공간으로 개조해 쓰고 있다. 우리가 만난 집들은 여러 세기를 거치며 새 주인을 만나고, 용도를 달리하며 세월과 함께 진화해왔을 뿐 소멸하지 않았다. 파리에서도 허구한 날 공사가 끊이질 않지만, 그 대부분은 개조공사다. 20세기말 이 늙은 대륙으로 건너온 이후, 파리 시내에 서 있던 멀쩡하던 건물이 파괴되고, 그 위에 새 집을 짓는 광경을 목격한 경우는 흔치 않다. 재개발이 결정되어 마을 전체가 허물어지게 되었음을 알리는 기쁨의 현수막도 물론 본 적 없다.

많은 프랑스인들이 그러하듯, 시골에도 집이 하나 있다. 19세기 중반에 지어진 이 집은 같은 부지 내에 있는 오크르 천연염료 공장 주인의 집이었다. 화학염료가 천연염료를 대신하면서, 공장은 문을 닫았고, 집은 30년째 폐허가 되어 있었다. 남편이 30년 전 구입해 작업장 겸 별장으로 쓰고 있는 이 집의 값은 30년이 지난 지금도 거의 변함이 없다. 10여 년 전, 부지 한구석에 작은 한국식 흙집을 하나 지으려다 시의 허가를 받지 못해 좌절한 적이 있다. 마을엔 이미 빈 집이 많기 때문에, 그것의 개·보수만 허가를 내줄 뿐, 새 건축물은 비록 내 땅에 짓는 작은 오두막일지라도 불가하다는 것이 시의 방침이다. 시장이 바뀔 때마다 혹, 다른 결정이 내려질까 기다려보지만 12년째 답은 한결같다. 사유지에서조차 자유롭게 재산권을 행사하지 못하는 것은 불만이지만, 작은 마을 지자체장의 의지로도 부동산 투기를 얼마든지 막을 수 있다는 사실에서 왜 집값이 30년 동안 변함없는지를 알 수 있었다.

2021년 6월, 16년간의 긴 리모델링 기간을 거쳐 재개장한 파리의 사마리텐 백화점은 1870년에 처음 탄생했다. 리모델링의 기간도 길었지만 비용도 1조 원이 소요되는 엄청난 규모의 공사였다. 그 정도 비용이면 다 부수고, 높은 건물을 올리는 것이 분명 더 경제적 선택이었을 것이다. 하지만, 재개장한 사마리텐 백화점은 아르누보 양식의 옛 모습을 그대로 간직한 채 구석구석이 좀 더 정교한 아름다움으로 빛나는 모습이었다. 물론 문화유산으로 지정된 백화점 건물을 마음대로 부술 수 있는 권한이 건축주에겐 없다. 그러나, 루이비통을 소유한 다국적 기업 LVMH의 대표이자 프랑스 제 1 거부인 건축주 베르나르 아르노의 선택은, 자본가의 머릿속에도 입력되어 있는 건축물이 가지는 역사적 가치를 증명할 뿐 아니라 이 사회가 수 세기를 살아낸 건축물의 숨결을 공유할 수 있는 이유를 설명해준다.

대장동 이야기

한편 2021년 한국에선 누구도 말릴 수 없어 보이는 거센 화력의 부동산 스캔들이 빵 터져 대통령 선거까지 활활 타올랐다. 차분히 하루 종일 들여다본 화천대유 사건은 17년에 걸친 개발의 대하드라마였다.

네 개의 정권을 거치며 펼쳐진 대장동 개발의 엎치락뒤치락 스토리에서 관건은 결국 개발 차익을 누가 차지하느냐에 있었다.

대선주자들을 비롯, 법조계와 정계, 언론계를 망라한 인사들이 뒤얽힌 대장동 건이 언론의 주목을 받으며 모든 이슈를 흡수해버렸지만, 작금의 부동산 망국은 한두 사람의 설계와 작당으로 이뤄지지 않았다. 불과 몇 년 전, 10억대이던 강남의 아파트가 지금은 20~25억대이다. 2021년 보도에 따르면, 지난 7년간 다주택 소유자는 40퍼센트 늘어났다. 2014년 9월 박근혜 정부가 재건축 연한을 40년에서 30년으로 낮추면서, 멀쩡한 건물도 30년이 지나면 재건축할 수 있게 되었다. 남들이 100년을 살려고 아파트를 지을 때, 우린 30년만 살고 부술 아파트를 지으라는 신호를 국가가 내린 것이다. 부동산 개발이라는 지팡이는 휘두르기만 하면 유권자들의 표를 쓸어 담는 마법의 지팡이다. 이걸 외면할 정치인은 없고, 개발 판이 벌어지면 쓸어 담을 수 있는 일확천금의 기회를 막을 기득권도 없다.

40년간, 그 어떤 정부도, 부동산 망국의 길을 진정시키는 데 기여하지 않았다. 그들은 너나 할 것 없이 하나둘 징검다리를 놓아 오늘의 사태를 만든 공범이다. 특검이 이뤄지고, 몇몇 사람이 단죄된다 한들, 우리는 또 다른 대장동 사건의 재발을 막을 수 있을

까? 아이들의 장래희망이 건물주가 되는 비극적 시대를 마감할
수 있을까?

개발주의, 내려놓을 때가 됐다

제 20대 대선 후보 이재명, 윤석열은 나란히 부동산 공약으로
250만 호의 주택 공급을 약속했다. 이재명은 기본주택 100만 호
를 포함시켰고 투기 억제를 위해 국토보유세를 도입하겠다고 했
으며, 윤석열은 청년 원가주택 20만 호를 포함시켰다. 이들이 공
약한 개발 사업의 이득이 투기꾼들에게 넘어가지 않고, 모든 사회
구성원이 혜택을 누리는 방식으로 나눠진다 해도, 이 공약들은 가
장 근본적인 질문을 외면하고 있다.

우리에게 진정 더 이상의 택지 개발이 필요한가? 왜 한국의 아
파트는 100년을 가도록 지을 수 없는가? 걸핏하면 이웃 간 폭력으
로 번지는 층간 소음을 야기하는 부실한 아파트들. 튼튼하게 지어
서 100년, 200년 넘게 인간과 함께 나이 먹어갈 순 없는 건가? 아
파트가 허름해지면, 그걸 부수는 대신 꼼꼼히 안팎을 새 단장 하
고 보수하면서 살 순 없나?

이제 우린 그 문제를 논해야 한다. 한 세대도 온전히 생을 담지
못하는 집에 살며, 재개발의 바람이 불면 이리저리 흩어져 인생을
다시 세팅해야 하는 물결에 언제든 휩싸일 준비가 된 사회는 백년

대계를 설계할 수 없다. 우린 언제까지 이토록 거대한 산업폐기물을 발생시키며 집과 마을을 파괴하고, 사람들 사이를 갈가리 찢는 재개발, 재건축의 몸살에 휩쓸려야 하는가? 청년주택이든 기본주택이든, 기존 건물, 기존의 아파트를 단장하여 공급하면 안 되는가?

쌀을 제외하면 식량 자급률이 13퍼센트에 불과한 나라, 전 세계에서 가장 많은 GMO 농산물을 수입하는 나라, 해마다 지독한 미세먼지로 고통을 겪는 나라, 아찔한 인구 절벽을 눈앞에 두고 있는 나라의 대통령 후보들이 왜 나란히 아파트 250만 채를 공급하겠다는 약속을 했을까? "아파트는 계속 지어야 하는 것"이라는 이 오래된 최면에서 그만 깨어날 때가 되지 않았는가. 그 자리에 녹지를 조성하고, 건강한 우리 농산물이 자라날 농지를 더 확보하는 것이 미래를 준비하는 지도자의 약속이 아닐까?

뿌리 내리는 삶

2017년, 전신마취를 필요로 하는 수술을 두 번에 걸쳐 받을 때, 마취 의사는 매번 내 귀에 대고 속삭였다. 가장 안전하고 평화롭다고 생각되는 곳을 상상하라고. 나의 무의식이 찾아간 곳은 어릴 적 살던 집의 정원이었다. 마당에는 그네가 있고, 라일락과 해바라기, 수국, 장미, 목련, 등나무가 동무처럼 함께 놀아준다. 그 정원 안쪽에는 엄마가 환한 얼굴로 의자에 앉아 있다. 내가 돌아간 그 포근한 정서의 고향엔 지금 현대힐스테이트가 들어서 있다. 살던 집뿐 아니라, 무지개를 바라보던 언덕, 친구들과 본부를 만들어 보물을 숨겨두던 뒷산, 학교, 우체국, 시장, 미장원, 마을의 그윽한 능선들 모두 통째로 사라지고, 밋밋한 현대아파트 단지로 바뀌었다. 스스로 계획한 적 없지만, 모든 대한민국 사람들이 겪는 일이다. 마취에서 깨어나며 생각했다. 국민 모두가 고향을 잃도록 설계된 개발주의 사회가 저지르는 만행에 대해. 개발의 이익을 잘 나눌 생각을 하기 전에, 개발주의라는 도그마를 초월해야 한다는 생각이 스쳤다.

올더스 헉슬리의 《멋진 신세계》Brave New World·1932, 조지 오웰의 《1984》1949, 디스토피아를 그리는 대표적 소설에서 공통으로 등장하는 전제는 개인의 삶을 획일적으로 통제하는 전체주의와 과거를 지워버린 사회다. 과거로부터 인간을 차단하는 것은 원자화된 인간을 생산하기 위한 첫 단계다. 지난 세대의 삶이 현재의 삶과 함께 진화할 수 없도록, 불도저로 주기적으로 밀어버리는 사회. 30년마다 리셋되는 삶을 통해 우리는 아름다운 강산 위에 디스토피아를 짓고 있었던 게 아닐까? 마을 전체를 갈아엎으며 뿌리 뽑힌 삶을 강요받는 대신, 5억에서 10억으로 뛴 아파트 값을 받아드는 것이 행운이라고 우린 주입받아 왔다. 새싹 식물을 키우며 물 줄 때마다 드는 생각이 있다. 처음 용기에 씨를 뿌리고 물을 주면, 씨들은 이리저리 물줄기에 따라 휘둘린다. 하루, 이틀 시간이 지나고 작은 뿌리를 내리기 시작하면, 더 이상 그들은 물줄기에 흔들리지 않고, 제 줄기를 뻗어간다. 제 나름의 삶을 이어간다. 외부로부터의 작은 충격이 있을 때마다, 크고 작은 사건이 미디어를 통해 전파될 때마다, 이리저리로 쉽게 쏠리는 우리 사회의 모습을 떠올리게 된다. 오랜 역사를 가진 민족, 제 문자를 가지고, 문화유산을 일궈온 우리는 왜 오늘 이런 모습인가.

뿌리 뽑힌 삶은 역사가 전하는 지혜를 흡수할 수도, 정주하여 내 후세의 삶까지를 설계하는 사치를 꿈꿀 수도 없다. 그것은 사회 성원 전체를 지속적인 집단 트라우마 속에서 살게 한다. 수 세기를 거쳐온 인간의 삶이 새겨놓은 무늬들을 문화적 자산으로 함께 나누는 기쁨을 우리 사회의 가치 목록에 올릴 때가 되지 않았나.

'미식가의 나라', 분배를 통한 음식쓰레기 해법을 찾다

　푸벨Poubelle은 불어로 쓰레기통을 가리키는 말이다. 파리시의 행정을 집행하던 고위 공무원이자 법률가였던 으젠 푸벨Eugene Poubelle은 1883년 도시의 모든 집주인들에게, 세입자들이 버리는 생활 쓰레기들을 담을 수 있는 뚜껑 있는 용기를 집집마다 마련하게 하는 행정명령을 내렸다. 그것이 프랑스에서 쓰레기통이 시작된 유래이며, 쓰레기통은 행정가의 이름을 따라 지금까지 푸벨이라 불리고 있다.

　거리에 그대로 버려지던 쓰레기들은 그때부터 세 가지 용기(썩는 쓰레기용, 종이나 천용, 유리나 사기, 조개껍데기용)에 분리되어 수거되기 시작했고, 공중위생과 도시 미관도 그때부터 개선되기 시작했다. 무슈 푸벨의 획기적 아이디어가 나오기 전엔, 이 모든 것이 그대로 길거리에 버려졌고 그보다 훨씬 전에는 쓰레기가 없었다. 따라서 쓰레기통도 필요 없었다.

시골집이 있는 부르고뉴에는 이웃집에 은퇴 후 농사를 짓는 노인이 사신다. 그는 우리와 이웃으로 지내온 20년 동안, 한 번도 쓰레기를 수거해가도록 밖에 내놓은 적이 없다. 그는 버려야 할 쓰레기를 만들지 않는 삶을 살고 있었다. 자신이 지은 농사로 자급자족했고, 필요한 물건은 모두 자연에서 나온 재료들로 직접 만들어 썼다. 음식물 쓰레기는 흙으로 돌아가 채소를 키우는 양분이 되었고, 종이는 태워졌으며, 빈 병들은 음식과 술을 담는 용기가 되었다. 인간은 충분히 그렇게 살 수 있는 존재이며, 한때 모든 인간은 쓰레기를 배출하지 않고 살았다. 인간의 삶에 쓰레기가 생겨나고, 그것을 주기적으로 분류해 처리해야 할 만큼 많은 양이 축적된다는 것은, 지나친 잉여생산물이 생겨나고 있다는 의미이기도 하다.

산업혁명은 자본주의의 성장을 펌프질했고, 인간은 이후 성장에 대한 경쟁적 강박 속에서 과도하게 소비하고, 쓰레기를 양산하는 방향으로 내달려왔다. 우리는 지구의 생명체 가운데 쓰레기를 배출하는 유일한 동물이다. 살아가는 데 쓰레기통이 필요해진 바로 그 시점부터 인간의 삶은 자연과 조응하는 데 실패하고 있다. 쓰레기의 양이 갈수록 많아진다는 건 돌아가야 할 곳으로부터 자꾸 멀어지고 있다는 의미이기도 하다. 버려지는 잉여생산물의 양만큼, 불평등과 사회적 갈등의 골도 깊어진다. 언젠가 뉴욕에 갔을 때, 오후 5시 무렵부터 각 음식매장 앞에 쌓이기 시작하는 쓰레기 더미를 보며 경악했다. 웬만한 식당에선 모든 식기를 1회용으로 사용하고 있었고 그 무엇도 분리수거되지 않고 있었으니, 피할 수 없는 결과였다. 그 광경은 소비라는 관성에 실려 더 이상 제 몸을 스스로 가누지 못하는 어리석은 자본주의의 토악질처럼 보였다.

만장일치로 통과한 법안

하여 쓰레기에 대한 가장 현명한 고민은 어떻게 하면 재활용할 수 있도록 잘 버릴지가 아니라, 어떻게 하면, 쓰레기를 최소화하는 방법을 찾을 것인가에 있다. 프랑스에서 그 제도적인 첫 시도는 2016년 통과된 '음식물 낭비와의 전쟁 관련 법'으로 사회당의 기욤 갸로Guilaume Garot 의원이 제안한 후, 하원과 상원에서 각각 만장일치로 통과되었다.

법안의 요지는 400제곱미터(121평) 이상의 면적을 가진 슈퍼마켓은 팔리지 않는 재고 식품을 폐기하는 대신 유통기한 최소 48시간 이전에 수거해 필요한 사람에게 제공할 수 있도록 관련 구호단체들과 파트너십을 맺어야 한다는 내용이다. 이를 위반할 시에는 위반 건수마다 3750유로(약 500만 원)의 벌금을 부과한다.

지금까지 '푸드 뱅크'라는 이름으로 시민운동 차원에서 행하던 일을, 국가가 유통기업의 사회적 책무로 부여하겠다는 선언이었다. 이 법안이 통과됐음을 전하는 프랑스 언론은 "세계 최초"라는 사실을 힘주어 강조했다.

음식문화가 유네스코 세계유산에 등록될 만큼 프랑스는 자타가 공인하는 식도락의 나라다. 덕분에 프랑스에서 낭비되는 음식물은 연간 100억 톤에 달한다. 먹는 즐거움에 큰 의미를 부여하는 이 나라에서 환경에 대한 각성이 음식물에서부터 시작된 것은 우연이 아닐 것이다.

법안 시행 2년 후 결과는 '대성공'이다. 시행 1년 만에 푸드 뱅크에 수거된 음식물은 지역에 따라 15~50퍼센트까지 늘어났고 평균적으로 28퍼센트가 늘어났다. 400제곱미터 이상의 슈퍼마켓 중 95퍼센트가 시민단체와 파트너십을 맺고, 재고 음식물을 기증했다. 더불어 음식물 재분배를 담당하는 시민단체나 스타트업, 기구도 급속하게 늘어나면서 새로운 일자리를 제공하게 됐고, 시민들의 의식 변화도 빠르게 이뤄졌다.

한 번 더 밟아주는 엑셀

이에 고무된 프랑스 정부는 한층 강화되고 체계화된 법안을 내놓았다. 2018년 10월 의회를 통과한 법안은 '농산물업체 간 관계 균형과 건강하고 지속적인 음식물에 관한 법안'이란 긴 이름을 달고 있는데, 식품 생산자와 소비자 모두가 지속적으로 건강한 삶을 보장받을 수 있는 체계를 구축하겠다는 야심찬 포부를 품고 있다.

이 법안은 크게 네 가지 목적을 가지고 있다. ▲ 정당한 가격을 농산물 생산자에게 지불하여 그들이 자신의 일을 통해 존엄한 삶을 영위할 수 있도록 하고 ▲ 보건위생, 환경, 영양 측면의 질적 향상을 이루고 ▲ 동물복지를 강화하며 ▲ 건강하고 안전하며 지속 가능한 음식물의 생산·보급을 장려하는 것이다.

법안은 구체적인 실행안도 담고 있다. 농산물 가격 책정은 생산자와 유통업체 대표 그룹의 협상을 통해 결정하되, 생산자 측에서 제시한 생산원가를 핵심적 근거로 하여 조정해야 한다는 내용으로 생산자 보호에 초점을 맞춘 농산물 시장 균형 방안이다.

또 2022년까지 급식소에서 제공되는 식품의 절반은 지역 유기농산물 등 건강하게 생산한 식품이어야 하며, 생태다양성을 파괴하는 화학약품으로 생산된 농수산물의 유통을 금지하고, 사육·이동·도축 과정에서 발생하는 동물 학대행위에 대한 처벌도 강화한다. 플라스틱 식기도 급식소와 식당에서 단계적으로 퇴출해야 하며 2025년까진 완전 퇴출된다. 또한 2022년 1월부터 슈퍼마켓에서는 더 이상 채소, 과일 등을 플라스틱 용기에 포장하여 판매할수 없게 되었다.

법안의 적용 범위도 대폭 확대됐다. 슈퍼마켓뿐 아니라, 각종 급식소(학교, 직장, 병원, 요양소 등)와 식품 제조업체까지 이 법안을 따라야 한다. 특히 급식소들은 관련 시민단체와 파트너십을 맺고

사용하지 못한 음식이 필요한 사람에게 제공되거나 싼값에 판매
되도록 해야 할 의무를 가진다.

　직접 음식물을 수거해 재분배하는 현장의 목소리도 대체로 긍
정적이다. 그러나 이 법안의 확고한 성공을 위해선 대형 유통매장
들이 몰래 음식을 버리는지 정부가 지속적으로 감시해야 한다는
의견도 높다. 이들은 일부 매장들이 여전히 이 법안을 이행하지
않고 있음에도 벌금이 부과된 적 없다며 정부의 보다 결연한 실행
의지를 촉구하기도 했다. 대형 유통매장 입장에서도 음식물 폐기
비용을 줄일 수 있고, 매출의 최대 5퍼센트 감세 혜택도 있어 나쁠
것 없는 조건이다.

'환경 우등생'으로 거듭날까

　에두아르 필리프 프랑스 전 총리는 "음식물 낭비는 사회적 스
캔들이며 생태적 난센스"라고 정의했다. 그러면서 모든 종류의 음
식물 낭비에 맞서 싸울 수 있는 방안을 동원해 2025년까지 음식
물 쓰레기를 50퍼센트 줄이겠다는 의지를 표명했다. 기후변화에
대응하는 파리협정의 주최국이면서도 이행에선 더딘 행보를 보
여 시민사회로부터 강한 질타를 받아온 프랑스 정부가 '음식물 낭
비와의 전쟁'에선 선두주자가 되겠다는 포부를 내비쳤다.

　시민들의 의식 변화를 위해 일상에서 활용할 음식물 낭비 방

지 앱들이 이와 때를 맞춰 활발하게 개발되고 활용되는 상황이기도 하다.

대표적인 앱으로는 <CheckFood>(장을 보고 난 후 각각의 음식물에 찍힌 바코드를 이 앱에 스캔해두면 유통기한이 임박했을 때 알람이 울린다), <Frigo Magic>(냉장고에 음식물들이 제법 있는데, 어떤 식사를 준비해야 할지 아무 생각이 없을 때 남은 식재료로 완성할 수 있는 음식을 제안해준다), <Zéro-Gâchis>(집주변 슈퍼마켓에서 유통기한이 얼마 남지 않아 싼 가격에 팔고 있는 식품으로 무엇이 있는지 알려준다) 등이 있다.

법안을 발의한 기욤 갸로 의원은 법안이 기업과 유통업체들 사이에서만 적용된다면 결코 성공할 수 없으며 시민 의식을 바꿀 교육과 캠페인이 함께 이뤄져야 한다고 강조한다. 학교에서부터 음식물이 낭비되지 않는 방향의 식습관 교육을 이행하고, 그 구체적 실천방안까지 전달해야 한다는 것이다. "최초의 시도는 확고한 승리였으나 이제 1라운드에서 이겼을 뿐"이라고 그는 말한다.

프랑스에서의 성공은 유럽 각국으로 같은 법안이 확산되는 데 촉매제가 되고 있기도 하다. 분배를 극대화하는 장치를 통해 음식물 쓰레기를 줄이는 제도적 장치를 마련한 프랑스지만, 음식물 쓰레기 분리수거는 하지 않는다. 동네마다 자발적으로 나선 주민들에 의해 부분적으로 이뤄지고 있을 뿐. 전 세계적으로 음식물 쓰레기를 한국만큼 철저히 하는 나라는 드물다. 제도가 마련되면, 누구보다 철저히 실천에 나서는 시민들의 참여의식 덕이다. 여전히 녹색당 의원 한 명도 의회에 발 딛지 못하는 현실을 보면, 아직도 녹색 아젠다를 끌어안는 데 인색한 것이 우리의 정치 현실이다. 환경을 생각하기에 우린 여전히 개발과 성장이 고픈 나라라는 듯.

'포장을 뜯기도 전에 버려지는 음식이 전 세계 음식물의 3분의 1인 이 지구에서는 1분에 11명이 기아와 영양실조로 여전히 죽어 가고 있다'(옥스팜 프랑스 조사). 인류는 생산하고 축적하는 기술을 발전시키는 데 집중해 왔으나 그것을 나누는 방법에서 철저히 실패해 왔다. 금세기 들어 가속도가 붙으며 점점 크게 벌어지는 빈부격차는 이제 인류를 향한 구체적 위협이 되고 있다. 분배를 죄악시하는 자본의 프로파간다, 승자독식의 기계적 공정만이 통용되는 세상에서, 국가의 힘을 넘어서서, 국제기구를 장악하는 소수 자본가들의 초월적 권력은 모두가 염려해야 할 위험 요소다. 분배를 확대하는 현명한 방식의 도입에 인류의 모든 지혜가 모여야 할 때다.

미세먼지 향해
칼 뽑은 파리시장

　서울의 대기오염지수AQI가 169$\mu g/m^3$(매우 나쁨)를 기록하던 지난 2019년 3월 5일, 파리의 대기오염지수는 30$\mu g/m^3$(보통)를 찍고 있었다. 지구가 점점 더워지고 있다는 사실이 확연히 느껴져 걱정한 적은 있었어도, 파리에 사는 동안 대기오염이 두려움을 가져다준 적은 없었다. 중국 같은 얄궂은 이웃을 두고 있지 않더라도 대기오염은 대도시들의 피할 수 없는 운명과도 같은 것. 외곽을 포함해 1200만 명이 삶을 공유하는 대도시 파리도 시민들의 '오염된 공기를 마시지 않을 권리'를 위해 부단한 노력을 해왔다.

　2000년대 들어서며 줄곧 사회당 쪽에서 자리를 맡아온 파리시장들은 유난히 환경에 지대한 관심과 의지를 가진 사람들이었다. 베르트랑 들라노에(2001~2014), 그 뒤를 잇는 안 이달고(2014~현재)의 재임기를 거치며 파리는 환경 문제에서 도약의 발판을 마련한다.

2007년에 생겨난 파리시의 공공자전거 '벨리브_{Vélib}', 네 개 라인의 트램(노면전차) 설치는 '생태학_{Échologie 에콜로지}'이 정책에 스며들어 시민 삶의 패턴을 바꿔놓는 것을 경험한 첫 장면에 해당한다.

저돌적 생태주의자 이달고

파리시가 비교적 안정적인 대기오염지수를 갖게 된 것은 그동안 체계적으로 전개되어 온 정책적 노력의 결실이다. 들라노에 시장의 후계자로, 지난 2014년 취임한 이달고 시장은 일찍이 어디서도 본 적 없는 저돌적인 생태주의 시장으로서의 면모를 보여왔다. 하루가 멀다 하고, 새로운 에너지로의 전환과 환경보호를 위한 정책과 의견을 내놓으며, 시민들의 인식을 뒤흔들고, 초록으로 뒤덮인 청사진을 현실로 앞당겨 왔다.

2013년 파리의 대기오염지수가 $75\mu g/m^3$(보통)를 넘어선 날은 연간 47일이었고 $100\mu g/m^3$(민감)을 넘어선 날도 이틀이나 되었다. 그러나 2018년 오염지수가 $75\mu g/m^3$를 넘어선 날은 16일로 줄었고, $100\mu g/m^3$을 초과하는 날은 하루도 없었다. 이달고 시장은 여기서 만족하지 않았다. 그는 '2030년 석유 자동차 0의 도시', '2050년 재생에너지 100퍼센트의 도시'를 파리의 목표로 내걸었다.

석유를 원료로 하는 차를 12년 내에 퇴출시킨다는 것은 이달고 시장만의 목표였으나 이제는 파리시의회가 만장일치로 찬성한 '공식 플랜'이다. 나아가 정부가 발표한 에너지 전환 플랜의 일부가 됐다. 파리시가 이 같은 목표를 발표하고 나서, 정부 또한 2040년까지 프랑스 전역에서 모든 석유 차를 퇴출시키고 전기차 또는 수소차로 전환하겠다고 선언했다. 그중에서도 대기오염을 앓는 대도시에선 보다 빠르게 석유차를 퇴출하겠다는 내용의 에너지 전환 계획을 발표했다.

파리 시내를 운행하는 모든 차량은 에너지 등급이 표시된 스티커를 부착하게 되는데, 2030년부터는 전기차, 수소차 등 석유를 원료로 하지 않는 차량에 녹색 스티커가 붙는다. 15년 이상 된 석유 차량은 이미 지난 2017년부터 파리 시내 중심에선 이용이 제한됐다. 전기 생산의 70~80퍼센트를 원자력 발전에 의존하고 있는 프랑스에서, 전기차의 사용이 과연 "친환경적"인 선택인가는 여전히 논쟁 중인 주제다. 깊게 논쟁하고 말 것도 없이, 전기의 원자력 발전 비중을 낮추지 않는다면, 화석연료가 뿜어내는 위험을 원자력 발전의 위험으로 대체하는 조삼모사의 술수에 지나지 않는다. 이는 일부 환경론자들의 극단적 의견이 아니라, 프랑스전기공사EDF의 관리자가 전해준 내부 의견이기도 하다. EDF가 원자력 발전을 지속해야 한다는 의견을 가진 연구원은 거의 없다는 것이 그의 전언이다. 원자력의 위험은 명확하고, 그것을 대체할 수 있는 대체에너지 개발에 주력하는 것이 훨씬 효과적인 방법임에 대부분 동의하지만, 정치적인 자리라 할 수 있는 최고위직 임원들만은 생각을 달리한다는 것이다. 그것은 과학적, 환경적 사고가 아니라 로비에 의해 형성된 정치적 판단이라고 그는 말한다.

이달고 시장은 2016년부터 일요일 하루를 '차량 없는 날'로 정해, 파리 시내 절반에 달하는 면적에서는 승용차가 운행하지 못하도록 했다. 차 없는 삶, 그 낯선 불편함에 익숙해지도록 시민들을 초대하는 것이다.

물론 이러한 정책은 거센 저항에 부딪히기도 한다. 이달고가 "차 없는 파리"를 시행하자, 일부 승용차 운전자 협회가 "이달고 없는 파리"를 슬로건으로 내세우며 파리 외곽에서 자동차 시위를 벌이기도 했다. 그들은 "이달고의 반 승용차 정책이 승용차 운전자의 자유와 평등을 심각하게 제한한다"라면서 격렬한 항의를 멈추지 않는다.

만약 차종 전환에 대한 일방적 요구만 있었다면 이런 정책은 현실적으로 수용되기 힘들었을 것이다. 요구와 함께 대안도 제시되어야 가능하다. 에너지 전환 계획에서 가장 중요한 실천의 핵심적 요인은 당연히 대기오염을 유발하지 않는 대중교통망의 확충이다.

시가 시민들에게 제시한 대표적 대안이 광역급행철도망 'GPX Grand Paris Express'다. 지난 2010년부터 준비한 이 프로젝트는 2020년~2030년 사이에 단계적으로 완공될 예정이다. 이미 파리엔 열네 개의 지하철 노선과 다섯 개의 광역고속전철 라인이 있는데, 이 프로젝트는 네 개의 지하철 라인을 추가로 신설하고 기존의 라인을 연장하여 총 205킬로미터의 철로를 건설한다. 그렇게 72개의 역을 파리 외곽지역의 중심으로 세우면서, 파리 외곽지역과 시내와의 거리를 단시간 내에 연결, 도로 교통 이용자의 수를 대폭 줄이는 묘를 발휘한 것이다.

또한 공공자전거 벨리브에 이어 지난해 등장한 전동퀵보드(최고 시속 24킬로미터)도 도심 내 대체 교통수단으로 급속히 확산되며 도시의 풍경을 급속히 바꿔놓고 있다.

"오늘 대기오염 때문에 지하철이 무료래!"

파리 사람들이 대기오염에 대한 이야기를 듣게 될 때는 보통 이런 상황에서다. 피부로 대기의 변화를 또렷이 감지하지 못해도, 지하철이 무료로 운행된다는 사실을 통해 대기오염지수가 심각한 상황이라는 것을 알게 된다.

즉, '무료 지하철'이 대기오염을 알리는 하나의 사이렌 역할을 해온 셈이다. '공짜니 타시라'는 메시지이기보다 '오늘은 가급적 승용차를 타지 말기 바란다'는 공적인 조언을 하는 방식이며, 그 조언을 하는 측에서 제시하는 정책적 사인이 지하철 무료운행인 셈이다.

이 정책이 효과를 보기 위해선, 환경오염에 관한 대중의 문제의식이 깔려 있어야 한다. 더불어, 갑자기 추가된 이용객을 수용할 만한 여유공간이 대중교통에 있어야 한다. 출근 시간 배차 간격이 1분 30초인 파리 지하철은 평소 이용객의 10퍼센트 정도의 사람이 추가로 탑승해도 수용할 여지가 있다. 그러나 이미 만년 지옥철인 서울의 통근 지하철에선 비현실적인 얘기일 가능성이 크다. 무료라고 해서 더 탈 사람도, 더 태워줄 자리도 없다.

대기오염지수가 $75\mu g/m^3$를 넘어서게 되면 파리시 등 관계 당국은 비상등을 켜고, 대기 오염수치를 낮출 방법을 찾는다. 파리시 대기오염의 주범 중 29퍼센트의 비중을 차지하는 요소가 자동차 배기가스임이 밝혀진 이상, 자동차 운행을 줄이는 건 필수다. 파리시가 지하철을 무료로 운행할 때 드는 비용은 1일 400만 유로(약 50억 원)다. 이를 통해 줄어드는 자동차의 운행률은 5퍼센트 정도. 이 비용은 파리시를 비롯한 일드프랑스의 지자체와 정부가 함께 부담해왔다.

들어가는 비용에 비해 줄어드는 차량 수는 그리 많지 않지만, 이러한 방침에 대한 비난 여론은 거의 없다. 시민들은 파리시가 대기오염을 줄이기 위한 부단한 시도를 하고 있음을 알고, 이것은 그 노력의 일환으로 시도되는 방법 중 한 가지일 뿐으로 선선히 받아들인다. 어차피 공공재인 지하철이 하루 이틀 돈을 못 버는 대가로 시민들이 조금 덜 오염된 공기를 마시는 게 나쁜 셈법은 아니라고 판단하는 것이다.

재생에너지 100퍼센트를 향하여

사실 파리는 전부터 승용차 운전자들에게 매우 불편한 도시였다. 파리의 구도심은 수백 년 된 도로와 건물들을 그대로 가지고 있어, 주차장이 턱없이 부족하고 도로도 비좁다. 차로 이동하는 데 30분이 걸린다면 주차공간을 찾는 데 1시간이 걸리는 일이 태반이다. 그래서 다수의 사람들은 출퇴근에 대중교통을 이용한다. 출퇴근에 승용차를 이용하는 파리시민은 전체의 10퍼센트 안팎으로 집계된다.

승용차 운전자들에게 이미 충분히 불편했던 이 도시는 최근엔 더 심각하게 불편해지고 있다. 곳곳의 도로가 공사 중이기 때문이다. 그 공사의 대부분은 보행로와 녹지공간을 넓히고 차로를 줄이는 데 집중돼 있다. 주변의 더 많은 사람들이 파리 시내에서의 운전을 포기하는 것을 본다. 계획대로라면 앞으론 한층 더 고차원의 불편함이 운전자들을 괴롭힐 전망이다.

반면, 파리 외곽에 사는 사람들은 자기 차를 이용하는 비율이 30퍼센트로 훨씬 높다. 그러나 이 30퍼센트의 자가용 운전자들도 주변에 편리한 대중교통 수단이 있다면, 그걸 이용하고 싶어 하는 경우가 절대 다수라고 한다. 이들에게 차는 과시의 수단이 아니라 철저한 이동수단이며, 더 편리한 수단이 있으면 얼마든지 포기가 가능한 '도구'일 뿐이다.

이달고 시장이 자동차와의 싸움에만 매달리고 있는 것은 아니다. 파리시는 2050년까지 재생에너지로 100퍼센트 전환하겠다는 또 다른 원대한 목표를 갖고 있다. 주택 단열 공사 지원, 태양열 에너지 시스템 설치 지원, 도심 내 녹지 공간 확대, 육류 소비 축소, 채식 확대 등의 세부 목표를 실행하기 위해 제시된 개별 정책안이 무려 500가지에 이른다. 이는 파리시가 1천 명이 넘는 시민들로부터 의견을 제안받아 100회가 넘는 회의와 토론을 통해 만들어낸 결과물이다.

파리시가 환경을 정책의 최우선 순위로 두고 저돌적으로 추진해가는 이유가 무엇이냐는 질문에, 이달고 시장은 이렇게 되묻는다. "모두의 건강한 삶을 지키고, 우리 아이들에게 살 만한 지구를 물려주는 것은 무엇보다 시급한 과제가 아닌가."

지구를 위해
파업하는 아이들

"엄마, 교장 선생님이 우리가 파업하는 걸 허락해줬어."

무릇 파업이란 것이 누구의 허락을 필요로 하는 것은 아니건
만, 열네 살 중학생 딸의 생애 첫 파업은 이렇게 시작되었다. 2019
년 3월 15일, 아이는 그렇게 지구의 100여 개 나라에서 점점 뜨거
워지는 지구를 위해 당장 결단하라고 외치며 수업을 빠진 아이들
중 하나가 됐다.

길 맞은편 고등학교는 전체학생회의를 열어 파업을 공식 결의
하고 책걸상으로 철저히 교문을 봉쇄했다. 아이가 다니는 중학교
에서는 기후변화를 막기 위한 뜨거운 마음을 가진 아이들이 교장
에게 자신들의 의사를 전달했다고 한다. 교장은 희망하는 모든 아

이들은 금요일 오후에 수업을 듣지 않고 지구를 위한 행진에 동참해도 좋다고 동의했다.

단지 이 학교 교장이 너그러워 내린 결정은 아니었다. 그렇게 모인 아이들이 파리에서만 4만 명이었고, 프랑스 전역 200개 도시에서 같은 집회가 열렸다.

> "우리에게 미래가 오지 않는다면 지금 우리가 공부를 해야 할 이유도 없죠."
>
> "어른들이 어른들의 숙제를 하면, 저도 저의 숙제를 하겠어요."
>
> "자본주의 시스템이 종말을 맞이해야 한다고 생각해요. 자본주의를 유지하는 한, 지구를 구할 순 없을 거예요."
>
> "지구가 은행이었다면, 그들은 진작 구했겠죠."
>
> "기후변화를 방치하는 건, 반인류 범죄예요."
>
> "돈으로 두 번째 지구를 살 수는 없어요."

저마다 골판지에 구호를 적어놓고, 목청이 터져라 외친 아이들은 자신의 가슴에도 서로의 구호를 깊이 새겨 넣었다. 이날 아이는 4시간을 걷고 돌아왔다. 지쳐 쓰러져 있는 아이 옆에 지구본 조명을 켜주려고 하자 아이가 실눈을 뜨며 말했다.

> "엄마, 지구본 불 꺼. 지구한테 안 좋은 일이야~"

적록동맹으로 하나된 어른들

그다음 날인 3월 16일에는 29개 단체가 함께 제안한 어른들의 기후변화 행진이 펼쳐졌다. 옥스팜, 그린피스 같은 환경단체뿐 아니라, 아탁ATTAC: 조세정의시민단체, 프랑스노동총연맹CGT까지 가세하여 기후변화에 저항하는 생태주의 싸움과 사회적 투쟁이 어깨를 걸고 나란히 걸었다. 주최 측 추산으로 35만 명이 참가했다. 이날의 공식 타이틀은 '기후와 사회정의를 위한 행진'이었다.

같은 날 샹젤리제에서는 오랜만에 다시 격렬해진 노란 조끼 시위가 열여덟 번째로 열렸다. 에콜로지와 노란 조끼는 경쟁하는 대신 끌어안기를 택했다. 오후 3시, 그들은 경찰의 폭력으로 피해 입은 노란 조끼들을 위해 무릎을 꿇으며 경의를 표했다. 행진 대열엔 노란 조끼를 걸친 사람들을 흔히 볼 수 있었다. 노란 조끼들과 점점 뜨거워지는 지구의 적은 같으며, 그 싸움이 도달하고자 하는 지향점도 같다. 생명과 존엄을 훼손하며 개발하고 생산하는 자본주의 세상에서 그들은 인간으로서 존중받으며 살고자 한다.

아이들과 어른들이 지구를 위해 행동하기로 한 3월 15~16일은 한 환경소비자 단체가 제안한 '대형 슈퍼마켓 안 가기 운동'이 이틀째 벌어지는 날이기도 했다. 소비자와 상품을 연결하는 대형유통업체들이 벌여온 횡포에 대항해 시민들이 단결된 힘을 과시하며, 시대의 흐름을 따르라 경고하는 행동의 날이었다. 이날 공화국 광장은 늦은 밤까지 온기를 나눠가진 사람들의 기쁨이 넘실거리는 축제장이었다.

핵심 이슈로 자리 잡은 생태-사회 정의 투쟁

불과 1년 전까지만 해도 프랑스 사회에서 환경문제에 대한 자각은 지극히 일부 사람들의 것이었다. 프랑스 녹색당의 희미한 존재감이 반영하듯 환경문제는 사회적 이슈의 주류를 점한 적이 없었다.

그런데 땅 밑에 잠자고 있던 의식들이 일제히 깨어나기라도 한 듯 환경 이슈가 폭발적으로 성장했다. 사회문제와 포옹한 환경문제는 자본주의의 모든 해악들이 결국 지구별의 생존을 위협하는 문제로 인식되면서 핵심 이슈로 자리 잡았다.

조짐은 이미 있었다. 정부의 위선을 고발하며 대통령 마크롱과 싸늘하게 결별한 환경부 장관 니콜라 윌로가 우파성향의 노조 연합 'CFDT'와 환경을 위한 66가지 협약을 들고 재등장해, 언론의 집중 조명을 받은 것이다. 미디어가 사랑하는 장관 출신의 스타 환경운동가와 우파 노총이 사회적 불평등과 환경문제를 결합시키는 거대한 과제를 위해 손잡았다는 사실은, 그 자체로 달라진 사회적 온도를 실감케 했다.

  - 환경오염 기업에 대한 추가과세

- 대중교통 비용 인하
- 가정의 재생에너지전환 지원 확대
- 공장식 농업에서 유기농식 농업으로의 전면 전환
- 화석연료 생산에 대한 국가와 기업, 은행의 투자 종료

66가지 협약은 이렇듯 조세정의와 환경정의를 연결하는 꼼꼼한 정책적 대안들을 제시하면서, 정치권과 정부를 향해 구체적 결단을 촉구했다.

경제학자 피에르 라루튀루Pierre Larrouturou는 유럽연합이 유럽의 은행들을 지탱하기 위해 매달 쏟아붓는 800억 유로(약 108조 원)의 절반만 에너지 전환에 사용해도 지금의 기후변화에 따른 위기를 단시일 내 극복할 수 있다고 주장하기도 한다.

대중교통 시설을 극대화하면서 동시에 대중교통 요금을 낮추고, 지열, 태양열 에너지 등 재생에너지 발전을 확대하고, 단열이 안 된 주택들의 단열공사를 전면 지원하며, 녹지를 확대하고, 유기농산물을 지원하고, 농약 사용을 억제한다. 지구가 더 이상 파괴되지 않고 기후가 더 이상 상승하지 않게 할 수 있는 방법들은 이미 나와 있다. 그 시간을 단축시키기 위해 들어가는 비용은 이미 충분히 있다. 다만 필요한 건 결단일 뿐이라고 그는 지적한다. 15세 스웨덴 소녀의 주장도, 이틀 동안 지구 위를 걸었던 아이들과 어른들의 주장도, 바로 이것이다.

변화를 거부하는 한 사람

프랑스에선 2018년 한 해 동안, 유기농업으로 전환한 농가가 6200개에 달하는 것으로 집계되어 "역사적인 수치"로 기록되기도 했다. 유기농으로 전환한 농민들은 농약과 GMO(유전자변형)사료, 항생제에 의존한 지금의 공장식 농업·축산에 미래가 없다고 판단한 사람들이다. 그들은 이런 판단을 할 수 있었던 것이 시장에서의 급속한 변화 때문이라고 답한다.

세계보건기구WHO가 발암물질로 결정한 몬산토Monsanto Company: 종자 개발 및 GMO, 생명공학 연구를 하는 다국적 농업기업의 살충제 글리포세이트가 인간과 땅에 가한 피해가 밝혀지면서, 더 많은 소비자들이 급속히 유기농식으로 옮겨갈 것임을 시장은 보여주고 있다. 그런가 하면 정부가 약속한 지원금을 2년째 받지 못해 정부를 제소한 유기농 농가들의 집단 소송 소식도 들려온다.

시민들 사이에 퍼져가는 급격한 인식의 전환과 빠르게 변모해가는 시장 속에서 유독 (자본가들의 이해를 대변하기 위해 존재하는) 한 사람만 이를 외면하고 있다. 프랑스 대통령 마크롱은 몬산토의 발암성 살충제 글리포세이트를 2020년까지 퇴출하겠다고 수차례 약속했다.* 그런데 정작 집권당이 퇴출 법안을 국회에 상정하자 마크롱은 "현실적 상황"을 이야기하며 거부 사인을 보냈다. 결

---

* 이 약속은 2022년까지 사용량을 50퍼센트로 축소시키겠다고 변경된 상태다.

국, 법안을 대표 발의한 집권 정당 의원들조차 투표장에 나타나지 않는 촌극이 빚어졌고, 글리포세이트는 여전히 프랑스 땅에 뿌려지고 있다.

마크롱이 말하는 현실은 바로 농화학 대기업들의 안색이다. 공장형 농장주들에게 제초라는 고달픈(즉 인건비 많이 드는) 농사의 과정을 없애주는 이 독소 충만한 마법의 제초제가 없다면, 공장형 농업의 단가는 크게 달라질 수밖에 없기 때문이다. 그들은 당장의 이득을 위해 땅과 물, 건강한 미생물, 양서류까지, 그것을 먹은 동물들과 사람들에게 기형과 저출산, 장애들을 초래하는 제초제를 꼭 써야 한다고 주장하고, 대기업을 위해 존재하는 대통령 마크롱은 그들의 말을 거절하지 못한다.

이는 물론 프랑스만의 현상은 아니다. 세계에서 가장 많이 사용되는 몬산토의 제초제 글리포세이트가 금지된 나라는 전 세계에서 한 손가락 안에 꼽을 수 있다. 스리랑카는 2만 명 이상의 농부와 그 가족들이 이 제초제 사용 이후 신부전증으로 사망하는 참사를 겪고 나서, 베트남은 고엽제로 인한 피해의 악몽을 재현하지 않기 위해 같은 제조사인 몬산토의 제초제를 거부하게 되었다. 유럽연합에서는 오스트리아가 2019년 처음으로 퇴출을 결정했고, 독일은 2023년 말부터 글리포세이트를 사용하지 말 것을 2021년에 의회가 표결했다. 글리포세이트가 발암 물질로 판명된 이후에도, 2017년 유럽연합은 이 물질의 사용을 5년간 더 연장한 바 있다. 2022년 말, 유럽연합은 다시 한 번 이 글리포세이트의 사용을 연장할지 말지를 결정해야 한다. 37개의 농민·환경단체들은 마크롱이 이 사안에 대해 결연한 태도를 보이길 요구하는 데 사활을 걸고 있다.

땅을 병들게 하고, 그 땅에서 난 음식들을 먹는 가축과 인간을 병들게 하는 죽음의 제초제는 이미 미국에서 3만여 건의 소송의 대상이 되었고, 지금까지 단 한 번도 소송에서 승리한 바 없으며, 2022년 6월 21일 미 대법원으로부터 글리포세이트로 인해 암에 걸린 개인에게 2500만 달러를 배상하라는 최종 판결을 받은 바 있다. 글리포세이트의 피해를 입은 개인뿐 아니라, 로스앤젤레스시도 글리포세이트로 식수와 강물을 오염시킨 혐의로 2022년 3월 몬산토사를 제소했다. 이 죽음의 화학약품이 오염시킨 건, 로스앤젤레스의 강물만이 아니다. 그럼에도 불구하고, 농화학업계의 로비가 뿌리는 돈에 지구 전체의 미래를 저당잡히는 정치가 세상을 지배한다.

자신들의 미래를 파괴하는 자들을 향한 아이들의 항의와 투쟁은 지극히 정당하다. 오늘의 이득을 위해 아이들이 살아갈 세상을 지우는 어른들. 이쯤에서 멈추지 않으면 아이들이 그들을 멈춰 세울 것이다.

2부

발언한다

누구의 희생도 없이 행복한 가정과 학교를 위해

출산대국을 빚어낸
프랑스의 네 가지 연금술 1

　논술대회에서 입상한 한국 고교생들이 단체로 파리에 포상여행을 온 적이 있다. 그들과 만나 대화하는 자리에서 한 여고생이 이런 질문을 했다.

　"왜 프랑스는 국가적 노력으로 출산율 저하를 극복하고 유럽 출산대국이 되었는데, 우리나라는 국가적 노력에도 불구하고 점점 떨어지고 있을까요?"

　10대 소녀의 입에서 이런 질문이 터져나올 만큼, 가임여성 1인당 합계출산율이 0.8로 떨어진 기록적 통계는 한국사회의 미래를 암울하게 표상한다.

　프랑스는 유럽에서 독보적 출산율을 기록해왔다. 2014년부터 약간의 하향세를 보였지만, 2017년 프랑스의 출산율은 1.88로 유럽연합 평균(1.6)을 웃돌았다. 비결을 탐문하는 연구단이 수차례 파견될 만큼 프랑스는 여전히 유럽 최고의 출산 대국이다. 그 배경엔 여러 이유가 있지만 우선 몇 년 전부터 목격된 프랑스 출산율 하락의 원인부터 살펴볼 필요가 있다.

하락의 이유를 금방 찾을 수 있었다. 2008년 금융위기 이후 계속된 긴축 재정이 마크롱 정부 들어서며 급격히 가속화됐고, 그것은 직접적인 지원금 축소와 공공부문(학교, 의료시설 등) 파괴로 이어졌다. 그로 인해 많은 사람들이 존엄에 상처를 입기도 했다. 언론들은 "여전히 프랑스는 유럽 출산의 챔피언"이란 사실을 환기시키지만 여전히 출산율이 크게 추락하지 않은 사실이 오히려 더 뉴스가 돼야 하는 상황이었다.

챔피언 타이틀을 넘기진 않았으나, 프랑스의 높은 출산율이 거론될 때마다 끈질기게 따라붙던 전설이 있었다. "그게 다 이민자들 덕분"이라는 거다. 이민자들이 많이 몰려와 가족수당을 타기 위해 자녀를 많이 낳는 걸 두고 국가 정책의 승리인 양 포장하지 말라는 은밀한 조롱이 그 속에 담겨 있었다.

그 도시 괴담의 실체를 프랑스국립인구학연구소INED가 파헤쳤다. 놀랍게도 그들의 결론은 "NON(아니다)". 이민자 여성들이 프랑스에서 출생한 여성들에 비하여 높은 출산율(2.6)을 보이는 건 사실이지만, 그들은 전체 출산율을 겨우 0.1퍼센트 상승시켰을 뿐이라는 것이다. 그들이 전체 인구 비중에서 차지하는 비율이 12퍼센트 정도이기 때문이다.

이민자 비율이 더 늘어나면 그들의 출산율 기여도가 더 높아지 겠지만, 아직까진 프랑스의 높은 출산율은 사회 전체가 빚어낸 열 매라고 보는 게 타당하다. 2014~2017년에는 프랑스 출생 여성뿐 아니라, 이민 여성들의 출산율도 일제히 하락한 점도 그 연장선상 이다. 양쪽 모두 정부의 지원과 사회의 구조적 변화에 민감하게 반응한 것이다.

출산율 성장 신화의 복잡한 방정식을 한마디로 뭉개버린 이민 자 담론은 과학적·통계적으로 무너졌다. 비슷한 이민자 인구 비 율(12.5퍼센트)을 가진 독일의 경우, 프랑스보다 현저히 낮은 출산 율을 기록하는 것을 보아도, 이민자 덕뿐이라는 논리는 많은 허점 을 드러낸다. 그렇다면, 이제 이걸 물어야 한다. 마크롱의 파괴적 정책에도 불구하고 프랑스 여성들의 출산율은 왜 여전히 유럽 챔 피언인가?

여성의 선택권이 확보될 때, 더 많이 출산한다

GDP의 5퍼센트에 육박하는 자금을 정부가 출산과 가족 정책 에 꾸준히 투입했다는 사실은 이 모든 이야기의 바탕이 된다. 자 녀를 교육시키는 것이 각자도생의 격전장인 한국과 달리, 프랑스 는 교육이 국가가 책임지는 영역이라는 인식이 넓게 공유되어 있 다. 남녀 노동자들의 일손을 공장으로 끌어들이기 위해 1880년대부터 시작되었던 학령제*가 그 제도적 원동력의 시초라 할 수 있다. 도시에서는 6세 이전의 아이들을 상대로 유치원이 설립되었으며, 유치원 설립이 불가능한 작은 학교에는 유아반이 운영되기도 했다. 부르주아 가정의 아이들은 고교를 거쳐 대학에 가는 과정을 거쳤으나, 가난한 아이들에게도 기회를 제공하기 위해 상급학교 진학은 시험을 통해 입증된 능력을 전제로 했고, 장학금 제도를 통해 저소득층 자녀들의 진학을 도왔다. 이것이 핵심 포인트다.

1975년 낙태 합법화는 프랑스에서 여성 해방을 알리는 가장 또렷한 신호탄이기도 했다. 피임 방법이 불완전하던 시절, 원치 않는 임신을 중단시킬 수 있는 권리를 획득하며 자신의 몸에서 일어나는 일에 대한 선택권을 쥐게 된 여성은 적극적으로 자기 생애를 설계하는 주체가 되어갔다. 68혁명이 확산시킨 개인주의의 확대와 전통적 가치관의 붕괴는 자칫 가족을 위협하는 요소로 해석되는 듯했으나, 결과는 그 반대로 나타났다.

여성이 자신의 삶을 결정하고, 자신의 직업적 성공에 몰두하는 것에 대한 사회적 억압들이 서서히 수그러들자 비로소 출산을 강제된 의무가 아니라 스스로 선택하는 행복의 요소로 받아들였다. 1990년대 중반, 출산과 육아를 둘러싼 제도적 뒷받침이 안정적인 토대를 형성하면서 프랑스의 출산율은 가파른 상승 곡선을 그리

• 프랑스는 1880년 제3공화정 초기, 무상, 의무, 세속(즉 교회와 무관한)이라는 원칙하에 공교육으로서 초등교육 시스템을 확립하고, 1882년엔 6세에서 13세에 이르는 남녀 아동의 교육을 의무화하였다.

기 시작해 대략 25년간 이어왔다.

오랜 가톨릭 국가이지만 가장 먼저 '낙태 금지'라는 금기를 벗어던지면서 출산율의 고지를 점령한 프랑스의 이야기는 나그네의 옷을 벗기려 대결한 바람과 태양의 이야기를 연상케 한다. 여성에게 전통적 가족 가치의 수호자가 될 것을 요구하며, 여성의 사회진출을 막는 다양한 걸림돌을 거두지 못한 남유럽 국가들(스페인, 이탈리아, 포르투갈, 그리스)이 유럽에서 가장 낮은 출산율을 보이고 있다는 사실을 보면, 햇볕정책의 유효성은 더욱 또렷해진다.

'혼외 출생'에 주목하라

우리나라에서 혼외 출생자는 전체 출생자의 1.9퍼센트(2014년)를 기록했다. 출생률 자체도 세계 최저 수준이지만, 이중 혼외 출생자의 비율도 OECD 국가 중 최하위다. 혼외 출산은 비혼, 동거 등 결혼제도 밖에서의 출산 모두를 아우르는 개념이다. 프랑스에선 혼외자녀의 비율이 58퍼센트 선으로 집계된다. 체감수치는 사실 그 수준을 훌쩍 넘어선다. 특히, 젊은 층에선 팍스PACS: 시민연대계약를 하거나, 오래 동거하는 커플들이 전통적 방식대로 결혼을 한 커플보다 훨씬 자주 목격된다.

여기서 우리가 주목해야 할 점은, 혼외 출생자와 혼내 출생자

사이에 대한 그 어떤 법적·사회적 차별도 존재하지 않는다는 사실이다. 혼외에서 태어나는 아이들이 소수도 아니거니와 그것이 계층적·도덕적 우열을 드러내는 어떤 도구도 되지 못한다. 올랑드 전 대통령도 비혼 상태에서 네 자녀를 낳아 길렀다. 이런 사실은 그에게 눈곱만큼도 정치적 핸디캡이 아니었다.

사회의 혼외 출생아에 대한 열린 눈물을 머금고 원치 않는 낙태나 입양을 선택하지 않아도 되는 환경을 만들어준다. 한국의 혼외출생비율은 결혼이란 제도를 통과한 정상 가족제도에 대한 사회적 강박이 얼마나 큰지 보여준다. 또 다양한 출생의 가능성을 얼마나 빈틈없이 막아버렸는지 보여주는 수치이기도 하다.

프랑스 대학에서 비혼인 학생 엄마들을 만나는 일도 드물지 않다. 게다가 그런 여학생들의 경우, 최대치의 장학금 수혜자가 된다. 한부모 가정에겐 아이가 18세가 될 때까지 가장 높은 수준의 가족 수당이 지급된다. 핸디캡이나 차별의 빌미가 될 수 있는 환경이 제도의 적극적 개입으로 비교적 평평한 땅 위에 놓이게 되는 것이다. 적어도 자녀 교육 시스템에 있어선 그러하다.

아이가 기저귀와 결별한 시점(만 3세)부터 시작되는 무상 공교육 시스템 또한 프랑스의 육아 시스템을 받치는 핵심 기둥이다. 첫 아이를 유치원에 보낸 순간 엄마는 비로소 자신의 커리어를 위한 본격적 궤도에 오르고 둘째를 가질 준비를 할 수 있다.

다만 4개월의 출산휴가는 대부분 모든 일하는 여성들이 누릴 수 있지만, 1년 혹은 2년의 육아 휴직을 안정적으로 누릴 수 있는 직장은 한정되어 있다. 또 공립 탁아소일지라도 유료인 점, 신생아 수만큼 공립 탁아소가 갖춰져 있지 않은 점 등은 아직 프랑스 시스템이 채워가야 할 부분이다.

출산대국을 빚어낸
프랑스의 네 가지 연금술 2

첫 아이 출생과 육아의 경험이 고통스럽지 않고, 사회와 개인이 잘 보조를 맞추며 버겁지 않게 해내야만 부모는 둘째, 혹은 셋째의 출산을 계획할 수 있다.

나는 2005년 한국에서 7개월의 임신기간과 프랑스에서 막달 3개월의 기간을 동시에 경험했다. 한국에서 출산은 움직일 때마다 돈이 요구되는 일이었다면, 프랑스에선 단 한푼도 들이지 않고, 온전히 국가의 케어를 받는 일이었다.

국가에 대한 신뢰

　노산(만 35세)임을 상기시키며, 산모의 불안을 담보로 이런저런 최신형 검사들의 필요성을 언급할 때마다, 아이의 출생에서부터 내 지갑의 빈약함을 탓하며 못난 부모여서 미안해 하던 한국 산부인과에서의 시간. 그걸 뒤로하고 프랑스에 온 후, 처음 겪은 변화는 일단 아무도 내게 '노산'이란 단어를 입 밖에도 꺼내지 않았다는 사실이다. 남은 3개월 동안 초음파 검사는 모두 무료였고, 그 밖에 산모의 건강과 편의를 위해 의사가 처방한 이러저러한 보조제도 무상으로 지급되었다.

　등록한 산부인과에선 예비 부모들을 남녀 따로 혹은 함께 불러서, 육아와 수유의 기술을 가르쳤고, 남자들에겐 성관계를 재개하는 시기와 방식, 출산 이후 아내가 겪을 수 있는 산후 우울증에 대한 대비 등을 훈련시켰다. 예비 부모들이 육아를 둘러싸고 겪을 수 있는 다양한 종류의 갈등에 대해서도 미리 대비하게 했다.

　출산 직후엔 그날 출산한 산모들을 소집하여 심리학자의 주도로 서로의 출산 경험을 토로하게 하며 경험을 객관화시키고 '감정의 샤워'를 유도하기도 했다. 출산의 난이도와 산모의 상태에 따라 산후 입원 기간이 결정되며 의사가 필요하다고 인정한 만큼의 입원 비용 또한 전액 무료다.

　또한 출산 후 산모의 몸이 제 컨디션을 되찾을 수 있도록 재활 훈련을 위해 물리치료처방전을 10~20회가량 제공해주기도 한다.

물리치료가 끝난 후에도 충분하게 몸이 제자리를 찾지 못했을 경우, 위의 처방전은 두 번이고 세 번이고 반복될 수 있다. 당장 출산 계획이 없는 경우엔 피임에 대한 처방도 꼼꼼히 묻고 챙기는 것이 의사, 즉 국가의 역할이다.

그렇게 출산이라는 의학적 과정뿐 아니라, 새로 부모가 될 사람들의 정신 보건까지 미리 샅샅이 챙기고 동반해주는 시스템을 완벽하게 무료로 체험하고 나서야 나는, 출산과 육아는 개인과 국가가 철저히 보조를 맞춰 공조하는 일임을 인정하며 신뢰할 수 있게 되었다.

셋째 아이는 재정적 축복

출산 직후에는 육아용품들을 구입할 수 있는 상당한 금액의 지원금이 나오고 육아 수당이 나온다. 하지만 한 아이만 있을 경우, 국가가 매달 20만 원이 조금 안 되는 수준의 현금을 지원해주는 달콤한 시기는 2년으로 끝난다. 이후론 학교(3살부터 다니는 유치원이 그 학교의 시작)에 무료로 보낼 수 있고, 매년 학기 초마다 학용품 등을 살 수 있는 50만 원 상당의 지원금이 지급될 뿐이다. 그런데 이 시점에서 둘째 아이를 낳게 되면, 이야기가 달라진다.

두 아이가 18세가 될 때까지 이 모든 지원이 계속될 뿐 아니라, 가족이 내야 하는 각종 세금들이 삭감된다. 셋째가 태어나면 또 다른 차원이 열린다. 그때부터 정부가 인정하는 "대가족"의 기준이 적용되면서, 셋째 아이에게 들어갈 수 있는 거의 모든 비용은 무상이 된다. 아이가 둘일 때보다 두 배 가까운 세금이 감면될 뿐 아니라 기차요금, 공공요금, 각종 문화시설의 입장료까지 깨알 같은 혜택을 온 가족이 받는다.

연금을 타기 위해 납부해야 하는 분담금 의무 납부 기간도 축소된다. 한마디로 셋째의 출생은 온 가족에게 엄청난 재정적 축복이 되는 셈이다. 예를 들어 아이가 셋 있는 가정에서 기차를 타면 전체 기차요금의 30퍼센트가 할인되고, 대가족은 최대 75퍼센트까지 할인 혜택을 누릴 수 있다.

프랑스 가정에서 첫째와 둘째 아이의 평균 연령차가 3.5년인 것도 이런 이유와 밀접하다. 첫 아이가 유치원에 들어가면서 부모가 한시름 덜어낸 시점, 첫 아이에 대한 국가의 현금 지원이 끊기는 시점에 둘째 아이가 등장한다. 국가가 설계해놓은 시스템과 개인의 선택이 절묘한 조화를 이루는 것이다.

물론 재정적 지원을 확대하는 것만으로는 분명 충분치 않다. 독일의 경우도 프랑스와 비슷한 수준으로 국가가 가족과 출산, 육아를 지원하지만 출산율은 유럽 평균치를 넘어선 적이 없다. 전통 가족에 대한 가치, 종교와 사회가 부여하는 여성에 대한 역할이 프랑스와 비교했을 때 여전히 비좁기 때문이다. 바로 이 대목에서 결정적 차이가 발생한다.

독일에도 어린 아이를 공공 교육시설에 맡길 수 있는 제도는 갖춰져 있다. 하지만 그런 엄마들은 '까마귀 엄마'라는 사회적 비난에 직면하기도 한다. 까마귀가 둥지 안 새끼를 돌보지 않고 떠난다는 속설에 근거한 낙인이다. 독일 사회 역시, 아이를 더 낳고 싶어 하는 문을 여는 비법을 만들지 못한 것이다. 프랑스에서의 출산과 육아 체험기를 《프랑스 아이처럼》이란 제목의 책으로 엮어낸 미국의 언론인 파멜라 드러커맨도 프랑스 여성들이 출산과 육아의 과정에 들어선 후에도 조금도 여성성을 포기하지 않고, 남편과의 달달한 로맨스를 이어가기 위한 시간을 기꺼이, 당당히 누린다는 사실에 주목한 바 있다. 신생아를 둔 부모가 조부모나 베이비시터에게 아이를 맡기고, 둘만의 외출을 즐기는 일은 적극적으로 권장되며 인정되는 일이지 주변의 비난을 사는 일이 아니다. 그러한 사회적 인식은 출산과 육아를 고통스럽지 않은 일로 만드는 데 큰 역할을 한다. 출산 장려를 위해 정부가 각종 금전적 혜택을 제시하고 있는 한국도 사회적 정서가 조성해주는 비법에는 다 가서지 못하는 걸로 보인다.

문을 여는 네 가지 비법

그 문을 여는 비법은 크게 네 가지다. 첫 번째는 자녀를 키우는 가정에 대하여 출산에 대한 지원뿐 아니라 그들이 성인이 될 때까지 양육의 모든 시기에 재정적 지원을 하는 것이다. 우리 가족의 경우, 자녀가 하나뿐이라 매달 받는 양육비는 받지 못하지만, 매년 학기 초에 학용품 구입비 지원을 받고, 바캉스 시기 때마다 아이를 위한 예능교육과 바캉스 지원비를 지자체에서 지원받는다. 1년간 대중교통을 무제한으로 사용할 수 있는 교통카드가 50퍼센트로 할인되기도 하고 문화바우처가 제공되기도 한다. 성인이 된 후의 삶의 질은 각자의 능력과 자질에 따라 달라진다 해도, 어린이, 청소년기에 이들이 누리는 교육의 질은 크게 달라선 안 된다는 것이, 이 모든 지원의 바탕에 깔려 있는 철학이다.

두 번째는 다원적 형태의 가족 구성에 대한 제도적 사회적 관용이다. 제도적 관용이 만들어지면 사회적 관용이 그 뒤를 천천히 따르게 마련이다. 세 번째로 중요한 점은, 도움이 절실한 약자들이 편견과 차별의 늪에 빠지지 않고, 출발선에서부터 동등한 혜택 속에서 동등한 시민으로 대접받게 만들려는 제도적 노력이다. 예를 들어 한부모 가정의 자녀에게 전폭적인 재정적, 제도적 지원이 보장된다면, 그들이 느낄 실존적 불안이 반감되면서 세상의 편견에 맞서는 일도 훨씬 수월해질 수 있다.

마지막으로, 여성이 출산과 육아를 위해 여성성을 포기하지 않게 해주는 사회적 시선이 필요하다. 하루아침에 제도적 의지가 만들어내기 힘든, 그래서 가장 어려운 대목이 이 네 번째 항목이며, 프랑스와 독일의 출산율 격차를 만들어내는 연금술의 가장 미세한 비법이기도 하다. 출산이 개인의 기쁨에 기반을 둔 선택이어야 하듯이, 육아 또한 여성이 사회적 윤리와 관성에 복종하지 않고, 여성으로서의 욕망과 엄마로서의 즐거움을 모두 누릴 수 있는 일이어야 한다. 여성들에게 더 많은 권리와 자유, 지지와 응원이 보내질 때, 더 많은 생명들이 세상을 만나기 위해 엄마 품에 잉태될 것이다.

　한국의 저출산을 염려하던 10대 한국 소녀에게 나는 "결국 헬조선이란 단어가 사라지는 날, 저출산의 문제도 해결될 것"이라고 답했다. 세상의 어떤 엄마도 지옥 속에서 아이를 낳아 기르고 싶지는 않은 법이니. 우리 사회를 지옥으로 만드는 핵심은 무궁무진한 차별의 제도화다. 그 무수한 차별들을 연대의 힘으로 거두어내고, 구김 없는 얼굴로 아이의 생이 쭉 뻗어나가는 것을 기대할 수 있을 때, 저출산으로 얼어붙은 우리의 미래에 봄이 도래할 것이다.

"내가 원할 때
엄마가 될 수 있는 권리를 위해"

프랑스 페미니즘 운동사에서 각자의 방식으로 상징이 되었던 두 사람이 차례로 세상을 떠났다. 지치지 않는 열정적 페미니스트, 낙태 합법화의 불씨를 세상에 전한 변호사 지젤 알리미Gisèle Halimi와 47년간 폭력 남편을 견디다 살해한 후, 10년형을 선고받았으나 판결에 분노한 여성들의 구명운동에 힘입어 사면을 통해 풀려났던 자클린 소바쥬Jacqueline Sauvage가 그들이다.

2020년 7월 28일, 93세를 일기로 세상을 떠난 지젤 알리미는 튀니지의 소박한 가정에서 태어났다. 딸에겐 그 어떤 관심도 나눠주지 않았고, 모든 기대를 장남에게 걸고 있던 "평범한" 가정의 엄마는 딸에게 오빠의 침대 정리를 맡긴다. 지젤 알리미는 정당하지 않은 엄마의 요구를 거부하며 단식 투쟁을 했고, 결국 항복을 받아내며 의무에서 벗어났다. 그것은 "자유를 향한 첫 번째 승리"로 그녀의 일기장에 기록된다. 그녀의 나이 13세 때의 일이다. 16세가 됐을 땐, 부모의 강제 결혼 요구를 물리치고 고교를 마친 후, 파리로 건너가 철학과 법학을 공부한다. 변호사가 된 그녀는 고국으로 돌아가 알제리와 튀니지 해방운동에 헌신한 후, 프랑스로 돌아온다. 1971년 철학자 시몬느 드 보봐르와 함께 여성 낙태권 운동협회를 창립했고, 1972년, 강간으로 임신한 아기를 낙태한 혐의로 어머니와 함께 법정에 선 16세 소녀를 변호하면서, 343명의 여성인사들이 참여한 역사적인 "343명의 잡년들의 선언(나도 낙태했다)"를 이끌어내며 재판에서 승리한다.

낙태는 범죄였으나, 피임은 처방전이 있어야 구입이 가능했고, 강간은 형법상 정의 자체가 또렷하지 않았던, 따라서 원치 않는 임신은 가임기 여성들을 위협하는 일상적 공포이던 시절이다. 보봐르가 작성하고, 카트린느 드뇌브, 잔 모로, 마르그리트 뒤라스 등 당대의 저명한 여성 343명이 자신도 낙태할 수밖에 없었음을 선언한 뒤, 낙태금지법은 실질적으로 무력화되었다. 이때의 승리는 1974년 통과된 베유법(자발적 임신중단 합법화)의 탄생으로 이어졌다. 불의와 불평등에 대해 이글거리는 거대한 분노를 품고 있던 지젤 알리미는 1980년 통과된, 강간의 범위와 법적 정의를 규정한 강간법의 채택에 기여했고, 1981년에는 사회당 하원 의원으로 당선, 낙태시술 비용을 의료보험으로 보상하게 하는 법안을 통과시키기도 했다.

1991년에는 반세계화 운동 ATTAC의 창립 멤버였으며, 미국이
벌인 베트남 전쟁에 대한 전쟁범죄조사위원회의 회장을 맡으며
반전, 반세계화 운동에 앞장서기도 했다. "이것은 정당하지 않아"
를 말하게 하는 모든 일에 그녀는 기꺼이 자신을 던졌고, 그러한
생각과 경험을 담은 열여섯 권의 저서를 남기며 작가로도 또렷한
족적을 남겼다.

마크롱 대통령은 그녀의 죽음에 "지젤 알리미의 페미니즘은 휴
머니즘이었다. 프랑스는 오늘 열정적인 공화주의자이며, 여성 해
방을 위해 싸운 위대한 투사를 잃었다"는 헌사를 바쳤다. 보수언
론으로부터 당신은 태아를 살해할 권리를 주장하는 게 아니냐는
집요한 공격을 받아왔던 그녀는 그들에게 이렇게 답하곤 했다.
"우리는 낙태의 권리를 위해 싸우는 십자군이 아닙니다. 엄마가
되는 일이 여성 스스로 선택하는 권리가 되게 하도록 싸우는 것입
니다."

살기 위해 당긴 방아쇠, 그것은 왜 정당방위가 아닌가

대통령 사면으로 출옥한 후, 4년이 채 되지 못한 시간 동안 비
로소 평화로운 삶을 누리다 지난 2020년 7월 23일, 72세를 일기로
세상을 떠난 자클린 소바쥬는 2012년 9월, 자신과 자녀들에게 폭
력을 행사해온 남편을 엽총으로 살해했다. 평생 이어져온 남편의

폭력은 자녀들에게도 대물림되었고, 작은딸은 아빠로부터 성폭력을 당하기도 했다. 사망 당일에도 술에 취한 채, 65세의 아내에게 주먹을 휘둘렀던 남편을 향해 방아쇠를 당김으로써 긴 비극을 종결했던 그녀의 행위는 법원으로부터 정당방위를 인정받지 못했다. 2014년과 2015년에 있던 1심과 2심 재판 모두 그녀에게 10년의 징역형을 선고한다.

재판 결과가 세상에 전해지자, 페미니스트들이 들고 일어났고, 수십만이 참여한 서명운동이 이어졌다. 50명에 이르는 국회의원들, 파리시장 등 정치인들까지 대통령의 사면을 촉구하기에 이르면서, 자클린 소바쥬 사건은 거대한 사회적 논쟁의 중심에 선다. 결국, 자클린 소바쥬의 세 자녀를 엘리제궁에서 맞이하여 면담을 나눈 올랑드 대통령은 그녀에 대한 사면을 결정했다. 2016년 초 대통령의 부분적 사면 결정, 법원의 거부, 거리에서 다시 타오른 석방 요구 시위, 2016년 말 마침내 대통령의 완전한 사면으로 이어진 지난한 과정 끝에 자클린 소바쥬는 자유의 몸이 되었다.

이후 그녀는 프랑스에서 여전히 광범위하게 벌어지고 있는 가정 폭력의 상징적 인물이 되었고, 여성 폭력에 맞서는 투쟁은 페미니즘 운동의 핵심 이슈로 떠올랐다. 그녀의 이야기는 2017년 <자클린 소바쥬, 그가 아니면 내가 죽었다>Jacqueline Sauvage: C'était lui ou moi 라는 제목의 영화로도 만들어졌다.

자클린 소바쥬 사건은 배우자로부터 일상적 폭력에 시달리는 여성들의 현실을 사회적 토론 한가운데로 끌어올렸다. 전국의 페미니스트 단체들이 합심하여 대규모 시위를 조직하고, 지속적으로 정부를 압박한 결과, 정부는 2019년 11월, 30개의 여성 폭력 방지 대책안을 내놓기에 이른다. 마치 1971년 지젤 알리미의 법정투쟁여파로 1974년 여성의 임신중단권이 법제화에 이르게 된 것처럼 말이다.

폭력 배우자, 재산권 상속 박탈

비폭력과 성평등에 대한 학교 교육 의무화, 가정·커플 내 폭력을 접수받는 전용신고전화(3919) 설치, 폭력 고소장 접수 즉시 피해자 보호, 피해자 보호를 위한 주거시설 1000개 추가 제공, 배우자에 대한 살해 혹은 살해 시도가 발생했을 때 자녀에 대한 친권의 자동 정지 등이 그 핵심 내용이다. 여기에 추가로, 자클린 소바쥬가 사망하던 바로 그날, 또 다른 법 개정이 이뤄졌다. 배우자나, 자녀, 혹은 배우자의 가족(형제, 자매, 부모)에게 폭력을 행사한 사실이 입증되거나, 살해한 사람에 대해서는 (부모가 경제적으로 무력한 상태이고 자녀에게 경제적 여유가 있을 때) 그 자녀에게 부과되는 부모에 대한 일정한 경제 지원의 의무가 배제되는 법안이다. 또한 배우자 사망 시 자동적으로 이전되던 연금 수여의 대상에서도, 가족에게 남겨진 재산 상속에서도 제외된다.

여전히 프랑스에서는 연간 20만에 이르는 여성들이 남편이나 애인, 혹은 헤어진 연인의 폭력에 시달리고, 그중 10퍼센트만이 신고하며, 149명(2019년 조사)은 사망에 이른다. 코로나19의 창궐로 2개월간 이동이 제한되었을 때도, 집 안에 갇힌 커플 사이에 증가한 폭력은 가장 먼저 세상의 고요를 뚫고 삐져나온 비명이었다. 법정에서, 거리에서, 숱한 열정들이 힘겹게 밀어올려 구축한 여성의 권리, 그것을 약속해주는 법적 장치들은, 강간 혐의로 조사를 받고 있는 자인 제랄드 다르마낭을 내무부 장관에 임명하는 어이없는 대통령의 행동으로 다시 한번 절벽 아래로 굴러떨어진다. 성범죄 수사 대상자를 수사기관의 수장으로 임명하는 마크롱은 같은 입으로 여성해방의 위대한 투사의 죽음을 추모하고, 학교에서 성평등 교육을 의무화한다고 말한다.

부조리와 희비극이 범벅된 현실은 불평등과 싸워온 사람들이 언제나 딛고 있던 땅의 모습이었다. 하늘의 절반을 머리에 이고, 땅의 절반을 딛고 서 있는 여성들은 또다시 희망의 돌을 함께 굴릴 것이다. 그 불평등의 돌덩이에 깔려 신음하는 사람이 더 이상 없을 때까지.

99%가 공립인
프랑스 유치원

프랑스의 유치원은 99퍼센트가 공립이다. 나머지 1퍼센트도 개인이 아니라 대부분 가톨릭교회라는 거대 조직이 운영하는 사립학교다. 유치원의 공식 명칭은 '엄마학교L'école Maternelle'다. 유치원은 의무교육이자 무상교육이며, 만 세 살부터 여섯 살 사이의 아이들이 다닌다. '두두Doudou: 아이들의 손때 묻은 헝겊 인형. 낮잠 시간에 안고 자는 용도' 하나씩 손에 들고 "나 학교 간다"고 자랑스럽게 말하며.

노란 유치원 버스가 없는 이유

'엄마학교'라는 명칭의 방점은 '엄마'가 아니라 '학교'에 찍혀 있다. 이 나라 아이들이 나이 세 살에 사회생활을 처음 시작하는 곳이 국가가 무상으로 제공하는 '학교'라는 사실은 프랑스 사회 시민의식의 중요한 대목을 형성한다.

유치원에서부터 아이들은 인권의 개념, 자유, 평등 같은 공화국의 이념을 조금씩 몸으로 체득한다. 각자 가정환경은 조금씩 다르지만, 아이들이 저마다 자아를 만개Épanouissement 하고 오감을 일깨우는 데 학교는 초점을 맞추고, 아이들은 준비된 목욕물에 몸을 풍덩 담그며, 함께 물들어간다.

부유한 가정의 자녀들이 가는, '영어 유치원' 같은 차별화된 시스템은 거의 존재하지 않는다. 구청에서 배정해준, 걸어서 갈 수 있는 가장 가까운 공립 유치원에 가는 것이 대부분의 시민들이 아는 최선의 선택이다. 그것이 프랑스 도시에서 노란색 유치원 버스를 볼 수 없는 이유다. 유치원은 걸어서 가는 곳이니.

유치원에서 아이들은 '신체활동과 예술활동을 통해 반응하고 표현하고 이해하기'를 배우며, '모든 영역의 언어(신체, 말, 표정, 그림 등)를 최대한 활용하는 법'을 익힌다. '생각하는 힘을 키우기 위한 기초 도구를 활용'하는 훈련도 한다. 그리고 넓은 세상 속에 다양한 문화를 가진 사람들이 살고 있다는 사실을 알기 위해 '세상 곳곳을 탐험'한다.

하여 허구한 날, 아이들은 학교 밖으로 모험을 떠난다. 그것이 교육부가 99퍼센트의 공립과 국가와 계약을 맺은 1퍼센트의 사립학교에 요구하는 교육 지침이다.

3년간 알파벳을 가지고 놀기는 하지만 글을 배우진 않는다. 마지막 해에 최종적으로 각자 자기 이름을 쓰는 것까지만 하고, 글을 읽는 것은 초등학교에서 해야 할 일로 느긋하게 미뤄둔다. 대신 감각을 익히고, 호기심과 감수성을 최대한 일깨우는 데 집중할 뿐이다.

엄마학교는 그 시기의 아이들이 사용하는 언어인 말, 신체, 다양한 예술적 표현으로 무수히 자기를 드러내게 한다. 어른의 눈을 똑바로 바라보며, 1대 1로 대화를 차분히 이어가는 프랑스 꼬마들의 대담한 대화 기술이 바로 이렇게 빚어진다.

사랑에 대해, 차별에 대해, 여자 혹은 남자에 대해, 가난과 부에 대해 아이들은 매일 교사와 이야기를 주고받고, 물감을 손에 잔뜩 묻히고, 찰흙을 주물럭거려 자신을 표현한다. 현대무용을 통해, 다양한 타악기를 통해, 노래를 통해 기쁨과 슬픔, 환희와 놀라움을 온몸으로 형상화한다.

이민 2세에겐 공화국 시민이 되는 첫 문턱

부모가 식당을 운영하던 중국 이민 2세 청년의 이야기를 들은 적이 있다. 식당 일에 여념이 없던 부모 밑에서 그는 형제들과 밥을 먹고, 텔레비전을 보며, 우두커니 부모를 기다리는 단조로운 시간을 보냈다. 그러던 어느 날, 엄마가 이끄는 손을 잡고 당도했던 곳이 바로 유치원이었다.

거기서 그는 신세계를 발견했다. 음악을 듣고, 노래를 배우고, 그림을 그리며, 우리를 둘러싼 세상에 대해 묻고 답하며 내 느낌을 표현하는 경이로운 세계가 그의 눈앞에 펼쳐졌다. 그는 학교가 "천국"이라고 생각했다고 말한다. 학교를 통해 집에선 들을 수 없는 풍부한 어휘와 표현을 익혔고, 인권에 대해 어렴풋이 알게 되었으며, 스스로를 존중하는 방법도 배우게 되었다고 서른이 훌쩍 넘은 그는 당시를 회상하며 학교라는 공간에 대한 최초의 감격을 털어 놓았다.

프랑스 교육부가 중요하게 생각하는 대목도 그 점이다. 처음으로 아이들이 자신의 욕구를 구조화된 언어로 표현하기 시작하는 시기, 유치원을 통해 각 가정 사이에 있는 언어의 수준과 불평등을 보완하고, 아이들의 어휘 수준을 확대하며, 대화와 토론을 통해 생각의 힘을 길러 스스로 생각의 주인이 되도록 하는 것이다.

여기까지 들으면, 프랑스의 유치원에 문제라곤 없어 보이지만, 그들에게도 고민과 나아가야 할 먼 길이 있다. 최근 10여 년간 지속되는 긴축재정의 치명타를 입은 교육재정 탓에 이 나라 유아교육의 수준은 뒤처지기 시작했다.

6250유로(약 830만 원)는 프랑스 정부가 1년간 1인의 유아교육에 지불하는 평균 교육비다. 이는 유럽 평균에 미치지 못하며, 학급당 평균 학생 수는 스물두 명으로 가장 많은 편에 속한다. 교사와 보조교사가 함께 한 반을 맡지만, 전문가들은 학급당 인원 수가 지금의 절반으로 줄어야 한다고 입을 모은다.

만 3세(빠르게는 두 살 반부터도, 기저귀와 완벽하게 이별한 아이)부터 무상교육이 시작되지만, 그 이전 단계인 탁아소는 유료로 운영된다. 부모의 소득 수준에 맞추어 서로 다른 비용을 지불하므로, 그 비용이 문제라는 이야기는 딱히 나오지 않는다. 그러나 공립이 99퍼센트인 유치원과 달리 탁아소는 매년 자리가 모자란다는 이야기가 끊이지 않는다. "낳아 놓으면 국가가 같이 키워준다"는 프랑스의 유아교육 시스템을 말하기에 큰 허점이 아닐 수 없다.

특히 마크롱 정부가 들어선 이후, 축소된 탁아소 지원은 보육 여건을 이전보다 한층 악화시켰다. 그 문제가 영유아의 신체, 심리 발달과 행복을 침해하는 수준까지 이르렀다는 것이 탁아소 교사 노조의 주장이다. 마크롱 정부가 손을 댄 모든 정책들이 예외 없이 절망과 비명을 남긴다.

한국 사립유치원 비리 사태에서 생각해야 할 것

10여 년 전, 딸아이를 파리 4구에 있는 엄마학교에 처음 입학시키고 이틀째 되던 날이었다. 아이는 등굣길에 떨어진 제라늄 꽃을 주워 담임교사에게 건네며 이렇게 말했다. "Je t'aime(사랑해요)."

저 꼬물거리는 아이들을 데리고 소위 '학교 교육'이라는 걸 진행한다는 것은 과장된 얘기가 아닐까, 가능하긴 해도 과연 바람직한 일일까 의심하던 내 생각이 증발하던 순간이었다. 만 세 살에 학생이 될 수도 있으며, 학교를 사랑할 수도 있었다.

10대에 이른 딸과 아이의 친구에게 너희들에게 유치원은 어떤 시기였는지 물었다. 딸아이는 "진정한 친구와 만남을 시작한 시기"였다 하고, 아이의 친구는 "좀 더 자립적인 태도를 익힐 수 있던 시기"라 요약한다.

외동인 딸아이는 거기서 언니, 오빠 그리고 여전히 친구로 지내는 아이들을 만나며 우정이 주는 기쁨을 흠뻑 누리고, 보드라운 사회성을 획득했다. 삼남매 중 막내로 태어난 아이의 친구는 스스로 사고하고 판단하며, 자기 세계를 구축하는 방법을 배우기 시작했다.

자유롭게 생각하고 판단하며 제 생각을 또렷이 표현하는 시민을 만드는 학교는, 공적인 목적을 가진 학교일 수밖에 없다. 혹 민간이 그 임무를 대행한다 해도, 교육의 목표는 한 사회가 일관되게 공유하는 것이어야만 한다.

한 국회의원의 활약을 통해 한국의 사립유치원 비리가 알려지며 한동안 세상을 떠들썩하게 했다. 사람들이 분노하는 지점은 원장들이 국가로부터 받은 지원금을 사적 욕망을 채우는 데 사용했다는 대목이다. 그러나 문제 해결을 위한 방식이 단지 지원금이 공적으로 사용되었는지 여부를 철저히 감시하는 데 그친다면, 우리는 여전히 '교육'이라는 대계에서 가장 중요한 점을 놓칠 수 있다.

이번 사건에서 가장 아찔한 대목은 그들이 누린 부당한 지원보다, 사욕에 눈먼 이들이 인생의 가장 중요한 순간을 보내는 아이들의 머릿속에 어떤 생각과 태도를 심어주었을까 하는 점이다. 교육부는 유아기 아이들에 대한 교육의 목표와 방향, 그것을 수행하기 위한 프로그램을 섬세하게 제시하고, 그것이 제대로 수행되었는지를 확인하며 사립유치원들의 지원금 받을 자격을 부여해야 하지 않을까. 숫자보다 더 중요한 것은 숫자에 골몰한 어른들이 놓치고 있는 교육의 내용이며, 그로 인해 인생에서 첫 사회를 경험하는 아이들이 보고 접할 세상일 터이니.

대입시험 감독 거부한 교사들, 지지한 학부모들

　1999년 처음 프랑스 땅에 도착했던 해, 파리시가 주관하는 불어 강좌 등록을 위한 반편성 시험을 보았다. 그때 작문 문제로 제시된 주제는 "왜 프랑스의 교육은 미래를 준비시키지 못하는가?"였다. 외국인들이 불어 좀 배워보겠다고 등록하는 강좌의 반편성 시험에서조차 논술형 문제를 출제하는 프랑스식의 도도함, 이 나라도 한국 못지않게 교육 시스템 때문에 골머리를 싸매고 있다는 사실에서 오는 기묘한 안도감, 아무리 그렇다 해도 이제 막 프랑스에 온 우리더러 뭘 어쩌라고 싶은 황당함을 두루 느끼며 괴발개발 적어 내려갔다. 지금도 그 작문 시간에 내 안에서 세 갈래로 일었던 감정의 파문을 기억한다.

　이후 20년이 지나는 동안 나는 바로 그 프랑스의 교육 시스템

안에서 교육받은 학생이었고, 10년 전부터는 학부모가 되었다. 사르코지 정권 때부터 프랑스 공교육은 박해의 시련을 겪어왔다. 급변하는 시대에 적응할 줄 모르는 구태의연한 교육제도라는 비판, 인문적 지식을 쌓기보다 실용적 직업교육에 좀 더 신경 써야 한다는 늙은 대륙의 조바심을 다루는 기사들이 한동안 지면을 달구는가 싶더니, 민영화와 정원 감축이 시작됐다. 신자유주의 정부의 발 빠른 실천력이 유감없이 발휘된 것이다.

그렇게 사르코지 정부(2007~2012)하에서만 교원 정원은 3만 명이 넘게 축소됐다. 올랑드 정부(2012~2017)는 교육 균형을 위해 저소득 지역의 학교들에게 제공하던 지원금을 대폭 감축했다. 그사이 대학의 인문학과들이 서서히 통폐합되거나 축소되면서 한 학기가 통째로 파업과 저항의 시간으로 메워지기도 했다.

교사들을 거리로 불러낸 마크롱

마크롱 정부(2017년 5월~)는 출범 직후인 불과 2년 동안, 과거 진행된 변화들과 비교할 수 없는 수준의 격변을 감행했다. 과거엔 바칼로레아(프랑스의 논술형 대입자격시험)를 통과한 학생이면 자신이 가고자 하는 대학을 선택할 수 있었다. 하지만 마크롱 정부는 대학이 자신의 입맛에 맞는 학생들을 선발할 수 있도록 권한을 부여하는 식으로 입시 방식의 엄청난 변화를 감행했다.

또 국적을 불문하고 거의 무상에 가까웠던 대학등록금을 비유럽권 학생들에게만 연간 2770유로(약 360만 원)를 받기로 하면서 대학 성원들로부터 거센 저항을 받았다. 바칼로레아 시스템의 전면 개혁, 이와 연동된 고교 시스템 개혁들이 줄줄이 예고됐다.

오랜 시간 동안 서서히 지쳐간 교사들은 마침내 작정하고 칼을 빼어 들었다. 그들은 긴축 재정을 작심하고 가장 먼저 교육 예산을 베어버리는 정부와 직업적 의무감 사이에서 포로 상태로 있었다. 결국 교사들은 2019년 바칼로레아 시험의 시험감독을 보이콧하는 파업 결정을 내린다. 10여 개에 달하는 크고 작은 교원노조들이 만장일치로 결의한 '초강수'였다.

교사들의 파업 결의는 그 몇 달 전에 결정됐다. 그러나 거센 여론의 저항은 없었다. 반대 여론이 우파언론들을 통해 소소하게 흘러나왔을 뿐이다. 특히 프랑스 양대 학부모협회 중 하나인 '프랑스학부모연맹FCPE'은 "교사들의 파업을 비난할 수 없으며, 파업의 방해꾼이 되지 않겠다"는 입장을 천명했다. 고교 역사교사이자 바칼로레아 수험생 아들을 둔 학부모인 한 익명의 교사는 학부모들을 적으로 돌릴 수도 있는 초강수 투쟁에 참여하게 된 이유를 "교사들의 목소리가 세상에 들리게 할 유일한 방법이기 때문"이라고 설명했다.

그해 바칼로레아 시험은 이 같은 긴장감 속에서 시작됐다. 교육부에선 전체의 6퍼센트 정도가, 노조 측에선 전체의 25퍼센트 정도가 파업에 참여했다고 크게 엇갈린 수치를 제시했다. 이런 가운데 바칼로레아 철학 시험은 정부가 만약의 사태에 대비해 보조 인력을 충분히 준비해두었던 탓에 큰 소란 없이 치러졌다.

파업을 결의한 단체들의 숫자에 비하면 그리 높은 참여율은 아니었지만, 교원노조 측은 파업이 나름 성공적이었다고 평가했다. 바칼로레아라는 심리적 금기를 떨쳐버릴 수 있는 교사들의 의지를 확인했고, 교원들의 목소리에 주목하지 않았던 언론이 이후부터는 정부 개혁안이 가지고 있는 핵심 문제점을 상세히 거론하기 시작했기 때문이다.

신뢰의 학교법?

마크롱식 고교 개혁안의 이름은 '신뢰의 학교법'이다. 골자는 인문-자연-경제사회계로 나뉘어 있는 현재의 계열을 통폐합하고 수학이나 과학, 불어 등에 심화 과정을 두어 원하는 학생들이 선택해 듣게 한다는 것이다. 학생들은 기초과목 외에도 대략 다섯 개 정도의 선택과목을 들을 수 있다. 이는 기존의 반 개념으로 구성되던 고등학교의 시스템 자체를 각 개인이 개별적으로 구성하도록 하는 근본적 개혁을 뜻한다.

자기 적성에 맞는 과목들을 '자유롭게' 골라 듣게 한다는 얘기는 얼핏 들으면 일종의 융통성을 발휘한 것처럼 읽힌다. 그러나 문제는 그 선택의 자유가 모두에게 주어질 리 없다는 데 있다. 정부는 이 교육 개혁이 "고교 교육 수준의 전반적인 향상과 학교를 통한 사회정의의 실현"이라는 목표를 담고 있다고 밝혔지만, 함정은 교원 정원을 2500명 감축한다는 데 있다. '신뢰의 학교법'이라는 어휘가 신뢰를 잃고 마는 대목이다.

2008년, 2만 4000명 정도였던 기간제 교사의 수는 10여 년 만에 4만 명으로 늘어났다. 그동안 정부가 감축해온 교원 정원 수는 고스란히 기간제 교사의 증원으로 이어져왔다. 타 직종에 비하여 한없이 더디던 임금 인상도 교사들을 자존감 상실의 늪에 빠뜨렸다. 우울증이나 번아웃 상태에 빠진 교사들의 이야기는 이제 프랑스에서 익숙해졌다. 그럼에도 정부는 보란 듯이 정규 교원 수 축소와 기간제 교사의 확충을 개혁안에 포함시켰다.

교원 인력 충원이 쉽지 않은 지역에선 옵션 과목들이 두루 제시되지 않을 가능성이 크고, 이 모든 변화의 일관된 결과는 지난 10여 년 동안 확대만 되어왔던 교육 불평등을 더욱 공고하게 심화시키는 것과 결국엔 공교육 자체를 무너뜨리겠다는 것뿐이라고 교사들은 입 모아 이야기한다. 올해 초 실시된 설문조사에서 정부의 고교 개혁안에 동의하는 교사와 교장들의 수는 고작 6퍼센트에 불과했다.

프랑스 사회가 풀어야 할 질문

바칼로레아 시험 첫날 일부 시험장에선 파업 교사들이 손을 맞잡고 인간띠를 만들어 "공교육 파괴를 멈추라"고 외쳤다. 이날 4시간 동안 진행된 철학 시험에서 학생들은 계열별로 아래와 같은 질문을 받았다. 그중 하나를 골라 자신의 생각을 정리해 적어내야 했다.

인문계

1. 시간을 초월하는 것은 가능한가?

2. 예술 작품을 설명하는 것은 어떤 쓸모가 있는가?

3. 헤겔의 《법철학》 텍스트 일부를 읽고 의견 제시

자연계

1. 문화의 다원성은 인류의 통합에 장애가 되는가?

2. 자신의 의무를 인지하는 것은 자유를 포기하는 일인가?

3. 프로이트의 《환상의 미래》 텍스트 일부를 읽고 의견 제시

경제사회계

1. 윤리는 최선의 정치적 선택인가?

2. 노동은 인간을 분리하는가?

3. <데카르트의 원칙>에 대한 라이프니츠의 견해(1692)에 대한 의견 제시

불행 중 다행일까. 과목 축소를 골자로 하는 정부의 바칼로레아 개혁안에도 시험 첫날 철학 시험이 치러지는 전통은 유지된다. 2021년부터 프랑스 아이들은 통합된 '일반 계열'과 '기술 계열' 안에서 나란히 네 개의 질문을 받게 되었다. 앞으로의 질문 가운데 하나가 "왜 정부의 모든 개혁은 공공 영역 파괴로 귀결되는가?"가 되면 어떨까.

이제 막 학교문을 박차고 세상으로 나가는 아이들이 그 관문 앞에서 교사들이 왜 파업을 하는지, 왜 모든 개혁은 불평등의 골을 더 깊게 내는 방향으로 이어지고 있는지 한 번쯤 진지하게 생각해보고 답했으면 한다. 그리하여 프랑스 사회가 마침내 이 질문의 답을 찾아내길 바란다.

부모의 '문화 자본'이 자녀의 계급을 결정한다

70일이 넘는 긴 여름방학이 끝나고, 9월 초 딸아이의 중학교 마지막 해가 시작되었다. 지난주엔 학년별로 치러지는 학부모 회의가 있었다. 앞으로 1년간의 주요 일정에 대해 설명한 후, 이례적으로 방학 전에 아이들을 대상으로 진행한 설문조사 결과 보고가 이어졌다. 조사는 아이들의 생활습관, 문화 활동, 취미생활, 학습 태도 등을 상세히 물었고, 학교는 이 결과와 아이들 학업 성적과의 상관관계를 분석했다.

성적 상위 그룹에 속하는 아이들은 연중 가장 많은 수의 전시(연 12회 이상)를 비롯해 가장 많은 공연과 영화를 관람했으며, 평소에 집에서 읽는 독서량뿐 아니라 학교 도서관에서 빌려가는 도서의 수도 가장 높게 나타났다. 또 이 그룹에서 체육활동이나 음악, 무용, 미술 등 예체능 활동을 병행하는 아이들의 비율도 가장 높았다. 반면 이들의 평균 학습량은 일주일에 3~4시간에 불과했다.

중위권 그룹의 아이들은 첫 번째 그룹 아이들에 비해 문화생활의 시간은 떨어졌지만, 놀랍게도 공부하는 시간은 주 5~6시간으로 오히려 더 많게 나타났다. 마지막 그룹인 수업을 따라가는 데 어려움을 겪는 것으로 분류되는 아이들은, 거의 모든 문화 활동에 소극적이었고, 책을 빌려가는 경우도 극히 드물었다. 하지만 스크린과의 접촉만큼은 가장 높은 수치로 나타났다. 즉, 핸드폰이나 게임기, 텔레비전 등과 접하는 시간은 학업 성적과 정확히 반비례하는 결과를 보여주었다. 전시나 공연을 보러가고 책을 읽는 것은, 학업 공부가 아닐지라도 많이 할수록 오히려 학과 성적에 긍정적 영향을 미쳤다. 모든 아이들에게서 부족하게 나타나는 것은 수면 시간이었다. 14세 청소년들에게 필요한 권장 수면 시간 8~9시간에 못 미치는 7시간 내외의 수면을 아이들이 취하는 것으로 나타났다.

설문조사 결과가 전하는 메시지는 분명했다. 1) 풍성한 문화 활동은 아이들의 지적 능력 향상에 크게 기여한다. 2) 공부하는 시간이 길다고 해서 좋은 성과로 이어지는 것이 아니다. 공부 양이 중요한 것이 아니라 어떤 학습 습관을 가졌는지가 더 중요하다.

하여, 교사들은 학부모들에게 이렇게 당부했다.

"아이들에게 다양한 문화적 경험을 할 수 있도록 이끌어달라. 학교에서도, 더 많은 문화체험의 기회가 만들어질 수 있도록 노력하겠다. 아이들이 책가방 속에 꼭 책 한 권씩을 넣고 다니는 것을 체계적인 습관으로 만들겠다. 또한, 한꺼번에 몰아서 공부하는 것이 아니라, 매일, 그날 배운 것들을 한 번씩 들여다볼 수 있도록 아이들을 격려해달라. 가급적, 아이들이 스크린(핸드폰, 게임기, TV, 컴퓨터 등)과 접하는 시간을 줄일 수 있도록 통제해달라."

학교에서는 이미 가을에 보러 갈 영화 세 편(히치콕 영화를 비롯한 현대의 고전들)을 예약해두었다고 말했고, 파리 중심부의 미술관 그랑 팔레에서 하는 전시도 단체관람 할 수 있게 하겠다는 약속을 했다. 학부모에게만 짐을 떠넘기지 않고, 학교 스스로도 설문조사 결과를 즉각 교육 방침에 반영하겠다는 의지를 보였다.

집에 돌아온 우린 아이와 마주앉아, 지난 1년간 우리가 섭렵해온 문화적 외출들의 발자취를 헤아려 보았다. 전시 목록들을 집계하던 중 아이가 문득, 2년 전 불어 교사의 인도로 입문했던 오페라와 연극의 세계가 그립다는 고백을 꺼내놓았다. "연극이 고프다"는 아이의 말은 아이의 불어 교사가 뿌려준 씨앗이 마침내 아이의 문화적 토양에 뿌리를 내렸다는 신호로 들렸다. 부모가 넉넉히 채워주지 못한 문화자본의 한 부분이 공교육을 통해 채워진 기쁨을 맛본 순간이다.

자본과 문화자본의 간극

음악원에 다니며 악기를 연주하고, 주말이면 전시나 공연을 보러 다니는 일, 세상 곳곳으로 여행을 다니고, 무용이나 테니스, 승마 등 다양한 취미 생활을 영위하는 삶. 그것은 중산층 이상의 가정이 삶을 영위하는 흔한 방식이다. 그런 삶의 방식이 학업에 긍정적 영향을 주기 때문에 부모들이 아이들의 문화생활을 챙긴 게 아니라, 그것이 이미 부모가 누려온 삶의 방식이었기에 아이들도 함께 공기처럼 누려왔을 가능성이 높다.

사회학자 피에르 부르디외Pierre Bourdieu가 말한 소위 '문화 자본'을 풍부하게 소유한 도시 중산층의 자녀들이 학업성적에서도 좋은 결과를 보인다는 얘기는 당연한 귀결로 들리면서도, 다양한 문화예술적 체험이 아이들의 학교 성적에 '공식처럼' 또렷이 투영된다는 사실은 다소 놀랍다.

2019년 8월에 출간된, 묵직한 사회학 보고서 《계급의 아이들》 Enfances de Classe은 이런 의문에 적절한 가설을 던져준다. 사회학자 베르나르 라이르Bernard Lahire는 열여섯 명의 연구자들과 함께 프랑스 전역에 살고 있는 서로 다른 계층의 5세 어린이 서른다섯 명의 삶을 5년간 밀착 추적했고, 그 결과를 1232쪽의 방대한 저서로 펴냈다.

그들은 아이의 주거환경, 식생활, 건강, 놀이, 가족, 친구, 친척, 교사… 아이를 둘러싼 모든 사회적 환경을 파악하고, 아이의 주변

인물들과 만나 인터뷰를 진행하며, 아이가 겪는 삶의 변화를 기록해갔다. 그리하여 같은 시대, 같은 사회에 태어나지만 전혀 다른 세계를 사는 아이들이 속한 '계급'에 대해, 그들이 지닌 서로 다른 뼈와 살, 냄새까지 담아 입체적 초상화로 그려냈다.

열일곱 명의 연구자가 함께 찾아낸 불평등의 키워드 역시 '문화 자본'이었다. 그중에서도 아이들이 책, 언어와 맺는 관계가 그들의 이후의 삶을 가장 크게 좌우할 핵심 자산임을 발견한다.

불어를 잘 구사하지 못하는 엄마와 사는 아이 집에는 책이 없다. 엄마는 책을 읽지 않고 도서관에 아이를 데려가지도 않는다. 아이의 세계는 눈앞에 펼쳐지는 것이 전부다. 엄마가 교수이고 아빠가 작가인 아이는 부모가 골라준, 그리 유치하지 않고, 다소 난해한 단어들이 사용되며, 늘 해피엔딩으로 끝나진 않는, 적절히 선별된 책들 사이에서 자란다. 어른들과의 대화 속에서도 언제나 유머와 반어법이 유연하게 날아다니며, 아이의 언어에 대한 감각과 리듬은 일상에서 촘촘하게 조련된다.

경제적으로는 같은 중산층의 가정일지라도, 그 가정의 부모가 지닌 문화자본의 크기가 어느 정도이냐에 따라 아이들이 누릴 삶의 궤적이 달라진다고 책은 말한다. "탄탄한 문화자본을 가진 부모는 아이가 학교에서 얻은 지식들을 일상의 다양한 삶과 연결시켜 어떤 구체적 의미를 갖는지를 설명해줄 언어를 가지고 있기 때문"이라는 것이, 부모의 문화자본이 아이의 학업 성과로 연결되는 공식에 대한 이 책의 해석이다.

교육 정의를 바로 잡는 건 사회의 의무

아이가 언어, 책과 맺는 관계는 불평등의 가장 근본적인 토대를 제공한다. 책과 친밀한 어린 시절을 보낸 아이 앞에 펼쳐지는 지평선은 무한대에 가깝지만, 책과 무관한 어린 시절을 보낸 아이에게 그 지평선은 지극히 제한되어 있다.

어린 시절, 아이가 책과 맺게 되는 친숙하고 긍정적인 관계는 학교생활의 어려움을 쉽게 해결해주고, 더 나아가 자신이 원하는 사회적인 지위에 대한 접근을 가능하게 해준다. 아이들이 구사하는 어휘와 어법은 그대로 자신의 계급을 드러내고, 그것만으로도 아이들은 강력하고 지속적으로 펼쳐지게 될 사회적 궤도를 획득한다.

이 책은 잔인하게 드러나는 프랑스 사회의 불평등의 맨살을 펼쳐 보이며, 학교는 바로 이러한 가정에서의 불평등을 시정할 수 있는 최후이자 최선의 보루임을 역설한다. 그러나 저자는 교육의 질 향상을 위해 정부가 더 노력을 기울이겠다는 교육부 장관에겐 조소로 답한다.

"마크롱 정부의 모든 정치는 가난한 사람들의 옷을 벗겨서 부자들에게 더 갖다주는 걸로 점철되고 있기 때문이다. 교육의 질을 향상시키기 위해, 그에 앞서 장기 실업극복과 노동정책이 성공해야 하며, 최저임금이 올라야 하고, 주거 정책이 개선되어야 한다."

예산이 따르지 않는 정치인의 미사여구는 안 하겠다는 말과 다르지 않다. 교육과 의료는 사회를 떠받드는 두 개의 기둥이나, 마크롱은 선명히 그 두 영역에 대해 잔인한 긴축예산을 부여해오기도 했다. 그렇게 만들어놓고, 어떤 마술을 부릴 수 있다는 것일까?

대한민국의 입시제도가 '공정'을 담보해내지 못했다는 사실이 명백해지자, 다시 수시와 정시 사이에 또 한 번 적당한 칼질을 해보겠다는 정부에 불신과 비웃음이 먼저 쏟아지는 현상과 비견할 만하다.

'봉사활동 489시간' '동아리활동 374시간' '교내 수상 실적 108건'으로 표현되는, 서울대 수시 합격생의 바라보기 고통스럽기까지 한 스펙 점수들은 마치 삶이란 다양한 수치로 입증해 보여야만 인정되고 의미를 부여받는다고 외치는 듯하다. 하지만 이는 오히려, 자발성에서 비롯되어야 할 산 경험의 시간들을 점수의 무게로 짓눌러 버린 날들에 대한 증거물은 아닐까. 수시와 정시의 비율 재조정이 아니라, 아이들이 진정으로 자신을 찾을 수 있는 시간과 여유, 기회, 숨통을 틔워주는 것이 우리 교육이 찾아나서야 할 첫 번째 길은 아닐까.

프랑스 그랑제꼴 졸업식에서
울려 퍼진 말

　남프랑스로 이사 간 한 지인이 숨을 거두었다는 소식을 그 남편으로부터 들었다. 우리가 파리 마레지구에 살던 시절 우리의 이웃이었고, 같은 반 동무인 아이들을 둔 학부모였으며, 우리 집을 팔아준 부동산업자이기도 했다. 부동산 중개인이자 피아니스트인 남편, 화가인 아내 커플은 어느 날 파리를 떠나 남프랑스의 아름다운 마을 뤼베롱에 새 둥지를 틀었고, 5년 전, 다섯 마리 고양이가 마당과 지붕에 너울너울 배를 깔고 누워 있는 자신들의 아득한 낙원에 우릴 초대하여 달콤한 시간을 함께한 적이 있다.

　2년 전, 그녀가 암에 걸렸다는 소식을 들었는데, 어제 그녀는 눈을 감았다. 남편의 증언에 따르면 아주 평화롭게. 향년 51세. 그녀의 페이스북 페이지를 방문했더니, 내가 감격의 눈물을 흘렸던 아그로파리텍_{AgroParistech} 졸업생들의 졸업 연설 동영상이 마지막 포스팅으로 걸려 있었다.

그녀는 우리 아이들이 다닌 학교에서 온당치 못한 일이 행해질 때마다 기꺼이 우리와 함께 소리 내고 행동하며 잘못을 바로잡고자 나섰던 동지였다. 다수의 학부모들처럼 '좋게 좋게' 넘어가 주지 못하는 까칠한 소수의 역할을 우리 부부와 함께 나누는 소중한 존재였다. 우리가 한때 동지로 고군분투했던 소수의 학부모 일당이었음을 확인시켜주듯, 우린 멀리서도 같은 장면 앞에서 감격하고 있었다. 그녀가 두고 떠나는 스무살, 열일곱 살의 두 자녀들이 앞으로 살아갈 세상에, 눈 멀지 않았고, 눈 감지도 않았으며, 기꺼이 거대한 세상의 기만에 맞서, 자신들의 인생을 걸 청년들이 얼마든지 있다는 사실에 그녀는 안도했을 것이다.

가엘 소바쥬가 세상과 작별하기 전, 마지막으로 나누고 싶어 했던 청년들의 목소리를 여기 전한다.

"아그로파리텍에서의 과정을 모두 마치고 우리는 여기 모였습니다. 우리 중 상당수는 사회적, 생태적 황폐화에 광범위하게 기여하는 교육과정을 마치고 얻은 이 학위를 자랑스럽게 여기는 척하고 싶지 않습니다. (…) 우리는 농공산업_{Agro-industry}이 지구 모든 곳에서 살아 있는 존재들과 농민들을 향한 전쟁을 벌이고 있음을 알고 있으며, 우리는 과학과 기술이 중립적이고 비정치적인 것이라 보지 않습니다. 우리는 기술 혁신이나 스타트업이 구하는 것은 자본주의뿐이라고 생각합니다.”

2022년 4월 30일 진행된 파리의 농공업계 그랑제꼴 Grandes Écoles •
‘아그로파리텍’ 학위수여식에서 여덟 명의 졸업생들이 함께한 연
설은 이런 말로 시작됐다. 자신들을 ‘다른 길로 접어든 아그로인
Les Agros qui bifurquent’이라 명명한 이들은, 학교가 인도해준 길은 ‘파
괴자’의 역할이었음을 폭로하며 그 길을 거부할 것을 밝히고, 참
석한 다른 이들도 함께 길을 이탈할 것을 호소했다. 이들의 연설
은 5월 10일 밤, 유튜브에 올라온 후 급속히 퍼져갔고, <르몽드>,
<리베라시옹> 등 다수의 주요 언론들도 즉각 이들의 발언을 기사
화하며 비중 있게 다뤘다.

아그로파리텍은 2007년 기존의 관련 분야 그랑제꼴 세 개를 통
합하여 파리 5구에 정부가 설립한 국립 그랑제꼴로서, 농식품공
학, 농작물학, 산림학, 환경학, 보건학, 생태학, 생물학 등의 영역에
서 연구자와 엔지니어들을 배출해낸다. 졸업생들에겐 농공업분
야 대기업이나 정부 기구 내에서의 안정적 일자리가 보장되어 있
다. 4년간 고생하며 취득한 학위를 들고 예비된 자리에 입성하기
직전, 일부 학생들은 악마와의 계약이었음을 폭로하며 극적으로
판을 뒤집는 선택을 한 것이다.

• 프랑스의 다양한 분야(정치, 경제, 행정, 예술, 군사, 기술 등)를 이끌어갈 소수정예의
엘리트 양성기관으로 대학 위의 대학으로 불린다.

"아그로파리텍은 매년 수백 명의 학생들이 다양한 방식으로 농공업계에서 일하도록 훈련시킵니다. 농부들을 점점 더 노예로 만들어가는 다국적 기업들을 위해 실험실에서 식물을 조작합니다. 인스턴트 식사를 고안해내고, 그것이 초래한 질병을 치료하기 위한 화학 치료법을 설계합니다. '양심 기업' 라벨을 만들어, 다른 이들보다 더 배불리 먹는 기업 간부들이 스스로를 지구를 구하는 영웅이라 느낄 수 있게 해줍니다. 소위 '녹색' 에너지를 개발하여 사회의 디지털화를 가속시키는 동시에 지구 반대편을 오염시키고 착취하는 데 일조합니다. 기업을 위해 '사회-환경 책임 보고서'를 작성하기도 합니다. 그들이 저지르고 은폐하는 범죄들보다 훨씬 더 길고 기막힌 내용이죠. 우리 눈에 이 모든 일들은 '파괴'입니다."

이들의 발언이 폭발력을 갖는 것은 먼저, 굴절되지 않은 직선적 언어로 위선의 현실을 가감 없이 폭로하고 있기 때문이다. 4년간의 교육과정에서 그들이 목격하고 경험한 시간들은, 그들을 내부자로 길들이고 타협하게 만드는 시간이기도 했을 터이다. 그들은, 자신들을 필요로 하는 세계가 건넨 타협의 마약을 삼키지 않고 온전히 토해내는 모습을 무대 위에 선 배우처럼 극적으로 드러냈다. 거대 자본의 하수인이 되어 업계의 이득을 위해 영혼 없이 작동하는 타락한 엘리트 '테크노크라트Technocrat: 기술 관료'의 모습이 농공업계뿐 아니라 거의 모든 사회영역을 관통하는 현대의 비극이라는 사실은, 이들이 무대 위에서 폭탄처럼 던진 연설의 파장을

'사회적'인 것으로 만드는 두 번째 이유다.

테크노크라트의 바통을 이어받을 주자가 되었음을 감격해하며, 최소한 그것을 연기하도록 마련된 자리에서, 세계의 위선을 들추며 '탈주'를 선언했을 때, 청중은 선명한 환호와 뜨거운 박수로 화답했다. 누구도 부인할 수 없는 악취를 더 이상 참지 말자는 통쾌한 발언은 현장의 청중은 물론 유튜브, SNS에서도 단박에 만인의 가슴을 뜨겁게 달아오르게 만들었다.

"저희는 여전히 의심하는 이들에게 호소합니다. 이력서를 채울 경험이 필요하기 때문에 이 길을 받아들인 분, 이 세상은 미쳤다고 자주 생각하는 분, 다른 길을 가고 싶지만, 구체적으로 어떤 길을 택할지 모르는 분, 뭔가 바꾸고 싶지만, 그게 사실상 가능할 거라고 믿지 않는 당신에게 말합니다. 뭔가 세상이 잘못되어 가고 있다고 느끼는 건 당신만이 아니라는 걸 우린 말하고 싶습니다. 정말로 뭔가가 심각하게 잘못되어 가고 있으니까요.

여기저기서 우리는 다른 삶의 방식을 실험하고 있는 사람들을 만났습니다. 지구를 오염시킬 뿐인 산업들의 독점적 지배에 더 이상 종속되지 않기 위해 지식과 노하우를 획득해나가는 사람들, 더 이상 땅을 파괴하며 살지 않기 위해 땅을 잘 이해하는 사람들을 만났습니다. 해로운 프로젝트에 적극적으로 맞서는 사람, 대중적이고 탈식민적이며 페미니즘적인 생태주의를 일상에서 실천하는 사람들을 만났습니다. 이 모든 만남들은 우리가 우리 자신의 길을 상상할 수 있도록 영감을 주었습니다."

이들의 발언은 제도권을 들이받는 치기 어린 비판과 이상적 선언에 그치지 않고, 이미 그들이 발 담그고 진행 중인 구체적인 대안을 통해 전달되며 더 큰 설득력을 얻었다.

"저는 도피네Dauphiné: 프랑스 남부 도시에서 양봉 시설을 준비 중입니다." "저는 노트르담 데 랑드des Landes: 낭트 주변 신공항 예상 부지였다가, 수십 년에 걸친 주민들과 환경운동가들의 저항으로 공항 건설이 무산된 지역에서 지내며 집단 자급 농업에 참여하고 있습니다." "저는 농지를 콘크리트화 하는 것에 반대하는 운동에 합류했습니다." "저는 산에 정착하여 계절 노동자로 일하며, 그림 그리는 일을 시작했습니다." "저는 네 명의 채소 재배 농부, 한 명의 곡식 농부, 세 명의 양조업자가 함께 운영하는 농장에 합류했습니다." "저는 반핵 운동에 참여하고 있습니다."…

8인의 학생들은 테크노크라트의 길을 거부하고 그들이 선택한 각자의 현주소를 만인 앞에서 고한다.

"저희는 이런 방식의 삶이 우리를 훨씬 행복하고, 강하고, 우리의 삶을 만개하게 할 것이라 확신합니다. 저희는 미래에 자신의 모습을 똑바로 바라볼 수 있길, 우리 아이들의 시선을 당당히 마주할 수 있길 바랍니다. 무엇보다 자신 내면 어딘가에서 끓어오르는 에너지가 흘러내려

가버리지 않도록 하세요. 재정적 족쇄에 발목 잡히기 전에, 당신만의 새로운 길을 찾으세요. 다국적 기업들과 정부는 문제를 더 악화시켰을 뿐입니다. 지금 나설 수 있습니다. 농부, 제빵사 훈련, 몇 달간 우핑 WWOOF: 유기농 농장에서 일하면서 배우고 생활하는 일하기, 위협받는 생태를 지키는 투쟁에 참여하기, 자전거 수리 워크샵에 참여하기 등으로 시작할 수 있습니다. 여러분 각자의 다른 길들을 찾으세요."

이들은 각자 속해 있는 공동체와 운동 단체들의 사이트, 앞서 탈주자의 길을 간 엔지니어들의 모임들을 소개하며, 사람들이 첫발을 디딜 수 있는 구체적 해법을 제시한다. 각자 전국 곳곳의 농촌으로, 산으로, 버려진 혹은 위협에 처한 땅으로 흩어져서 농공산업계의 엔지니어로서 획득한 지식과 비전을 새로운 땅에서 심고 가꾸고 있다. 마치 공장으로 가 노동자들과 함께 사회 변혁을 꿈꾸며 씨앗을 뿌렸던 80년대 한국의 운동권 학생들처럼, 제정 러시아 말에 민중 속으로 들어가 그들과 함께 일으키고자 했던 지식인들의 브나로드 운동처럼.

이들의 연설을 향한 뜨거운 응원과 공감이 인터넷 공간에 쏟아졌다.

"세상에! 당신들은 완벽해요!! 당신들은 내게 안도의 눈물을 흘리게 했습니다!! 당신들이 한 일은 너무 용감해서, 바로 그 대목에서 나는 눈물을 흘렸습니다. 나에겐 집약적 온실 농업으로 몰아간 뒤 대출을 갚지 못하자 토지를 박탈해버린 농협 때문에 심장마비로 죽은 농부 할아버지가 있습니다. 그와 이 망할 시스템 속에서 죽어가는 농부들을 위해 감사를 전합니다! 이런 청년들이 자랑스럽습니다. 당신들의 부모들도 브라보!"(Marion Brodbeck으로부터)

"축하해요! 다양한 규모의 투쟁이 가속화되고 있네요. 박수 크기로 판단컨대, 자본의 수호자들은 기업을 위해 일할 파괴자 인력 찾는 걸 걱정해야 할 것 같네요. 2019년부터 센트럴 대학원 엔지니어였던 저는 2021년 초에 직장을 떠났습니다. 당신들과 같은 논리에서 내린 결정이었죠. 저는 지금 사회적 협동조합에서 일하고 있어요. 코스닥, 고액 연봉과는 이별이지만 정말 신선한 공기를 마시는 것 같아요. 그리고 엔지니어로서 내 기술연구 작업을 지속할 수 있기도 하죠. 계속 나아가세요. 거기서 공동체, 노조, 정당을 조직하세요. 처음으로 제도 정치에서의 행동도 필수적이라는 것을 깨달았어요. 투쟁의 평등과 전략의 다양성은 꼭 필요합니다. 다시 한 번 브라보!"(Florimond Manca로부터)

주류 언론들도 이 화제의 졸업 연설을 기사로 다뤘다. 좌우를 막론하고 자본의 부역자로 굳어가는 언론인들이 감히 제 손으로 활자화할 수 없었던 말들이다. 논평 없이 졸업생들의 말을 전한 기자들의 가슴을 치며 지나갔을 감정은 무엇이었을지 헤아려본다.

"아그로파리텍 학생들, 파괴자의 세계에서 탈주하라 호소" - 르몽드

"아그로파리텍 졸업생들, 농산업계의 사회적·경제적 폐해를 폭로하다" - 웨스트 프랑스

"아그로파리텍, '파괴자의 역할'을 거부한다는 졸업생들의 연설" - 리베라시옹

이들의 연설이 유튜브에 올라오던 날은 재선에 성공한 마크롱이 새 임기를 시작하는 취임식 날이기도 했다. 집권 2기를 시작하는 대통령에 대한 프랑스 사회의 분위기는 전날 치러진 프랑스컵 결승전 경기장에 등장한 그를 향해 일제히 야유를 보내던 8만 관중을 통해 분명히 드러났다.

70대 이상 유권자들에게 몰표를 받아 당선된 대통령을 향한 젊은 층의 냉소와 분노가 왜 거리에선 격렬하게 드러나지 않는 걸까? 그들은 코로나가 사회를 유령 도시로 만들던 기간 동안 삭제된 청춘을 감내해야 했던 세대다. 방역 독재로 청춘이 제거당하는 고통을 겪었던 그들은 기성 세대가 만들어놓은 썩은 판 자체를 거부하며, 산으로, 들로 뛰쳐나가 새로운 판을 짜고 있던 것인지도 모르겠다.

이미 10여 년 전부터 주변에서 듣거나 보던, 엘리트 교육을 마친 청년들의 자급자족 시스템으로의 회귀는 이 사건을 통해 장막을 뚫은 송곳처럼 마침내 존재를 드러내는 하나의 현상으로 포착된다. "새로운 프랑스 국민과 새로운 프랑스를 시작한다"며 일성을 내뱉은 낡은 대통령은 자신이 맡아온 거대 자본의 수호자 노릇

을 지속하기 위해 새로운 형태의 저항의 무기를 들고 나선 청년들
과 새로운 싸움을 해야 할 것이다.

3부

거 리 로 나 선 다

뒷전으로 밀려온 누군가의 존엄성을 위해

2018년 점화된 민중의 반란 "노란 조끼"

 1789년 혁명이 그랬던 것처럼, 이번에도 분노의 임계점을 넘기게 한 도화선은 '과도한 세금'이었다. 중세 때부터 오늘에 이르기까지 프랑스 국민들은 자신들이 낸 만큼 정당하게 돌려받지 못할 때, 봉기하는 걸 멈추지 않았다.

 2018년, 마크롱 대통령의 임기가 1년을 막 넘어갈 때부터 우파 이데올로그들은 마크롱의 정치가 브레이크를 잃었다고 경고했다. 대표적 신자유주의 이론가 알랭 맹크Alain Minc는 "이렇게 급격한 빈부격차로 이 나라를 몰아가다간 폭동이 일어난다"고 지적했고, 프랑스에 처음으로 신자유주의를 도입한 지스카르 데스탱 전 대통령도 마크롱에 레드카드를 던졌으며, 마크롱을 재경부 장관으로 앉히며 정가로 끌어들였던 올랑드 전 대통령마저도 "지금의 빈부격차는 우려할 만한 수준"이라며 비상벨을 울렸다. 경고음이 연거푸 울리던 끝에 올 것이 와버렸다.

독단의 결과, 열려버린 시민들의 뚜껑

2018년 11월 17일, 전국 곳곳에서 노조도 정당도 아닌, 노란 조끼를 입은 30만 명의 시민들이 유류세 인하를 요구하며 전국 고속도로 진입로를 막고, 대통령 집무실과 가까운 샹젤리제에서 시위를 벌였다. 그들의 구호는 첫날부터 "마크롱 퇴진"이었다. 두 번째 집회가 열린 11월 24일 '노란 조끼'에 대한 프랑스인들의 지지율은 84퍼센트까지 치솟았다.

이 시위는 불타는 차량과 깨진 은행 유리창, 부서진 마리안느 상*, 파손된 개선문 내부 등의 이미지로 언론에 의해 최악의 폭력 시위로 묘사됐다. 과장되고 왜곡된 언론의 호들갑에도 프랑스 시민들은 흔들림 없이 지지한다고 응답했고, 정부의 과격 대응을 꾸짖은 여론은 90퍼센트에 달했다.

불같은 시민들의 저항에 맞서 마크롱 정부는 귀를 막았고, 길을 차단했으며 지하철을 봉쇄했다. 경찰은 아침부터 최루탄을 쏘

---

* 혁명의 상징인 마리안느 상이 파괴되었다는 보도는 완벽한 오보였다. 그러나 그 오보가 시정된 것은 이틀 뒤. 오보가 전 세계를 한바퀴 돌며, 폭력적 시위대에 대한 부당한 분노를 한껏 부추긴 다음이었다.

아댔고, 시위 인파를 차단하기 위해 집회장 인근 지하철역 스물네 개를 봉쇄했다. 집회장을 잃은 시민들은 도심 곳곳을 함께 걸으며 파리 시내 중심부를 노란 조끼의 물결로 가득 채웠다.

이 물결 속엔 처음부터 닥치는 대로 깨부술 작정을 하고 복면을 쓰고 무리 지은 소수의 청년들Casseur: 카쇠르, 파괴자*도 있었지만, 절대 다수의 참가자들은 평범한 일상을 살아가던 직장인과 학생, 공무원, 은퇴한 노인들이었다.

42년간 일했고, 지금은 은퇴하여 연금으로 생활하고 있는 70대 여성 브리지트는 "연금은 점점 줄어들고, 내야 하는 세금과 물가는 점점 올라간다. 가만히 있다가 나는 빈곤층으로 전락했다. 이런 세상을 내 손자들에게 물려줄 수 없어서 마크롱을 끝장내러 왔다"고 말했다. 그뿐만 아니라 시민들은 2백 년 전의 그 혁명 당시 "왕의 목을 쳤을 때, 왕이 저지른 짓은 마크롱이 한 짓보다 심하지 않았다"고도 말했다.

집회에서 만난 다수의 참가자들이 공통으로 지적한 참가 동기는 "마크롱이 시민들을 무시했고, 우리의 존엄은 훼손당했다"는 것이었다. 존엄을 지니고 살 수 없게 된 세상이 닥치자, 이것을 받아들일 수 없다며 그들은 결연히 거부하며 일어선 것이다. 유류세 인상은 물을 넘쳐흐르게 한 마지막 한 방울이었을 뿐.

* 이들의 정체에 대해선 의견이 분분하다. 그들은 늘 복면을 하고, 검은 옷을 입고 단체로 움직이며 폭력적 도발을 하여 경찰의 폭력 진압을 합리화시키는 명분을 제공한다. 그래서 많은 사람들은 이들이 경찰의 사주에 의해 움직이는 자들이 아닌가 하는 의심을 하기도 한다.

억압하는 정부와 저항하는 시위대, 누가 폭력적인가

"폭력은 용납될 수 없다." 세 번째 노란 조끼 시위가 열리던 시각, 아르헨티나에서 G20 정상회의에 참석 중이던 마크롱이 집회 소식에 대해 이렇게 반응했다. 그의 반응에 많은 프랑스 시민들은 "그건 우리도 마찬가지!"라는 태도로 응수한다.

"시위대가 드러낸 이 전례 없는 폭력성은 어디서 왔는가?" 저명한 사회학자 부부 팽송-샤를로Pinson-Charlot는 언론의 이 같은 질문에 "노란 조끼들이 시위 중 드러낸 폭력은 매일 우리가 겪는 폭력적 억압에 대한 답변"이라고 답한다. 이 대답은 자극적인 사진을 걸고 시위대를 꾸짖는 모든 기사에 대응하는 시민들의 논리이기도 했다.

시민들이 일상에서 하루하루 강탈당하고 굴욕감을 느끼며 마주하는 거대한 국가폭력에 비하면 시위대의 폭력은 아무것도 아니라고 그들은 강변한다. 자본가와 한패가 된 정부가 가난한 시민을 갈취하는 것은 합법적 "사업"이거나 "세금"이고, 거기에 저항하면 그들을 "폭력적"이라 매도하는 것은 지배계급의 하수인인 주류 언론의 몫이다.

역사학자 제라르 누아리엘Gerard Noiriel은 "중세 때부터 20세기에 이르기까지 모든 사회적 투쟁엔 폭력적 저항이 동반되었다"며 "1789년 프랑스 대혁명부터 1871년 파리 시민과 노동자가 자치정부를 세운 파리코뮌에 이르기까지, 민중들은 자신이 가진 무기로 그들을 배반한 대리인들을 끌어내렸고 오늘의 노란 조끼 운동이 시민혁명의 역사를 이어가고 있다"고 말하기도 한다. 그들에게는 파업을 하거나, 맨몸으로 거리에 나서서 짱돌을 던질 수 있는 선택권이 있을 뿐이다.

근로감독관 출신의 정치인 제라르 필로쉬는 "프랑스가 역사상 지금처럼 부자인 적은 없었고, 동시에 프랑스의 부가 지금처럼 불평등하게 분배된 적도 없었다"고 현재의 프랑스가 안고 있는 문제를 지적한다. 지난 2008년 사르코지 정권 때부터 정부는 경제위기를 말하며 시민들에게 고통 분담을 이야기해왔다. 그러나 한국이 1997년 외환위기 때 그랬듯, 고통을 짊어지는 것은 오직 직장인과 영세상인, 노동자들의 몫이다. 대기업들은 정부가 시행하는 노동법 개악으로 쉬운 해고와 정부지원금, 기업분담금 축소라는 선물만 가져갔다. 그 결과 지난 10년간 프랑스에서 가장 부자인 500인의 자산은 열두 배로 늘어난 반면, 빈곤층으로 새롭게 전락한 사람은 60만 명에 달한다.

정부는 '위기를 긴축재정으로 넘겨야 한다'는 논리로 복지와 공공 서비스를 차곡차곡 축소했다. 교육시설과 공공병원, 연금이 줄어들었고 공기업들은 민영화됐다. 한국이 외환위기를 넘길 때 익숙히 경험했던 바로 그 장면들이다. 정부는 "고통 분담"을 말하지만, 그 분담은 없는 자들끼리 더 쪼개서 존재를 야금야금 잠식시키는 살인적 분담이었다.

서민들이 장롱에 숨겨둔 아이들 돌반지를 털어 가져오는 동안,

재벌들은 세금도피처에 자산을 은닉했고, 정부는 공적자금을 투여하여 깡통이 된 은행을 구하고, 기업을 구했다. 90년대 말 한국이 그랬고, 2007년 이후 세금도피처에는 이들이 숨겨놓은 돈 800억 유로(약 105조 원)가 잠자고 있다.

마크롱이 대선에 도전할 때, 정치신인인 그에게 후원금을 낸 사람은 고작 913명에 불과했다. 그러나 그가 거둬들인 돈은 630만 유로(약 820억 원)다. 1인당 평균 9000만 원을 낸 것이다. 마크롱은 당선 직후, 부유세를 폐지함으로써 이들에게 화끈하게 보은했고, 집권 이후, 오직 그들을 위해 노골적으로 권력을 사용했다. 이 와중에 마크롱 부인은 50만 유로(약 6억 5000만 원)를 들여 엘리제궁의 연회실을 새로 꾸미고 있다. 단두대에서 생을 마감한 루이16세와 마리 앙뜨와네뜨의 향기가 그들에게서 풍긴다.

"유일한 해답은 사회적 정의뿐"

노란 조끼들은 투표를 통해 그들의 대정부 요구사항 47개를 발표했다. 그중 핵심 사항이다.

1. 노숙자 0 사회: 2017년에 집계된 노숙자 수는 14만 3000명

2. 주택 단열 지원: 환경오염과 온실가스의 주범이 주택난방이므로

3. 사회임대주택 건설 증대, 집세 인상 제한

4. 소득이 높은 사람에게 누진적 소득세율 부과: 현 5단계에서 14단계로

5. 다국적기업·대기업에 높은 과세, 중소기업·영세자영업은 저과세

6. 유류세 포함 모든 간접세 인하

7. 최저임금 9퍼센트 인상

8. 남녀 동일 지위, 동일 임금

9. 국민연금 월수령액 하한선 인상: 현 630유로(82만 원)에서 1200유로 (156만 원)로

10. 난민 신청자들에 대한 인도적 대우 : 주거와 안전, 음식, 미성년자들에겐 교육

11. 임금 상한선을 15000유로(1950만 원) 즉 최저임금의 20배로

12. 긴축 경제 끝내고, 세금도피처에 은닉된 800억 유로(104조 원)를 찾아 과세할 것

13. 직접 민주주의 확대 : 국민투표·지역주민투표로 주요 정책 사항 결정

14. 선출직 공직자에 대한 특권 폐지: 국회의원, 대통령 등

15. 마크롱이 없앤 부유세의 재가동

마크롱은 유류세 인상이 마치 환경보호를 향한 정부의 강력한 의지의 표현인 양 미화했고, 노란 조끼들의 요구를 '생각 없는 자들의 철없는 요구'로 일축해왔으나, 노란 조끼의 요구를 들여다보면 환경을 위한 실질적인 대안들이 다수 포진되어 있다.

무엇보다 핵심을 이루는 사안은 부자들에게 돈을 거둬들이고, 그 돈으로 더 많은 복지를 행하라는 요구다. 달리 말하면, 모두에

게 존엄한 삶을 누리게 하라는 주문이다. 난민 신청자들에 대한 인도적 대우를 핵심요구 사항에 올리면서, 이들이 이민자에게 적대적인 극우세력이라는 언론의 악의적 억측도 잠재웠다.

고교생들에 이어 대학생들도 투쟁에 합류하기 시작하면서 상황은 걷잡을 수 없이 번졌다. 정부는 4억 1500만 유로(약 5526억 원)를 당장 공공·비영리 의료시설에 투입하겠다고 밝히며 시민들 요구에 한발 물러서는 첫 번째 신호를 보낸 데 이어, 유류세 추가 인상과 전기, 가스세 인상 등을 보류하겠다고 발표하며, 강경했던 입장에서 물러나 진화와 타협에 나섰다.

프랑스 시민이 겪는 고통은 인간성을 파괴하는 신자유주의라는 공통의 지옥에 놓인 모든 지구촌 시민들의 그것과 다르지 않기에, 노란 조끼 운동은 벨기에, 네델란드, 독일로 급속히 번져갔다. 오랜 세월, 사회적 불평등이 들끓을 때면 유럽의 활화산 노릇을 해왔던 프랑스는 68혁명 50주년이 되는 해에, 다시 한번 분노의 마그마를 세상에 뿜어낸 것이다.

꺼지지 않은 위협적 활화산 "노란 조끼"
: 투쟁 1년 후

    2018년 11월 17일, 프랑스 전역에서 '노란 조끼'의 봉기가 시작되었고 1년 뒤, 이들은 53회째 집회를 전국 230개 도시에서 대규모로 열면서 노란 조끼 운동 1주년을 알렸다.

    처음 이 운동이 전국에 조직되어가고 있음이 포착되었을 때, 좌파정당들과 노조들은 이들을 향해 의심의 눈초리를 보냈다. 기존 조직에 뿌리를 두지 않고 정치 교육을 받았을 리 없는 민중세력에 대한 불신이었다. 무력하고 타협적인 정당과 노조를 향한 불신은 노란 조끼 쪽에서 먼저 가지고 있었으니 상호불신은 자연스러운 일이기도 했다. 마침내 이 정체불명의 아나키스트적 민중조직이 뚜껑을 열고 제 모습을 드러냈을 때, 그들이 뿜어낸 화력은 엄청난 것이었다. 단호했고, 결연했다.

그들은 복부에 기득권 엘리트 세력에 대한 분노를 장착하고 있었다. 정부의 유류세 인상은 가슴에 튀어 오르던 불꽃을 들판으로 번지게 한 한줄기 바람의 역할을 했을 뿐. 올랑드 시절의 한 장관은 "우리가 5년 동안 올랑드를 설득해 이룬 것보다 더 큰 것을 노란 조끼는 단 한 달 만에 얻어냈다"는 말로 그들의 힘을 인정했다.

기존의 운동 문법도, 적절한 협상의 룰도 알지 못하는 이들은 시작부터 샹젤리제 한복판에서 시가전을 펼쳤다. 샹젤리제는 동쪽 끝에 엘리제궁이 자리하고 있기에 집회 허가가 나지 않는 곳이다. 노란 조끼는 집회를 '허락'받지 않았다. 엘리트라는 자들이 지은 그들만의 리그에 균열을 내고 파열음을 전하는 것이 목표였기 때문이다.

중앙조직도 지도자도 없는 '오두막 정치'

1년 사이 노란 조끼 운동을 분석하는 50여 권의 책이 쏟아지고, 영화가 만들어지고, 랩이 등장했다. 세상을 변혁하기보다 분석하는 데 익숙한 지식인과 언론인들은 노란 조끼의 작동 원리를 파헤치며, 그들이 미처 알지 못하던 프랑스의 얼굴을 만나는 중이다. 미디어를 통해 보여진 노란 조끼의 상징이 불타는 샹젤리제였다면, 정작 이들의 원동력은 전국 방방곡곡 원형교차로Rond-Point에 지어진 그들의 오두막에서 나왔다.

"우린 여기서 매일 모든 것을 배웁니다."

언론인이자 국회의원인 프랑수아 루팽François Ruffin과 영화인 질 페레Gilles Perret가 함께 만든 로드무비 <난 태양을 원해J'veux du soleil>는 노란 조끼를 구성하는 사람들의 진정한 얼굴과 그들의 영혼이 모여 지은 공동체를 처음으로 조명한 다큐멘터리(2019년 4월 개봉)다. 모든 정치권이 하루 아침에 등장한 이 민중 조직에 의심의 눈초리를 보낼 때, 초선의원 루팽은 국회의원으로서 이들의 목소리를 들어야 한다는 단순명료한 사명감을 갖고, 노란 조끼들이 진지를 치고 있는 전국의 원형교차로들을 찾아가 그들에게 마이크를 건넨다. 친구인 영화감독 질 페레가 그 길에 따라나서며, 영화는 시작된다.

전국의 톨게이트를 점거하며 운동을 시작한 이들에게 원형교차로 부근의 땅이 진지가 되는 것은 자연스러운 일이었다. 노란 조끼를 입고 존엄한 제 삶의 주인이 되길 요구하며 거리에 나선 사람들은 거기서 처음 보는 이웃들을 만났다. 소외되고 단절되어 고통스럽게 축소되는 삶을 견디고 있던 이들은 자신들이 처한 현실이 혼자만의 일이 아니었다는 사실에 눈을 떴다.

그들은 약속이나 한 듯 공사장에서 쓰고 남은 목재, 대형쇼핑몰에서 버린 상자들을 주워와 오두막을 짓고 모닥불을 피웠다. 그곳을 진지 삼아 서로가 가진 경험과 지식, 일자리, 노동력 그리고 온기를 나누는 공동체를 꾸려가기 시작했다.

처음엔 함께 구호도 만들고, 전단도 쓰고, 걸게 그림도 그렸다. "마크롱 퇴임"에서 시작된 그들의 구호는 "금융자본에 세금을" "공공 병원 건드리지 마" "지구의 종말과 월말의 빈 지갑은 같은 투쟁"으로 진화해 갔다. 밥과 커피, 일자리를 나누고 경험과 지혜, 정보를 나누는 장을 열어갔다. 거기선 아무도 지도자가 되지 않고, 아무도 지시하지 않는다. 모두가 손을 들어 자신의 의견을 표하고, 모든 결정은 투표로 이뤄진다. 마을 어귀에 세워진 작은 아고라 광장은 서로 대화하고, 서로의 부족한 곳을 채워주는, 연대와 박애의 이상을 실현하는 공간으로 변모해 갔다. 중심적 지도자의 부재는 노란 조끼의 태생적 한계이자 동시에 끊임없이 변모하는 노란 조끼의 불가지한 힘의 원천이기도 하다.

"노란 조끼들은 대형 상업공간들이 단조롭게 늘어서 있는 일그러진 프랑스, 추한 프랑스를 표상하는 원형교차로라는 공간을, 단 몇 달 만에 새로운 '신화' 속에 등장하는 존엄한 연대의 공간으로 탈바꿈시켰다." 프랑스 지리학자 뤽 귀아진스키Luc Gwiazdzinski가 노란 조끼들이 건설해 온 새로운 도시외곽 풍경에 대해 던진 찬사다.

아카데미 프랑세즈 회원이자 작가인 다니엘 살나브Danièlle Sallenave는 노란 조끼를 조명한 자신에 책(《JOJO, Gilet Jaune》)에서 노란 조끼 운동을 "사회적 절규에 대한 민중의 해답이다. 그들은 지리적, 사회적, 경제적, 정치적 붕괴를 끝장내고, 민중이 스스로 연대하는 삶에 대한 해답을 찾아 나선 것"이라 정의했다.

지구적 요구, 민주주의를 재정복하라

"지구상에 들불처럼 번지고 있는 민중 반란의 공통점은, 단 하나의 계급, 혹은 마피아 집단에 의해 모든 권력과 부가 독점되어 있는 현실에 대한 분노다. 그 분노는 사소하지만, 더 이상 참을 수 없게 만드는 경제 분야의 결정이 촉발하는 경우가 대부분이다. 칠레에선 지하철 티켓이 넘쳐흐르게 한 '한 방울의 물' 역할을 했고, 에콰도르와 프랑스에선 기름 값 인상이, 레바논에선 왓츠앱(통신 앱) 가격 인상이 분노를 끓어 넘치게 했다. 특정 이데올로기에 의해 조율되지도, 운동을 지휘하는 지도자도 없는 그들은, '시스템의 변화'를 요구하면서, 존엄과 평등을 최우선 과제로 놓는다."

<르몽드>는 사설을 통해 노란 조끼의 봉기를 전 세계에 거침없이 번져가고 있는 민중의 반란의 시발점에 놓았다. 구매력 확대 요구로 촉발하여 민중 봉기까지 온 건 필연적이란 시각이다. 지배 계급의 자본 독점이 용납하기 힘든 임계점을 넘은 상황이었기 때문이다. 그에 비하면 마크롱 대통령은 근본적인 변화를 요구하는 민중 앞에서 온탕과 냉탕을 오가며, 이중적 행각을 벌이다가 국민의 신뢰를 잃었다.

1만 명 체포, 1천 명 실형

정부는 모두 세 차례에 걸쳐 노란 조끼의 호령에 물러서는 제스처를 취했다. 최저임금 월 100유로(약 130만 원) 인상, 은퇴자의 사회보장 기금 인상, 탄소세 인상 철회. 저소득층에 대한 전기세, 난방비도 약속했다. 비용으로 치자면 약 170억 유로(약 22조 원)에 해당하는 금액이다.

그러나 마크롱은 취임 초 철회한 부유세 재도입에 대해선 거부했다. 세수를 늘이지 않은 채 제공되는 선물은 분명, 보이지 않는 곳에서 누수를 만든다는 걸 노란 조끼들은 모르지 않았다. 이들은 싸움을 멈추지 않았고, 마크롱은 2개월간 전국을 돌며 국민들과의 대화(라 포장하고 실은 본인의 일방적 원맨쇼)라는 헛된 시도도 했다. 그러나 BFMTV가 발표한 '마크롱 중간평가' 여론조사는 프랑스인 62퍼센트가 '지난 대선에서 마크롱은 잘못된 선택이었다'고 생각하고 있음을 보여줬다. 80퍼센트의 프랑스인은 마크롱의 정치가 남은 임기 동안 자신들의 삶을 보다 나은 것으로 만들 것이라 보지 않는다고 답했다.

앞에선 화해의 제스처를 보이던 정권은, 1년간 1만 1천 명의 노란 조끼를 체포했고, 이 중 1천 명이 실형을 선고받았다. 유례없는 경찰 폭력이 이들을 향해 자행되었다. 그것은 노란 조끼를 향해 겁먹은 정권의 모습을 역으로 투영하고 있었다.

정부가 2021년 백신패스를 강제했을 때, 여기에 저항하는 전국의 집회들 중심에는 언제나 노란 조끼가 있었다. 그들은 신체의 자유를 위협하는 이 근본적 억압의 본질을 바로 직시했고 앞장 서서 깃발을 저항했다. 많은 시민들이 노란 조끼의 대열에 서서 파시즘으로 향하는 정권의 의지에 맞섰다. 파리에선 백신패스반대 집회가 늘 극우정당인 "애국자당" 주도와 노란 조끼 주도 집회로 나뉘었는데, 경찰은 오직 노란 조끼 집회만 포위하며 무력 진압 시도를 벌였다. 노란 조끼는 여전히 마크롱 정권이 두려워하는 유일한 세력이었다. 제도에 포섭되지도, 악수하며 타협을 시도할 지도자도 갖지 않은. 2022년 8월 1일은 마크롱의 보건독재를 합법화해준 보건비상시국이 마침내 폐기된 날이다. 마크롱 정권은 이 독재를 2023년까지 연장하려 했고, 다수파가 된 야당들이 거리의 요구를 반영했다. 이것이 노란 조끼가 거둔 또 다른 승리임을 아무도 부인할 수 없다.

"신부님이 내게 키스했다"
프랑스 중년 남성들의 '미투'

"성폭력은 다스려지지 못한 우발적 성적 욕구에 의해 벌어지는 것이 아니라 불평등한 권력 관계에서 약자에 대한 강자의 위력의 발현으로 발생하는 것이다."

서지현 검사의 증언으로 촉발된 미투 정국이 '젠더 간의 분쟁' 혹은 '남성에 대한 여성의 반격'으로 오인되는 현상을 바로잡으려 할 때마다 울려 퍼지던 이 논리는 하늘의 태양처럼 선명했다.

그러나 미투가 증언대에 세운 거의 모든 사건에서 가해자는 남자였고 그것을 폭로한 피해자는 여자였다. 위력과 불평등한 권력 관계는 남녀 간에만 작동하는 것이 아닐진대 우린 남성 피해자를 미투의 증언대에서 본 기억이 없다. 이런 사실은 미투 고발자들이

세상에 모습을 드러내자마자 어디선가 '꽃뱀'이라고 수근거리게
하는 근거 없는 빌미를 제공하기도 했다.

남성 피해자의 등장

2019년 10월, 프랑스 리옹지방법원에서는 바르바랭 추기경이
법정에 섰다. 자신의 교구에서 일어났던 미성년자들에 대한 성범
죄를 은폐해온 혐의로 재판을 받은 것이다.

그를 고발한 사람들은 38세에서 53세에 이르는 여덟 명의 중
년 남성들이었다. 가톨릭 가정에서 성장하여 대부분 아버지가 된
이들은 자신들이 8~12세 때 가톨릭 신부가 몸과 영혼에 어떤 상
처를 남겼는지 낱낱이 증언했다. 책임을 부인하는 가톨릭 교단을
향해 날린 메가톤급 폭탄이었다.

크리스치앙 뷔르데. 53세. 자신에게 성범죄를 저지른 프레이나
신부와 그의 범행을 조직적으로 은폐한 고위성직자 여섯 명을 고
발한 8인 가운데 가장 나이가 많은 인물이었다.

그가 법정에 들어서자 무거운 침묵이 법정을 휘감았다. 그는
40년간 자신의 인생을 갉아먹던 고통스러운 기억을 만인 앞에서
폭로했다. 신실한 가톨릭 신자인 어머니의 권유로 그는 프레이나
신부가 이끄는 가톨릭교회의 소년단에 가입하고 그를 따라 캠프
를 떠났다.

"프레이나 신부는 저를 자신의 텐트 안으로 데리고 갔습니다. 그는 저의 입술에 키스했고, 혀를 입 안에 들이밀었습니다. 차가운 시거의 냄새가 났습니다. 그는 제게 말했습니다. 너는 내가 선택한 소년이다. 나는 너를 사랑한다. 그러나 이 사실을 어느 누구에게도 말해서는 안 된다. 이것은 너와 나만의 비밀이다."

충격적인 증언은 계속 이어졌다.

"그는 성체를 건네던 바로 그 손으로 나의 성기를 만졌습니다. 당신들은 얼마나 많은 인생들을 이런 식으로 파괴했습니까. 저는 마치 치료될 수 없는 불치병을 앓는 사람처럼 평생을 살아왔습니다. 제가 오늘 여기서 진실을 말할 수 있다는 사실만이 저를 지탱하게 합니다. 저는 오늘 아픔을 안고 이 자리에 왔지만, 저의 고통은 분명 축소될 수 있었습니다. 교회가 침묵을 깨고 진실을 좀 더 일찍 밝혔더라면요."

그의 동생인 디디에도 증언대에 섰고, 기소된 여섯 명의 교회 관계자들을 향해 이렇게 말했다.

"당신들은 지난 3년여의 시간을 중압감 속에서 살아오셨겠죠. 그러나 저는 40년 동안을 끔찍한 소외감과 침묵 속에서 살아야 했습니다. 제 인생은 제가 또 다른 희생자인 프랑수아, 알렉상드르 등을 만나면서 비로소 존재하기 시작했습니다. 저는 마침내 제가 겪은 일을 표현할 수 있게 된 것입니다. 왜 이렇게 긴 시간이 흘러야만 했습니까?"

여덟 명의 피해자들이 속한 시민단체 '해방된 발언'은 이 피해
자들이 오래전부터 신부의 범행을 고발해왔음에도 사실을 은폐
하고 문제의 신부가 계속 성직을 지속하게 해온 교회에 책임을 물
었다.

그 누구도 가해자를 의심하지 않았다

중년 남성들이 떨리는 음성으로 이어간 고백은 모두의 눈을 아
래로 떨구게 만들었다. 이들이 안고 살아왔던 고통은 공소시효 따
위의 법적 논리를 잊게 만들었다.

프랑스에서 미성년자를 상대로 한 성범죄의 공소시효는 성년
이 된 이후로부터 30년이다. 비교적 긴 공소시효에도 불구하고 크
리스치앙은 더 이상 자신을 유린한 신부에게 법적 책임을 물을 수
없다(함께 고소한 여덟 명 중에는 공소시효가 지나지 않은 피해자들이 포
함되어 있다).

그러나 그와 그의 동생이 법정에 서서 증언하길 마다하지 않은
것은 그들의 고통이 얼마나 큰 것이었는지를 교회가 똑바로 보게
하여, 사건을 조직적으로 숨겨온 교회의 책임을 묻기 위해서였다.

가톨릭 교단이 저지르고 은폐해온 소년 성범죄는 이제 인류에

게 너무 익숙한 얘기가 되어버렸다. 1946년부터 2014년 사이 13세 미만 소년 3677명이 신부들에게 성폭력을 당해왔고, 최소 1670명의 독일 가톨릭 신부들이 미성년자에 대한 성범죄에 가담해 왔다고 독일 가톨릭 교회는 지난해에 밝혔다. 프란치스코 교황은 미성년자를 가톨릭 성직자들로부터 보호하기 위해 2019년 2월 전세계 주교들을 소집하여 이 문제를 다루는 총회를 개최했다.

절대 권력과 복종의 룰에 의해 작동하는 군대가 그러하듯, 신을 등에 업은 성직자들이 근엄한 표정으로 신성한 임무를 수행하는 공간인 종교단체야말로 위력으로 작동하는 대표적 집단이다. 사제들이 저지른 범죄의 피해자들이 하나같이 피해 사실을 경찰이 아닌 교회에 먼저 알렸다는 점은 피해자들이 여전히 신을 정점으로 하는 절대적 질서 속에 머물고 있음을 뜻하기도 한다. 그러나 그들이 신뢰하던 교회는 그들을 배반했다.

추기경은 자신의 법적 책임을 부인하였으나 그와 함께 피소당한 다섯 명의 피고 가운데 한 사람은 자신의 잘못을 인정하는 성명을 발표했다. 페리에르 주교는 "우리는 추기경에게 여러 차례에 걸쳐 행동할 것을 요구하였으나 그는 이 문제가 법정으로 가는 것을 받아들이지 않았다"고 밝혔다.

법정은 바르바랭 추기경에게 교회의 책임자로서 진실을 은폐한 혐의로 1심에서 6개월형을, 2심에서 무죄를 판결했고, 그는 판결 직후 추기경직을 사직했다. 프레이나 신부는 미성년자 성범죄 혐의로 5년의 징역형을 선고받았다.

치유의 시작

이들의 폭로는 프랑스 사회에 분노를 촉발했다. 프랑스 가톨릭 신자의 90퍼센트는 교회의 자정 장치를 더 이상 신뢰할 수 없으며, 국회 차원의 조사위원회가 마련되어 이 문제에 대한 근본적이고 치밀한 외부 조사가 이뤄져야 한다며 입을 모았다.

"여전히 신을 믿지만 교회를 이끌어 가는 사람들은 믿지 않는다"고 밝혔던 크리스치앙의 경우처럼, 프랑스의 가톨릭 신자들은 그들의 종교를 버리는 대신 종교의 목욕물을 더럽혀온 자들을 벌하기로 한 것이다.

사실을 세상에 드러내는 것으로 치유는 시작된다. 그것은 진실이 갖는 치유의 힘이다. 진실이 세상에 드러나는 순간, 금기의 둑은 허물어지고, 썩어가던 공동체 안에는 비로소 맑은 물이 스미며 새로운 에너지가 약동한다. 미투는 그것이 시작되는 순간 거대한 연대의 고리를 만들고, 그것은 거부할 수 없는 에너지를 분출시킨다.

프랑스 남성들이 거기에 접속하기 시작했다. 교회뿐 아니라, 군대에서, 직장에서, 스포츠계, 예술계에서 어디서든 작동하는 룰이다. 침묵을 깨는 여성들에 이어 남성들의 고발이 이어질 때, 미투 운동은 세상을 혁명적으로 진화시키는 강력한 시민운동으로서 더 큰 폭발력을 발휘할 수 있을 터이다.

2018년 한국에 상륙하여 혁명적 성과를 이어가던 미투 운동은,

권력의 가면 뒤에서 인간의 몸을 착취하던 많은 정치인들, 권력자들의 민낯을 드러내며 세상을 청소해갔다. 그러나 그것이 공교롭게도 특정 정치세력에 집중되자, 정치적 의도에 의한 기획 미투 가능성을 논하는 음모론이 세상에 퍼져갔다. 그것은 박원순 전 서울시장의 자살을 계기로, 성범죄자로 지목되며 삶을 마감한 그의 마지막을 받아들이지 못하는 집권 세력과 그 지지자들의 강력한 부정으로 흙탕물의 전장이 되었고, 미투 운동의 짧고도 격렬했던 시간은 그 흙탕물 속에서 뿌옇게 마감되었다.

이후 '페미니즘'이란 단어에는, 여성들의 고발로 재판대에선 남성들의 두려움이 투영된 '가시 돋힌 마녀'의 이미지가 덧씌워졌다. 젠더 갈등은 한층 복잡해진 방정식으로 진화했다. 이런 상황을 이용하여 그들을 더욱 분열시키며 정치적 이득을 취하는 자도 생겨났다. 마키아벨리가 지적했듯, 분열은 정치권력이 좋아하는 가장 손쉬운 통치의 수단이다. 혁명 뒤엔 언제나 쓰라린 반혁명의 시간이 밀려온다. 바로 그 씁쓸한 시기를 우리는 건너는 중이다. 그러나 역사는 다시 반전을 거듭하면서 나아갈 터. 그때 우리는 성적으로 유린된 남성 피해자의 목소리도 들을 수 있게 되길 바란다. 그들은 존재한다. 더 깊은 금기와 고통의 늪 속에 잠겨 드러나지 않을 뿐.

불복종 전선에 나서다
: 교원, 법률가, 대학 총장들까지

며칠 전 아이가 다니는 중학교로부터 메일을 받았다.

"올해도 샤를마뉴 중고등학교에 정부가 보내온 예산은 지난해보다 감소했습니다. 축소된 예산으로 인해, 병가나 교육·연수 등으로 빠진 교사들을 대체할 수 없게 되고, 옵션 과목을 충분히 제시할 수 없으며, 교구나 교재의 구입도 위축되며 교육의 질이 떨어지게 됩니다. (…) 학교의 모든 교사들과 교직원들은 지난 2월 1일 모여 2월 5일의 총파업과 집회에 참여할 것을 결의하였습니다. 공교육을 파괴하는 정부 정책을 중단할 것을 요구하기 위해서입니다."

프랑스 전역에서 실시된 총파업을 앞두고, 아이가 다니는 학교의 교사와 교직원들이 자신들도 공식 참여를 결의한 사실을 알려왔다. 같은 날, 학부모회에서도 "프랑스의 공교육은 지금 최악의 상태에 이르렀다"며 교직원들과 더불어 집회에 동참해달라고 호소하는 메일을 보내왔다.

10년 넘게 긴축예산을 꾸려온 정부. 공공 서비스는 축소·마비되어갔고, 그중에서도 교육 예산이 바싹 마른 빵처럼 말라비틀어지면서 학교의 공기는 나날이 삭막해져 갔다. 그래서인지 교사들은 더 자주 아프고, 더 자주 예민해지며, 아픈 교사를 대체할 교사는 잘 찾아지지 않았다. 공교육을 파괴하는 정부의 메시지는 명확하다. "이게 싫으면 사립으로 가세요." 즉, 돈 내고 학교 다니세요!

학교라는 것이 이 나라에 생겨난 이래 물러난 적 없던 원칙을 마크롱 정부는 깨부수려 하고 있다. 마크롱은 노란 조끼들이 표출해낸 분노를 잠재우기 위해, 지난 1월 중순부터 전국을 돌며 지자체장들과 함께 위기에 이른 정국의 향방을 풀어갈 해법을 찾자며 소위 대토론을 진행하고 있다. 하지만 이는 마크롱의 시간 끌기용 원맨쇼일 뿐이라는 사실이 명확해졌다.

2018년 말, 마크롱의 일부 굴복을 얻어낸 후에도 노란 조끼 집회는 한순간도 멈추지 않고 다음 해 12회까지 지속되어 갔다. 복원되지 않은 부유세, 실현되지 않은 조세정의, 쇠락해져 가는 공공 서비스, 악랄해져 가는 경찰의 탄압 속에서 멈춰야 할 어떤 이유도 노란 조끼는 찾을 수 없었다. 그사이 7000명이 연행되었고, 1900명이 부상을 입었으며, 11명이 사망했다.

불복종의 릴레이

전국 17개 국립대학에선 2019년 9월부터 비유럽권 학생들에 대한 등록금의 대거 인상안을 거부한다는 공식 입장이 나왔다. 학생들뿐 아니라, 대학총장 협의회에서도 비유럽권 학생들을 대상으로 하는 이 차별적 등록금 인상은 강력한 비판과 저항을 불러왔다.

정부는 국적에 관계없이 적용하던 연 170유로의 등록금을 비유럽권 학생들에게만 2770유로로 약 열여섯 배 인상하는 방안을 내놓았다. 그들의 플래카드에는 '프랑스 입국 환영'이라는 제목이 붙어 있었다. 마크롱 정부가 환영하는 외국학생은 오로지 '돈 많은' 학생을 의미한다는 사실을 새삼 덧붙일 필요도 없다는 듯.

대학들은 정부를 향해 반교육적이자 반민주적인 계획을 철회하지 않는다면 우린 우리대로 모든 합법적 수단을 동원해 외국 학생들이 인상된 등록금을 지불하지 않게 하는 방법을 찾아내겠다고 밝혔다. 일부 학생들의 상징적 항의가 아니라, 국립대학 총장들이 공식적인 결정을 통해 정부에 불복종을 선언한 셈이다.

과정을 축소하고, 인력을 감축하여 공공부문의 예산을 비틀어 짜는 마크롱 정부의 일관된 방향은 법조계의 무거운 엉덩이도 들썩거리게 했다. 1월 15일엔 전국의 변호사, 판사, 법원 행정직원들이 법복을 입고 정부의 사법개악에 항의하며 파업에 나섰다. 개혁안은 일부 지방법원과 특수 법원들의 폐지와 통폐합을 골자로 하고, 1만 유로 이하의 소액 분쟁 사건은 인터넷상으로만 접수하게 하는 등 법원행정 절차 간소화와 비용절감을 위해 시민들의 법적 권리를 축소시키는 내용을 담고 있다.

그들은 법전을 태우고, 관을 짜들고 거리를 행진하며 "사법부를 학대하는 것은 민중을 학대하는 것"이라 외쳤다. 일부 노동법원에선 마크롱이 대통령령으로 강행한 노동법 개악을 국제노동기구ILO 협약 위반이라며, 개정된 노동법을 기각함으로써 노동자의 손을 들어주는 판결이 잇달아 내려지기도 했다.

구속된 지하철 무임승객 VS. 10년간 탈세해온 다국적 기업

그 와중에 정부 여당은 총파업 당일 '폭력시위근절법'을 하원에서 통과시켰다. 경찰청의 판단에 따라 특정인들의 집회 참여 금지를 결정할 수 있으며 이를 위반할 시에는 6개월 이하의 징역과 7500유로(약 1000만 원) 이하의 벌금을 물릴 수 있다는 내용이다. 이는 폭력 시위를 막겠다는 명분하에, 집회와 결사의 자유라는 헌법적 권리를 근본적 침해한다고 법률가들은 입 모아 지적한다.

지금까지의 폭력적 시위 진압으론 충분치 않았다는 듯, 시민들의 시위할 권리 자체에 위협을 가하는 시대착오적 법안을 등장시킨 것이다. 대화로 문제를 타개하자며 연일 텔레비전에선 셔츠의 소매를 걷어붙이고 수백 명의 지자체장들에 둘러싸여 열정적으로 토론하는 대통령의 모습을 내보이지만, 정작 집권당이 과반을 점유한 의회에선 마크롱의 속마음을 투명하게 드러내는 반헌법적 법안이 만들어지고 있었다.

한편, 여당 의원 50여 명이 이번 법안에 기권했다는 사실은 여당 내에서도 기득권과 노란 조끼로 대표되는 시민들의 계급전쟁의 향방이 균열의 바람을 일으키고 있음을 보여주고 있다.

이에 앞서 상습적으로 지하철 무임승차를 하다 구속된 사람이 구치소에서 자살한 사건이 발생했었다. 다수의 프랑스 누리꾼들은 연간 1000억 유로(약 135조 원)의 세금포탈이 조세도피처를 통해 일상적으로 이뤄지는 나라에서, 어찌 지하철 무임승차를 한 사람이 구속될 수 있느냐며 울분을 터뜨린다. 반면 지난 10년 동안 세금 5억 유로(약 68조 원)를 체납해온 애플사는 마치 관용이라도 베풀듯 뒤늦은 지급을 약속하기도 했다. 시민들은 묻지 않을 수 없다.

지하철 무임승차자가 구속되어야 한다면, 왜 애플사 사장은 구속되지 않았던 것인가?

부자들을 대변하며 절대 권력을 휘두르고 있는 프랑스의 대통령에 맞서 시민들과 노조, 공무원, 정부 기관, 법원들까지 나서서 민주주의 근간을 뒤흔드는 정부의 일탈에 저항하는 중이다. 마치 레벨이 상승하면서 자꾸 새로운 무기들이 등장하는 게임처럼, 시시각각 새로운 전략과 전술들이 나온다. 이 싸움은 하루도 멈춰서는 법이 없다. 권력 마피아의 행위를 무력하게 수용하는 순간 시민은 사라지고 노예가 등장한다는 사실을 그들은 잘 알고 있기 때문이다.

4월 1일이면 쏟아져 나오는 프랑스 노숙인들

파리는 내가 처음으로 세입자의 정체성을 경험해본 도시다. 매달 꼬박꼬박 집주인에게 바쳐야 하는 집세라는 단어의 무게는 낯선 곳에서 새로운 삶을 시작한 청년의 발걸음의 무게에 반비례했다. 당시 파리 17구, 7층 다락방 원룸의 집세는, 내가 한 달에 쓸 수 있는 돈의 절반에 해당했다. 그런데 프랑스 정부가 (학생이란 이유로) 그 집세의 절반을 보조해주자, 내 생활비에서 집세의 비중이 50퍼센트에서 25퍼센트로 줄어들며 목끝까지 조여오던 숨통이 트이게 되었다. 가벼워진 발걸음은 내게 여유와 미소를 허락해주었다.

내가 프랑스 사회에 대해 갖는 근본적인 믿음은, 아마도 그때의 경험에서 비롯된 것인 듯하다. 세금 한 번 낸 적 없고, 아직은 불어를 배우고 있을 뿐인 늙은 학생에게도 묻지도 따지지도 않고 지급되는 통큰 집세 보조금. 거기엔 평등과 박애, 그리고 그것이 허락해주는 한 뼘 넓어진 자유가 다 들어 있었으니까.

그러나 불과 20년이 지나지 않은 세월 동안, 사회를 지탱하던 가치들이 집요한 지배계급의 공격을 받으며 허물어져 갔다. 사람들은 더 이상 밀리지 않기 위해, 선조들이 감자만 먹으면서 한 달 동안 파업해 얻은 권리들을 여전히 손자들에게도 물려주기 위해, 무던히 거리에서 싸웠다.

프랑스엔 집세를 오래 밀린 세입자일지라도 겨울철엔 내쫓을 수 없게 하는 법이 있다. 그러나 이런 프랑스식 제도적 관용은 매년 3월 마지막 날 밤까지만 작동한다. 4월 1일이 되면 세입자들은 퇴거 명령이라는 현실 앞에 다시 마주해야 한다. 하여 어떤 이들에게 '4월은 잔인한 달'이라는 말은 실존적 고통을 증언하는 표현이 된다.

2017년 한 해만 프랑스엔 12만 6000건의 퇴거 명령이 내려졌다. 이는 10년 전과 비교해 49퍼센트 증가한 숫자다. 세입자 주거권을 위해 싸우는 시민단체들은 퇴거 명령을 받고 거리에 나앉게 되는 사람의 숫자가 다시 한번 기록을 세울 거라고 예측한다. 4월은 또한 동절기 동안 노숙인들을 맞이해왔던 일부 시설들이 문을 닫는 시기이기도 하다. 4월이 되어, 이런 시설의 문밖으로 나와야 하는 사람들의 숫자도 약 8000명에 달한다.

타인의 사유재산에 대한 불법적 점거를 마냥 관용할 순 없는

일이다. 그러나 집세를 감당하지 못해 길바닥에 나앉는 극단적
상황이, 일상에서 이탈한 일부 사람에게만 일어나는 일이 아니라
평범한 이웃들에게도 닥쳐온다면 이는 심각한 사회 붕괴로 이어
진다.

피에르 신부 재단은 프랑스 세입자들의 17퍼센트가 집세를 제
때 내지 못하거나, 주택 융자금을 제때 갚지 못하고 있다고 최근
보고서에서 밝혔다. 즉, 17퍼센트의 사람들이 잠재적인 퇴거 명령
의 위협을 상시적으로 접하며 아슬아슬한 생존을 이어가고 있다
는 것이다.

이는 유럽에서 그리스 다음으로 높은 숫자다. 프랑스는 여전
히 유럽에서 빈곤율이 가장 낮은(13.6퍼센트) 국가에 속하며, 영국
(23.2퍼센트), 스페인(22.3퍼센트) 등에 비하면 프랑스 서민들은 아
직 절망을 말하기엔 이르다. 그럼에도 주거비가 주는 압박은 이들
에게 이토록 심각한 실존적 위기를 안기고 있는 것이다.

파리 집값 12년간 '수직 상승'

현상의 직접적인 원인은 물론 급등하는 부동산 가격에 있다.
특히 파리의 집값은 지난 12년간 48.6퍼센트나 올랐다. 12년 전
1제곱미터에 5650유로(약 719만 원)였던 파리의 부동산 가격은
2019년 9500유로(약 1210만 원)로 급등했다. 프랑스 전체 세입자들

의 수입 중 집세의 비중도 1978년엔 10퍼센트였던 것이 2018년엔 30퍼센트로 세 배 증가했고, 집세가 전체 수입의 4할 이상을 차지하는 가정도 20퍼센트에 달한다.

1946년 270만이었던 파리 인구는 2019년 210만으로 감소했다. 특히 2008년 금융 위기 이후, 매년 1만 2000명씩 꾸준히 파리의 인구가 줄었던 것도 서민들이 더 이상 감당할 수 없는 주거비가 원인이었다. 그렇게 남겨진 집들은 점점 단기 체류를 하는 관광객들의 숙박시설(예를 들면 에어비앤비)이 되어 부동산 소유주들의 소득을 급등시키는 데 기여했다. 파리는 세계에서 가장 많은 에어비앤비가 밀집된 도시가 되었고, 특히 파리의 중심부 마레지역은 더 이상 평범한 월세 가구를 찾기 힘들 정도로 에어비앤비 밀집지로 급격히 전환되었다.

코로나로 관광객 발길이 끊긴 2020~2021년 동안, 파리시는 경영난을 겪던 호텔, 에어비앤비들을 대거 사들여, 임대주택으로 바꾸어 나갔고, 그 와중에 파리 집값이 2~3퍼센트 하강하기도 했다. 방글라데시에서 파리에 유학 온 딸아이 친구는 덕분에 가족과 함께 파리시가 제공하는 쾌적한 임대주택에서 살 수 있었다. 지난해까지만 해도 고급호텔이었던 파리시 한복판 애플스토어의 상층이 시대의 격변 속에 서민임대아파트로 변신한 것이다. 파리시의 공격적 임대주택 정책이 이 같은 흥미로운 에피소드를 만들어내고 있는 반면, 팬데믹에 맞서 봉쇄령이라는 강경 대응을 취한 정부는 대부분 계층의 경제적 삶을 위축시키며 거주 불안을 확대시키는 데 기여했다.

"퇴거는 가난의 조건일 뿐 아니라 원인이기도 하다"

하버드대학 사회학 교수 매튜 데스몬드Matthew Desmond 는 저서 《쫓겨난 사람들》Evicted. 2016 에서 퇴거가 가진 핵심적 문제를 이렇게 지적했다. "자신의 모든 삶이 거리로 내동댕이쳐진 사람은 영혼이 붕괴되는 경험을 하며, 일어설 힘을 상실하게 된다. 집은 인간의 생명, 자유, 존엄을 회복하기 위한 전제이기 때문이다." 주거권 강화는 따라서 가장 핵심적인 복지정책이며, 서민층 몰락을 막는 가장 강력한 방법일 수 있다. 또한 가장 민감하게 민심을 자극하는 원인이기도 하다.

2018년 11월 17일 시작되어 2019년 3월 20번째의 '거사'를 치른 노란 조끼 운동의 핵심을 이루는 사람들은, 바로 이러한 주거권의 위기에 노출되어 있는 사람들이 다수다. 빠듯한 연금으로 한 달을 살아내기 힘들고, 살던 집에서 쫓겨날 위기에 있는 은퇴자들. 계속 일을 하지만 삶은 점점 주저앉기만 하고 즐거움은 포기하고 생존을 위해서 허덕여야 하는 젊은이들.

자기가 살아온 땅에서 계속 밀려나 더 이상 물러설 곳이 없는 사람들은 샹젤리제에만 모였던 것이 아니라, 전국 수천 개의 원형 교차로에 모여서 그들의 커뮤니티를 꾸려가기 시작했다.

경제적 위기에 몰렸던 사람들은 동시에 정신적 소외와 절망에 처해 있었다. 이들은 노란 조끼 운동이 만들어낸 교차로라는 아지트에 모여, 비로소 사회적 가족을 만나고 인간의 공동체가 갖는 놀라운 치유의 힘을 발견했다. 짧은 시간 동안 수많은 커플이 노란 조끼들 사이에서 탄생한 것은 우연이 아니다. 그들은 다수의 방송과 언론이 반복적 이미지로 가공해낸 파괴자가 아니라, 진정한 공동체의 건설자로서 뜨거운 힘을 생산해내고 있다. 함께 모여, 노숙인들을 맞이하고, 식사를 나누고, 일자리에 대한 정보를 교환하면서, 정부가 방치해왔던 공공의 임무를 연대의 힘으로 복원해내고 있는 것이다.

20회를 맞은 노란 조끼 시위에서 시민주거권협회의 멤버들은 노란 조끼의 대열에 합류하여, 주택부 앞에 텐트를 치고 피크닉 시위를 진행하기도 했다. 이주 대책이 없는 상황에서 거리로 사람들을 내쫓는 야만을 중단할 것과, 마크롱 정부가 당초 약속했던 대로 저소득자들을 위한 공공임대주택을 대량으로 지을 것을 요구했다.

마크롱 정부가 가속화한 주거권 위기는 수많은 사람들을 거리로 내몰았고, 거리로 내몰린 사람들은 교차로에서 노란 조끼를 입고 빼앗긴 민중의 권력을 되찾기 위한 힘이 되어 가고 있다. 재앙의 씨를 뿌린 자, 반란을 거두는 법이다.

프랑스 레지스탕스
: 좌우가 함께 이룬 해방

　일제 강점기에 의열단 단장으로 활동하며 눈부신 항일 운동을 이끌어간 김원봉에 대한 뒤늦은 국가유공자 서훈 추서 논의가 다시 한번 정치 논리에 휘말리며 꼬리를 감추는 광경을 멀리서 지켜보았다.

　여전히 색깔론이 무서워, 탁월한 업적을 세운 대표적 항일운동가에 대한 추서마저 포기하는 초라한 우리의 현실은 비슷한 시기 이웃 국가에 의해 강점당했던 프랑스가 이 문제를 어떻게 풀어갔는지 살피고자 하는 계기를 제공해주었다. 이웃 나라에 의해 치욕적인 강점의 시절을 겪었던 프랑스는 전후 어떤 과정을 밟으며 '청산'의 과업을 실현하였는지, 그것은 사회에 어떤 결과를 주었는지에 대해 자세히 짚어보고자 한다.

2차 대전 중, 프랑스의 항독 레지스탕스 활동에는 드골을 중심으로 한 민족주의 우파세력과 장 물랭을 대표로 하는 공화주의자 그룹, 공산주의자들을 중심으로 한 좌파 세력들이 함께했다. 일제에 저항하던 조선인들 중에도 김구를 중심으로 한 우파 민족주의자 그룹, 의열단 등을 꾸려 무장투쟁을 전개한 아나키스트 그룹, 농민들이 중심이 된 의병, 박헌영, 조봉암 등 공산당 계열의 좌파 지식인 그룹 등이 총망라되어 싸웠던 것과 마찬가지다.

함께 해방을 맞은 좌우의 레지스탕스들은 당연히 나치 협력자들에 대한 청산 작업에도 함께 임했다. 민족반역자들에 대한 처단은 프랑스가 완전히 나치로부터 해방된, 공식적인 종전기념일 1945년 5월 8일보다 1년 앞서 진행되었다. 노르망디 상륙작전(1944년 6월 6일)이 성공한 후, 마침내 파리가 탈환(1944년 8월 25일)되면서, 샤를 드골은 프랑스 임시정부(1944~1946)의 주석으로 취임하며, 민족 반역자들과 나치 협력자들에 대한 청산 작업을 천명한다.

공식적인 재판을 통한 청산의 과정은 1945년부터 시작되지만, 각 지역별로 서로 다른 날짜에 해방을 맞이한 프랑스 전역에선, 군사재판과 시민법정을 통해 노골적인 나치 협력자들에 대한 재판을 신속하게 진행해갔다. 해방을 맞이한 기쁨과, 그동안 나치에 협력해 유대인들과 레지스탕스 학살에 가담하던 자들에 대한 분노의 감정이 분출하며 개인적 보복이 이뤄지는 일도 있었으나, 대부분의 경우, 해방 프랑스군이 주축이 된 군사재판과 레지스탕스

세력이 중심이 된 인민재판의 절차를 거쳐, 나치 협력자들에 대한 처형과 수감이 결정되었다.

1944년부터 1945년, 약 1년에 걸쳐 9000명이 이 같은 즉석 재판을 통해 처형되었다고 역사는 기록하고 있다. 같은 기간, 독일 군과 관계를 맺어온 여성들에 대해선 공개적으로 머리를 삭발하고, 그 모습 그대로 거리를 걷게 하는 모욕의 형벌이 가해지기도 했다. 이 숫자는 대략 2만여 명으로 추산된다.

1940년부터 44년까지 프랑스 내 나치 협력은 크게 세 가지 차원으로 이뤄졌다. 첫 번째는 나치에 협력한 비시Vichy 정부 내의 고위 공직자들, 외교관, 판검사, 민병대원들의 조직적·공식적 협력이다. 특히 유대인들을 체포하는 데 프랑스 경찰은 적극적인 역할을 했다. 둘째는 나치즘의 이데올로기에 동참하고 레지스탕스와 유대인, 공산당원의 체포를 선동했던 지식인과 언론인들의 이념적 나치 협력이다. 그리고 기업과 은행에 의해 이뤄진 경제적 차원의 나치 협력이 세 번째로 중대한 카테고리를 차지한다. 그 밖에 독일 비밀경찰에게 유대인을 고발한다든가 하는 식의 비공식적이고 일상적인 차원에서 이뤄진 개인 차원의 나치 협력이 있다.

비시 정부에 복무한 고위 공직자들에 대한 재판은 파리 고등법원에서 이뤄졌고, 각 지방마다 나치 협력자들의 행위를 처벌하는 지방 나치 협력자 재판소, 그리고 일상적인 시민들의 나치 협력 행위를 명예 재판관들이 다루는 시민법정 등 세 가지 층위에서 재판이 이뤄졌다. 총 30만 건의 사건이 다뤄졌고, 12만 7000명이 판결을 받았으며 9만 7000명이 유죄 판결을 받았다. 판결의 내용은 시민권 박탈, 공무원직 파면, 강제 노역, 징역에서 사형까지 다양했다.

결국 총 1만 명에서 1만 1000명에 이르는 나치 협력자들에게 사형이 집행되었고, 2만 2000에서 2만 8000명에 이르는 부역 공무원이 파면당하였다. 나치에 협력한 대표적인 기업 르노자동차와 군수물자를 공급하는 데 협력한 대다수의 민간 철도회사들이 이 시기에 국영화되기도 했다.

공식 재판 절차가 이뤄지기 전에 9000여 명의 사람들이 사형에 처해졌던 것과 비교해보자면, 1945년 이후 이뤄진 재판을 통한 절차는 전체의 10분의 1 정도에 불과한 사람들이 숙청당한 셈이다. 국민들 간의 화합을 내세우며, 1947년, 51년, 53년에 대대적인 사면이 이뤄지기도 했다. 시간이 지나면서, 초기의 단호하던 응징과 청산의 구호가 화합이라는 명분에 의해 자리를 내주었음을 엿볼 수 있는 대목이다.

하지만, 이는 초기의 매서운 응징의 시간이 있었기에 가질 수 있게 된 관용이라고도 할 수 있다. 드골은 전후 새로운 프랑스를 건설하는 과정에서, 나치 협력자에게 관용을 베풀어 이들을 재임용한다면 국민들의 화합을 방해할 것이라고 판단했다. 민족반역자들이 살아남기 위해 이념적인 분열을 시도하려고 할 것이므로, 이들을 준엄하게 심판하는 것이 프랑스 사회를 단결시키는 힘의 원천이 될 것으로 내다봤다. 청산에 이르지 못한 한국이 오늘까지 겪고 있는 혼란을 본다면 드골의 판단은 완벽히 옳았다.

"애국적 국민에게는 상을 주고 민족배반자나 범죄자에게는 벌을 주어야만 비로소 국민들을 단결시킬 수 있다" 원칙에 입각한 초기의 청산 과정이 있었기에, 50년대에 화합의 명문으로 이뤄진 사면에 많은 이들이 동의할 수 있었던 것이다.

2차 대전 발발 당시 차관급 육군 사령관이었던 드골은, 자신의 상사이던 페탱이 독일에 항복하고, 비시에 나치 협력 정부를 수립하자, 그에 불복하고 런던으로 건너가, 자유 프랑스 민족회의를 결성하며 대독 항전을 계속해갔다. 비시 정부는 1940년 드골 없이 진행한 궐석 재판에서 그에게 사형 선고를 내리기도 했다. 영국으로 망명한 드골은 라디오를 통해 나치하 프랑스인들의 저항을 독려하고, 자신도 군사작전을 통해 나치군대를 압박해갔다. 훗날 저명한 작가가 된 로맹 가리도, 당시 프랑스 공군에 복무하던 중 비행기를 런던으로 돌려 드골이 이끄는 자유 프랑스 민족회의에 합류하여 항독 투쟁에 가담한 경우다.

부역 언론인과 지식인, 가장 먼저 다스린다

나치 협력자 청산 과정에서 가장 먼저 사형이 집행된 사람들은 나치 독일을 찬양하고, 레지스탕스를 테러 집단으로 매도했던 언론인과 지식인 반역자들이었다. 이들이 가장 먼저 심판의 대상이 되었던 것은, 그들이 휘두르는 필봉이 다수 시민의 사고를 오염시켜 사회의 윤리를 마비시켰다고 임시정부의 주석 드골이 판단했기 때문이다. 일제 강점 기간 동안 대표적 친일 언론으로 활약한 조선일보가 해방 후 70여 년이 지난 오늘까지도, 온갖 사회적 악행을 자행하는 가운데 판매 부수 1위를 지키며 국민들의 사고를 오염시키는 현실에 비춰볼 때, 드골의 탁견과 단호한 실천에 동감하지 않을 수 없다.

"프랑스의 나치 협력 언론과 언론인들에 대한 처벌은 엄격했다. 프랑스 임시정부는 1944년 9월 30일 언론계 숙청에 대한 훈령을 발표, 나치점령군과 비시 정권의 지시와 규정에 순종한 언론사들의 발행을 모두 금지하는 조치를 취했다. 그리고 나치의 파리 점령(1940년 6월 25일) 이후 창간된 모든 신문과 잡지들, 나치독일의 점령 기간에 계속 발행된 신문과 잡지들을 모두 발행금지시켰다. 언론사 538개가 재판에 회부되어 115개 사가 유죄선고를 받고 전면 폐간됐다." 프랑스의 나치 협력자 숙청에 대한 기록을 상세히 소개한 책 《프랑스의 대숙청》1999에 등장하는 대목이다.

조선일보는 2018년 1월 24일자 기사를 통해, 해방된 프랑스가 행한 "나치 협력자 1만여 명에 대한 처형이 형평성을 잃었고, 장기화되자 민심이 돌아섰다"라며, 문재인 정부가 시작도 안 한 적폐 청산 작업에 노골적으로 재를 뿌리겠다는 의도를 드러내기도 했다. 프랑스에서도 나치 협력 세력 청산 작업에 대해 문제를 제기하고 지금까지도 지엽적 사례를 나열하며 비판을 가하는 자들이,

살아남은 나치 협력 세력인 극우 진영인 것과 같은 꼴이다.

좌우가 함께 맞이한 해방, 함께 행한 부역자 청산

세계사는 2차 대전의 승리를 미-소가 중심이 된 연합군이 거둔 것으로 기록하지만, 프랑스인들에게는 프랑스가 나치로부터 해방된 것이 드골 장군과 레지스탕스가 거둔 승리의 결과로 각인되어 있다.

수도 파리가 레지스탕스에 의해 해방되어, 드골이 연합군의 진주에 앞서 개선문 앞을 통과한 장면은 해방된 프랑스에서 드골과 레지스탕스의 입지를 결정짓는 장면인 동시에 미국의 군정 야욕을 좌절시킨 행동이기도 했다. 공식적인 해방이 이뤄지기 1년 전부터 미국의 반대를 무릅쓰고 서둘러 민족 반역자 숙청을 진행한 것도, 영국 망명시절에 처칠과 늘 까칠한 관계를 유지하며 곁을 내주지 않은 드골의 태도도 모두 같은 의도에서 나온 행동이다.

드골은 우파 민족주의자들과 주로 프랑스 국내에서 활동한 좌파 레지스탕스 인사들로 임시정부를 수립해 소위 좌우연합 정부를 구축했다. 이러한 결단은 해방 정국에서 철저히 외세를 배격하고, 주체적인 정부를 수립하는 데 결정적인 역할을 했다.

1945년 10월 수립된 제헌의회 선거 결과를 보자. 해방 후 치러진 첫 선거에서 제1당은 27.1퍼센트의 의석을 얻은 공산당이었다. 드골의 지지를 등에 업은 중도 우파정당MRP이 25.6퍼센트로 두 번째 위상을 차지했고, 국제노동자정당SFIO이 24.9퍼센트를 얻어 제3당의 자리를 얻었다. 또 다른 극좌 정당이 얻은 12.1퍼센트의 의석과 함께, 해방 직후 치른 첫 선거에서 좌파 진영이 얻은 64.8퍼센트의 지지는 당시 프랑스 사회의 분위기를 잘 설명해주는 지표다. 레지스탕스 진영의 군사적인 지휘권은 드골에게 있었으나, 그 실질적인 국내적 역량은 좌파 진영에 드넓게 확산되어 있던 것이다. 그들은 고스란히 해방 후 프랑스를 건설해가는 주축이 되었다. 여성이 참정권을 행사한 첫 투표이기도 했던 이 선거에서 5.6퍼센트의 여성의원(33명)이 당선된 것도, 레지스탕스 운동에서 여성들의 활약이 결코 적지 않았음을 시사하는 대목이다.

조선의 항일 운동이 좌우 양 진영에서 진행되었던 만큼, 우리의 해방정국에서도 당연히 좌우 합작이 시도되었다. 그 중심에 있던 사람은 바로 몽양 여운형. 여운형은 1944년 8월에 결성한 건국동맹을 모체로 해방 직후 건국준비위원회(이하 '건준')를 조직하고 위원장이 되었다. 여운형은 일왕이 라디오를 통해 항복을 선언하던 1945년 8월 15일 아침, 조선총독부 정무총감을 만나 다음의 다섯 가지를 요구한다.

첫째, 모든 정치범을 즉시 석방할 것.
둘째, 당장 경성 시민이 먹고살 수 있을 만큼의 식량을 확보해줄 것.
셋째, 우리 조선이 주체적으로 치안을 맡기로 한다.

넷째, 치안 유지와 건설 공사에 총독부는 방해하지 않는다.

다섯째, 학생들과 청년들 활동을 총독부가 방해하지 않는다.

우리 또한, 해방 즉시 행정권과 치안권을 장악하면서 건준을 중심으로 '주체적'으로 해방을 맞을 준비를 갖추었던 셈이다. 건준은 전 국민의 폭넓은 지지를 받아 전국에 100여 개의 지부를 마련했고, 각 지역 지부인 '인민위원회'를 만들어가기도 했다. 여운형은 그 안에서 좌우 합작을 끊임없이 시도했다. 김규식, 안재홍 등 중도 세력과 함께 왼쪽의 박헌영, 김원봉 등과 송진우, 김구 등 우파 진영 사이의 중심축이 되어 하나 된 새 나라를 건설하기 위해 좌우합작을 노력했다. 이에 여운형은 좌우 양쪽 진영으로부터 끊임없이 견제와 협박을 받았고, 일곱 번에 걸친 테러를 당한 끝에 1947년 7월 사망한다. 그의 장례식엔 60만 명의 인파가 몰려나와 이후, 우리가 맞이하게 된 처절한 운명을 함께 애도했다.

여운형의 사망은 해방된 조선에서 좌우합작운동을 실패로 결정짓고, 하나 된 조선의 미래를 포기하게 만든 사건이었다. 이후 반민 특위를 해체하고 반공을 새로운 국시로 내세워 친일을 덮어간 이승만의 선택으로, 해방된 조선에서 민족반역자들은 완전히 부활했다. 이루지 못한 친일청산이 남겨놓은 암세포들은 반민족 극우 세력으로 자라나, 부끄럼을 모르고 활개 치는 우리 사회의 한 주류 세력으로 성장했다.

프랑스의 친나치 청산, 가혹하지 않았다

2차 대전 당시 히틀러의 나치군단은 러시아와 영국을 제외한 거의 모든 유럽 대륙을 점령했다. 따라서 친나치 세력에 대한 청산 또한 프랑스에서만 이뤄진 것이 아니다. 나치하에 있던 나라들은, 그들의 치하에서 벗어나자마자 나치 협력자들을 철저하게 응징하는 길을 갔다.

전범국인 독일조차도 1946년 뉘른베르크 국제전범재판 등을 통해 나치 지도부를 숙청하는 절차를 밟았으며, 21세기에도 세계 곳곳에 숨어 있는 전범들을 끝까지 색출하여, 나이의 고하에 상관없이, 철저하게 죄를 묻는 원칙을 견지해왔다. 2차 대전의 또 다른 전범국 일본이 자국의 전범들을 야스쿠니 신사에 모셔놓고, 시시때때로 국가 지도자들이 그들에게 경의를 표하는 것으로 전쟁 야욕을 드러내고 국가주의를 부추기는 모습과는 대조적이다.

나치의 침략을 받은 유럽국가들 가운데, 프랑스는 오히려 상대적으로 극히 적은 비율의 사람들이 나치 협력에 대한 법적 대가를 치른 경우에 속한다. 친나치 협력 혐의로 수감된 사람들이 프랑스에선 인구 10만 명 당 94명인 데 반해, 덴마크에선 374명, 네델란드에선 419명, 벨기에에선 596명, 노르웨이에선 633명이었던 걸로 집계된다.

특히, 유죄 판결을 받은 사람들 중 3분의 2가 감형되어서, 초기에 빠르게 숙청된 나치 협력자 1만여 명을 제외한다면, 나머지 사람들에 대해서는 오히려 과도한 관용이 베풀어진 셈이다. 이 모든 나라들은 이렇듯 과거의 죄를 벌하였기에 더 이상 2차 세계대전을 기념하는 어떤 날이 돌아와도, 과거의 상처를 재조명하거나 사회적 울분으로 상처를 덧내지 않는다. 독일과 프랑스는 전후의 역사를 함께 기술한 공동역사교과서를 편찬하기도 하고, 예술과 교육에 집중된 공영방송국 ARTE를 공동 운영하기도 하는 등, EU를 이끌어가는 쌍두마차로서 화해와 협력의 시절을 함께 나아가고 있다. 이는, 과거의 과오와 어리석음을 직시하고 이를 단죄한 청산의 과정이 있었기에 가능한 일이었다.

레지스탕스에 대한 간소한 포상

반면, 해방을 위해 나치에 저항했던 레지스탕스들에 대한 훈장은 6만 5295명에게 수여되었다. 이 중 2만 5000명은 사후에 추서된 훈장이었다. 좌우 합작의 임시정부가 수립되고, 좌우가 고루 국민의 목소리를 대변하며 입헌 의회를 수립한 나라에서, 서훈을 하는 데 이념적 대립이 개입할 여지는 없었다. 그들은 전쟁에서 공훈을 세운 다른 모든 국가 유공자들과 마찬가지로 훈장을 받고, 국가유공자로서 취업에서 특전을 누리거나, 생전에 일정한 연금을 받았을 뿐, 사후에 3대까지 생활비를 지원받거나 특혜가 이후 세대에 계승되는 방식의 포상은 없었다.

친일을 하면 3대가 잘 살고, 독립운동을 하면 3대가 망한다는 망언이 현실이 되어버린 한국적 상황에선 필요한 포상의 방식일지 모르지만, 민족 반역 범죄자들에 대한 마땅한 처벌이 행해진 나라에서는 불필요한 일이었다.

일급 나치 협력자들에 대한 엄중한 재판이 진행되던 와중에 프랑스의 좌우합작 임시정부가, 제헌의회가 수립되기도 전에 먼저 취한 조치가 사회보장제도Sécucité Sociaile의 수립이었다(1945년 10월 4일). 전쟁으로 폐허가 된 나라였지만, 그들은 나치의 야만에서 되찾아 온 새로운 프랑스에서 모든 사람이 기본적인 인간의 조건을 보장받으며 살 수 있는 나라를 세우는 데 마음을 함께했던 것이다.

각 시대가 지니는 사명이 있고, 숙제가 있다. 그것들을 당대의 사람들이 행하지 않고 후손에게 물려줄 때, 후손들은 그들이 짓지 않은 업보로 인해 오래 고통을 겪는다.

일제를 벌벌 떨게 하던 의열단 단장 김원봉이 해방된 조국에 돌아와 친일경찰 노덕술에게 뺨을 맞고 고문을 당한 끝에 다시 나라를 떠나야만 했다. 이승만의 사욕이 벌인 역사적 과오를 뼈저리게 겪고 있으면서도 오늘에 와서도 여전히 김원봉에 대한 국가유공자 서훈 추서를 주저한다면, 더 이상 그 어떤 국민이 국가가 위기에 처할 때 정의롭게 나설 수 있을까?

정의를 심는 곳에 정의가 강물처럼 흐르고, 불의를 뿌린 곳에 불의가 넝쿨 되어 세상을 욕되게 하리니.

고발한다

팬데믹 전체주의를 지나며

전체주의는
생각의 차단으로부터 시작된다

"사람들의 공포를 지배하는 자가 그들의 영혼의 주인이 된다."

　정치철학자 마키아벨리Niccolò Machiavelli가 《군주론》Il Principe·1532
에서 한 말이다. 권력을 유지하고자 하는 자에게 공포는 가장 친
근한 통치 수단이며, 음모는 그것을 만들어내는 피할 수 없는 도
구다. 공포가 사람들 마음속에 번지면 사고가 얼어붙고, 권력자는
손쉽게 그들의 복종을 얻을 수 있다.

　음모는 인류 역사에 권력자가 존재해온 시절부터 함께 해왔다.
권력을 얻기 위해서, 특히 그것을 유지하기 위해선, 크고 작은 음
모가 동원된다. 정치인을 경멸하는 대중의 심리는, 권력에 대한
욕망에 사로잡혀 얼마든지 제 영혼을 팔고 타인의 영혼을 탈취할

준비가 되어 있는 그들의 본질을 모두가 암암리에 보고 있기 때문이다.

음모가 인류의 역사와 함께 해왔던 어휘라면, '음모론' 혹은 '음모론자'라는 어휘가 세상에 등장한 것은 비교적 최근 일이다. 탄생의 일천한 기원에 비해, '음모론'은 오늘날 가장 빈번하게 미디어에 오르내리는 말이 되었다. 이 단어가 프랑스 사전에 등재된 것은 2017년에 불과하다. 사전은 음모론자를 이렇게 규정한다. "한 사건에 대한 일반적으로 통용되는 버전을 부정하고, 소수에 의해 꾸며진 음모의 결과로 그 사건을 재해석하려 하는 사람".

이 정의에 따르면, 음모론자는 정부나 주류 미디어가 발표하는 사건의 공식 버전 이면에 알려지지 않은 다른 의도와 면모들이 있다고 의심하고 그것을 찾아내려 하는 사람이다. 박정희 시대에 우린 숱한 간첩단 사건을 목격했다. 선거 때면 늘 북쪽에서 탄약 내음 섞인 바람이 불어오는 것을 경험하기도 했다. 거의 모든 간첩단 사건은 수십 년이 지나 독재정부가 정치적 위기를 모면하기 위해 꾸며낸 음모임이 드러난다. 때가 되면 불어오던 북풍 또한 양쪽 정부가 사이좋게 꾸민 음모의 결과였음을 사람들은 이제 알고 있다. 하여, 음모론자는 "진실을 너무 일찍 말한 사람"이라고 혹자는 평하기도 한다. 인류 역사에서 소수의 권력자들은 언제나 음모를 꾸며왔고, 현자들, 혹은 권력의 근거리에서 진실을 목격한 일부의 양심은 숨겨진 사실들을 세상에 전해왔다. 그러나 그들을 '음모론자'로 부르며 매장하려 하는 현상은 최근의 일이다.

권력의 심리와 대중심리 조작 기술을 연구해온 심리학자, 철학자인 아리안느 빌에란Ariane Bilheran은 이러한 현상을 다음과 같이 설명한다.

"인류 역사에서, 다수의 타인을 희생시켜 특권을 갖게 된 자들은 언제나 피지배자들에 의해 박해받고 있다는 느낌을 가져왔다. 피지배자들은 수적으로 훨씬 많고, 그들은 자신들이 강탈당한 권리에 대해 깨달을 수도 있으며, 권력을 독점한 이들을 향해 일어설 수도, 죽이려 들 수도 있기 때문이다. 오늘의 현실에서 완전히 새로운 점은, 사람들은 권력자의 음모에 대해 생각할 권리조차 갖지 못한다는 점이다 (…) '음모론자'는 존재하는 음모에 대해 생각하는 사람을 의미한다. 권력자들은 자신이 누리는 권리가 정당하지 못한 것임을 알고, 무의식 중에 느끼는 죄책감 때문에 자신이 권리를 빼앗은 바로 그 대상을 향해 음모를 꾸민다. 그러면서, 그들이 자신들이 꾸민 음모에 대해 생각하면, 그들을 '음모론자'라 지칭하며 그 생각 자체를 범죄화하는 것이 오늘의 상황이다."

아리안느 빌에란에게 마키아벨리가 권력자 곁에서 음모를 도모하는 조언자라면, 대중을 향한 권력자의 음모를 간파하고 폭로하고 경고하는 사람은 철학자이거나 레지스탕스다.

"코로나 팬데믹 사태를 둘러싼 개인들의 다양한 추론은 범죄화되었다. 이는 권력자가 꾸미는 일에 대해 시민들이 생각하는 것을 차단하기 위해서다. 이는, 광적인 분위기의 전파와 선동을 위해 저질러지는 언어의 타락과 왜곡이라는 문제와 맞닿아 있다."

마모되지 않는 비판적 지성의 언어학자 노엄 촘스키Noam Chomsky 는 '음모론'이란 단어에 스며든 언어의 타락을 간파했다. "음모론은 이제 지적인 욕설이 되었다. 누군가 세상의 일을 좀 자세히 알려고 할 때 그걸 방해하고자 하는 사람이 들이대는 논리"라고 그는 지적한다. 권력과 그들의 하수인인 주류 언론의 버전을 벗어나는 모든 문제 제기는 이제 '음모론'이라는 꼬리표를 달고 대중적 린치를 겪는다. 음모론은 그 누구도 감히 입을 열 수 없게 만드는 가장 효과적 무기, 생각을 차단하는 가장 유효한 수단이 되어버렸다. 전체주의는 다양한 생각을 차단하는 것으로부터 시작된다. 지난 세기의 독재자 전두환이 권좌에 올라 가장 먼저 감행했던 일이 언론통폐합이었단 사실을 우린 기억한다.

코로나 팬데믹 정국에서 드러나는 놀라운 현상은, 이 지적 모욕의 대상이 권력의 음모를 폭로하는 것을 업으로 삼아온 지식인들뿐 아니라, 과학자들까지 포함하고 있다는 대목이다. 코로나19 가 중국에서 시작되자 가장 먼저 미디어가 달려가 대안을 물었던 프랑스의 저명한 감염학자 디디에 하울 교수, 전 보건부 장관이자 현직 의사인 필립 두스트 블라지, 15년간 프랑스 보건부 감염병위원회 위원장을 지낸 크리스치앙 페론Christian Perronne 교수, 전 국립

의학연구소 연구소장인 유전학자 알렉상드라 앙리옹 코드, 2008
년 노벨의학상 수상자인 뤽 몽타니에 박사까지. 이들은 단지 코로
나19에 대해 정부와 다른 시각을 제시한다는 이유로 음모론자의
타이틀을 부여받았다. 그들의 발언은 유튜브에서 삭제되었고, 그
들은 더 이상 방송에 초대되지 않는다. 이들과 같은 의견을 가진
의사들, 과학자들은 방송에서 진행된 숱한 토론의 장에서, "음모
론자"라는 공격을 받았다. 정부 입장을 옹호하며 미디어에 등장
하는 이들은 반론을 펼치는 과학자들의 실증적 설명에 맞서 욕설
과 조롱을 퍼부었다.

프랑스 국립 의학연구소의 감염학자 로랑 투비아나_{Laurent}
_{Toubiana} 박사는 "코로나19는 기존에 존재해왔던 코로나 바이러스
를 통한 전염병의 하나다. 의사들은 당연히 과거에 등장했던 전염
병과 비교하며, 그 치료 방법을 찾아내고, 향후의 진행 경과를 예
측할 수 있다. 그러나, 지금은 과거의 바이러스성 전염병과 코로
나를 비교하는 것조차 금기시된다. 그 이유를 알 수 없다"고 토로
한다.

정부의 공식 입장을 반박하는 모든 과학적 추론, 정부의 대책
들이 사회에 가한 폭력에 대한 철학적, 사회학적 비판들이 '음모
론'이라는 말 속에 매장되면서, 사람들은 이 놀라운 지적 전복 속
에서 경악하고, 공포에 질식당한 영혼은 사고를 멈추며, 행동하길
멈추게 되었다.

<이것은 음모가 아니다>_{Ceci n'est pas un complot·2021} 라는 제목의 다

큐멘터리 영화를 만든 벨기에 영화감독 베르나르 크뤼첸Bernard Crutzen은 "팬데믹은 의학적 산물이 아니라 미디어의 산물"이라고 단언한다. 팬데믹이 있었다는 사실을 부정하진 않으나, 그것이 사회에서 불러일으킨 공포와 폐해는 의학적 파괴력이 아니라, 미디어 조작의 산물이라는 것이다. 그는 미디어가 증폭시켜온 코로나19의 공포를 포착하고, 코로나19에서의 언론의 역할을 다큐멘터리를 통해 폭로했다. 마크롱의 최측근으로, 언론 자문으로 지내온 프랑스 언론인 크리스토프 바르비에Christophe Barbier는 크뤼첸 감독의 단언을 입증해주는 증거물처럼 《전염병의 독재》Les tyrannies de l'épidémie라는 책을 2021년 1월 출간, 신랄한 내부고발을 감행한다.

"정부는 사람들의 발을 묶기 위해 완벽하게 불안을 조장했다. 그리고 그것은 마침내 먹혔다" "공포는 즉각적으로 형성되지 않았다. 그것은 정부에 의해 계속해서 자극되었고, 관리되었다. 공포야말로 권력자의 최고의 동맹이다. 정부는 결국 공포를 이용해 시민들의 복종을 얻었다." 무슨 이유에서인지, 마키아벨리의 옷을 벗어던지기로 결심한 대통령의 전직 미디어 자문은 저서에서 마침내 복종하게 된 대중의 모순을 폭로하기도 했다. "독재는 우리 안에 있었다. 독재는 우리 안에 있는 복종에의 욕망을 대신하여, 대통령 혹은 보건부 장관의 모습으로 나타나는 것이다".

방역 독재에 복종하는 다수의 사람들은, 정부의 판단에 이성적으로 동의하며 그런 선택을 한 것이 아니라, 자신들 속에 내재되어 있던 복종에의 욕망을 전체주의적 권력과 만나 충족시키고 있는 중이라는 지적이다. 케이방역의 성공에 자족해 있던 한국사회도 백신 접종이 시작될 때 그 효능과 부작용을 향해 의문이 제기되자, 질병관리청은 십자가를 내세우는 성직자처럼 "백신은 안전하다"는 한마디 "신성한" 문장을 내세우며 모든 의구심과 과학적 반론을 범죄화했다.

철학자 키케로는 "철학은 영혼의 진정한 의술"이라 말했다. 철학은 우리의 감정을 의심하도록 가르치기 때문이다. 의심하고, 질문하며, 회의하고, 상상하는 것은 모든 학문과 철학, 과학의 시작이다. 제약사의 상품에 불과한 의약품에 대해 맹목적 믿음을 강요하는 정부의 태도는 우리의 시대가 앓고 있는 병을 대변해준다.

의심을 금지하는 시대는 이성의 작동을 마비시키는 시대다. 거기에 순순히 침묵하는 지식인, 묵묵히 수용하는 시민들은 질식된 영혼을 방치한 대가를 치르게 된다. 손상된 이성이 사회에 남긴 상처는 불가역적이기에.

세계 보건기관들은
왜 제약회사의 하수인이 되었나

　현대를 살아가는 대다수의 사람들은 백신에 대한 의구심을 갖고 있지 않다. 한국에서 예방접종이 시작된 1957년 이후 지금까지 큰 사회적 문제를 야기한 적이 없고, 이번에 나온 코로나 백신이 1년도 안 돼 급히 나왔다 해도, 심각한 안전상의 문제가 있었다면 미국 식품의약국FDA이나, 유럽의약품기구EMA, 세계보건기구WHO 같은 기관이 판매를 허가할 리 없다고 보기 때문이다. 그것은 우리가 발 딛고 서 있는 이 세계에 대한 신뢰의 문제다. 세상을 지탱하는 가장 든든한 기관들이 모두 타락했다면, 이는 우리가 사는 세계의 기둥이 무너지는 일이다. 받아들이기 쉽지 않다. 일부 국가의 보건 당국이 부패할 순 있지만 전 세계 보건 당국이 다 같이 타락할 순 없는 일 아닌가? 그러니 백신의 안전성에 의문을 제기하지 않는 것은 다수가 택하는 상식에 속한다.

하지만, 그 두터운 신뢰의 장막 뒤에서 벌어지는 일들은 우리의 상식을 깨끗이 배반하고 있다. 그것이 상식을 따르는 다수의 시민들과 달리, 시끄럽게 이의를 제기하는 시민들이 존재하는 이유다.

세계 대부분의 나라가 그러하듯, 대한민국에도 식약처가 있고, 질병관리청이 있다. 그러나 팬데믹 여부를 결정하는 기구는 WHO다. 오로지 WHO만이 그것을 판단하고 공표할 수 있다. 그 판단이 틀렸다 해도, 그것을 지적하고, 바로잡을 그 어떤 권위를 가진 기구도 존재하지 않는다. 팬데믹에 맞설 새로운 백신의 안정성과 효과를 점검하고 허가를 내주는 기구는 미국의 FDA, 유럽의 EMA 정도다. WHO가 팬데믹을 선포하면, 각국 보건당국은 팬데믹을 위한 국제적 공조 시스템 속에서 작동하게 되고, FDA나 EMA가 취하는 치료약이나 백신에 대한 판단을 대부분의 국가들이 따른다.

2020년 3월 11일, WHO가 팬데믹을 선포하자, 치료제를 찾아볼 겨를도 없이 이 보건재앙에 대한 유일한 해법은 백신이라며, 코로나 백신 개발을 위해 자금을 모으러 나선 사람이 있었다. 빌 게이츠Bill Gates. 그는 자신도 돈을 낼 터이니 당신들도 돈 좀 풀라며, 문재인 전 대통령을 비롯한 G20국가 지도자들을 압박했다. 빌 게이츠 재단은 WHO에 미국 다음으로 가장 많은 돈을 내는 존재이고, 백신 제약사들의 연맹인 GAVI(국제백신연맹, 빌 게이츠 재단이 설립)는 랭킹 네 번째다. GAVI의 설립 주체가 게이츠 재단인 만큼, 빌 게이츠는 자신의 재단과 GAVI, 내셔널 필란트로픽 트러스트를 통해 3중으로 WHO에 재정을 지원하며 막강한 영향력을 행사하는 인물이다.

FDA 재정의 반을 책임지는 제약사들

WHO가 선포한 팬데믹에 대처할 백신의 쓸모를 판단하는 가장 영향력 있는 기구는 FDA다. 그 FDA 재정의 약 절반은 제약회사가 부담한다. 1906년 설립 당시엔 세금으로 운영되는 국가기관이었지만, 1992년 부시 대통령 시절부터, 제약회사가 의약품에 대한 승인을 요청할 때 그들 스스로가 심사 비용을 지불하는 것으로 제도가 변경되었다. 이것은 자본에 대한 과학의 종속이 제도화의 길로 들어선 서막이다. 이후, FDA 재정의 45퍼센트, 의약품 심사부서 재정의 65퍼센트가 제약회사로부터 지불되는 구조가 형성되면서 FDA의 윤리성엔 심각한 균열이 발생한다.

FDA에선 심사하는 자, 심사받는 자가 나란히 앉아 심사 방법과 비용을 논의하고 협상한다. FDA가 의약품의 효능을 확인하기 위해 요구하고 평가할 '성과지표'를 함께 논의하며, 제약회사들은 빠른 시간 내에 심사가 이뤄지도록 FDA 심사 과정의 프로세스 변경까지 제안하게 된다. 이 모든 것은 제약회사가 지불할 '비용'에 좌우된다.

　제약사가 심사비용을 지불하는 시스템이 작동하면서, 평균 29개월이었던 1987년 FDA의 의약품 승인 여부 판정 시간이 2014년에는 13개월, 2018년에는 10개월로 단축되었다고 코네티컷 대학 제약학과 교수 마이클 화이트는 지적한다. 이 과정에서 발생하는 위험 부담은 고스란히 시민들 몫이 되었고, 제약회사는 연구 개발보다 마케팅과 로비에 스무 배가량 더 많은 공과 재정을 투여하게 됐다. 신약의 허가를 약품의 과학적 효능과 안전성에 대한 보장으로 획득하기보다, 전직 FDA 전문위원을 데려다 코칭을 받고, 내부 인맥을 이용하는 편법이 인간의 생명을 다루는 의약품에 아무 제어장치 없이 작동하고 있는 것이다. 이러한 구조 속에서 과학적 진실이 설 자리가 존재할 수 있을까? 전 인류가 맞고 있는 코로나 백신도 그 예외가 아니다. 2022년 3월 크리스토퍼 콜Christopher Cole 이란 이름의 FDA의 한 간부Executive Officer of Countermesure Initiative는 한 독립언론의 기자 앞에서 코로나 백신과 관련된 이야기를 나누며 이러한 진실을 털어 놓는다. "코로나 백신은 정기적으로 맞는 게 될 거예요. … FDA 예산은 우리가 허가 내주는 제약회사로부터 들어오거든요. 그들이 백신을 주기적으로 놓을 수 있게 되면, 우린 지속적 수입원이 생기는 셈이죠."●

● 　http://www.youtube.com/watch?v=bSVeqDGdRJw

재정의 85.7퍼센트를 제약회사에 의존하는 EMA

FDA 다음으로 영향력을 갖는 국제적 의약품 인증 기구는 유럽연합의 EMA다. EMA는 유럽연합 내에서 사용되는 새 의약품들을 평가하고 조율하며 감독, 관리하는 역할을 수행하는 기구로 1995년에 설립되었다. 런던에 자리하고 있었으나 영국의 유럽연합 탈퇴 이후, 2019년부터 암스테르담으로 자리를 옮겼고 설립 당시 FDA를 모델로 삼았다. 그래서인지 두 기관의 역할과 구조는 비슷하다. 제약회사를 핵심 물주로 두고, 이해충돌을 제도화시켜 버린 자본친화적 설계까지.

창립 초기, 의약품의 시장 판매 허가ᴀᴍᴍ 권한은 유럽연합의 각 회원국들에게 속해 있었으나 2004년, EMA가 총괄하는 것으로 전환된다. 유럽집행위원회의 의약, 식품과 관련한 부분에 기술적 조언을 하는 EMA의 영향력은 핵심적이라 볼 수 있다. 놀라운 사실은 이 기구의 예산 3억 4600만 유로(약 4700억 원)의 85.7퍼센트가 제약업계가 지불하는 돈으로 충당된다는 점이다.

재정 분담률로만 본다면 EMA는 14퍼센트 남짓 유럽연합의 지원을 받을 뿐, 본질적으론 제약회사들을 위해 그들의 재정으로 굴러가는 민간 기구에 가깝다.

유럽연합 집행위원회 소속 기관으로서 업무의 투명성을 보장해야 하는 EMA는 보유한 모든 문서가 사실상 공개 문서이어야 하는 내부 규정에도 불구하고, 많은 문서 공개를 거부하고 있고, 그들이 공개한 문서들 가운데 핵심 내용은 검게 지워져 있기도 하다.

2021년 초, 유럽의회 의원들이 코로나 백신을 생산한 제약회사가 선택된 근거와 이 백신에 대해 지불한 금액에 관한 정보를 요구했을 때, EMA는 제약회사와의 기밀사항이라며 답변을 거부했던 것이 대표적 사례다. 또한, 미국의 FDA와 마찬가지로 EMA 또한 다국적 제약회사, 로비회사 등과 회전문식 인사 체계를 구축하고 있다. 그들의 내부 거래가 세계인의 건강에 중대한 위협이 될 수 있다는 면에서 이 점은 심각한 문제를 낳는다.

2011년 EMA 이사였던 토마스 론그렌Thomas Lönngren은 EMA를 떠난 직후 제약회사를 대상으로 하는 전문 로비업체 NDA에 고액의 연봉을 받으며 영입되었다. 2011년 EMA의 이사로 활약해왔던 이탈리아인 기도 라지Guido Rasi 또한, 2015년 EMA의 이사로 재선임되기 전, 제약회사들과의 심각한 이해충돌이 발견되어 사임해야 했다. EMA의 현 대표 에머 쿡Emer Cooke 역시 GSK, 로슈, 노바티스, 화이자 등의 제약업계 핵심 로비업체인 EFPIA에서 7년을 일했던 사람이다. 프랑스 일간지 Le Point의 보도(2019.5.20)에 따르면 그녀가 일했던 EFPIA가 유럽집행위원회를 향해 지불하는 로비 비용이 연 6백만 유로(약 80억 원)에 달한다. 제약회사들을 위해 로비하는 것을 업으로 삼아온 사람이 노골적으로 EMA의 수장 자리에 앉았다. 그의 임명을 가장 기뻐할 사람들이 누구일까.

이렇듯 신뢰성에 근본적 구멍이 뚫려있는 기관들이건만, FDA와 EMA가 코로나 백신에 대한 임시 판매 승인을 내리자 세계 각국은 앞다투어 백신을 주문했다. 세계에는 200여 개 나라가 있지만, 결국, 세 개 정도의 기구가 70억 세계시민의 보건 정책 결정의 키를 쥐고 있는 셈이다. 당신이 제약회사 사장이라면 어떻게 하겠는가? 그렇다. 이 세 군데에 로비를 열심히 할 것이다. 그런 일은 이미 오래전부터 벌어져 왔다.

폐기해야 할 약을 10억 유로어치 구입한 유럽집행위

2020년 6월, EMA가 길리어드사의 렘데시비르를 공식적인 코로나 치료약으로 허가하기로 결정했고, 이어 10월에는 10억 유로(약 1조 3600억 원)어치를 유럽집행위원회가 사들이기로 서명했을 때, 프랑스 의학저널 <프레스크리르Prescrire>는 다음과 같이 논평했다. "유럽집행위는 길리어드사와 터무니없는 계약을 체결했다. 계약 체결 당시, 길리어드사는 렘데시비르의 치료 효과가 전무하다고 밝힌 WHO 연구 결과에 대해 알고 있었다. 프랑스인의 건강은 보건 독재보다 소중하며, 프랑스인들은 투명하고 독립적인 공공 전문 지식, 민주적 의사 결정 과정, 현명하고 비강압적인 보건 정책을 가질 자격이 있다".

렘데시비르는 2015년 길리어드사가 에볼라 치료제로 출시했던 약이지만 당시에도 신장과 간에 대한 심각한 부작용이 발견되어 사용되지 못했다. 이 약이 갖는 부작용은 시정된 적 없고, 코로나에 대한 치료 효과도 입증되지 않았으나 매우 비싼 약(1인당 약 270만 원)이다. 유럽연합집행위가 이 터무니없는 계약에 서명한 이후, WHO는 코로나 환자에게 이 약을 사용하지 말 것을 공식 발표했다. 발표는 11월에 했지만, 이 결론을 이끈 연구 결과는 9월에 이미 나와 있는 상황임을 유럽집행위가 몰랐을 리 없다는 것이 상식 있는 과학자들의 견해다. 모든 과학적 데이터에 비추어 폐기해야 할 이 약을, 10억 유로 어치나 사주는 유럽연합집행위의 행위는 그 어떤 과학적, 이성적 근거로도 설명될 수 없다.

2021년 2월 10일, 프랑스의 유럽의회 의원 마농 오브리Manon Aubry는 현 유럽집행위원장 우르줄라 폰데어라이엔Ursula Von Der Leyen이 출석한 자리에서 백신회사들에 종속된 유럽집행위원회의 태도를 신랄하게 비판했다.

"유럽집행위원회는 제약회사들 앞에 완전히 굴복했습니다. 백신과 관련한 모든 전략에서 제약회사들은 유럽집행위를 대신해 그들 스스로 법을 만들었고, 백신 관련 계약과 협상에 관한 모든 단계는 완벽하게 불투명했습니다. 유럽의회의 요구에도 불구하고, 제약회사들과 진행된 그 어떤 협상 내용도 공개되지 않았습니다. 시민들의 압력으로 세 개의 계약서만이 공개되었죠. 바로 이것이 공개된 계약서입니다. 핵심 정보들은 검게 칠해져 있습니다. 심지어 책임 소재를 명시하는 조항마저 가려져 있죠. 백신에 대한 특허도 마찬가집니다. 백신은 수백억 유로에 달하는 공공 자금의 투입으로 나올 수 있었습니다. 그러나 특허는 제약회사들이 배타적으로 소유하죠. 화이자는 블록버스터를 터뜨린 기쁨으로 축배를 들고 있습니다. 유럽집행위의 무력함을 더 이상 잘 입증할 수는 없겠죠. 유럽위원회가 유럽 시민들에 대한 유례없는 자유의 제한을 강제할 능력은 있지만, 백신회사들에게 그들이 지켜야 할 규칙을 만들 능력은 없는 겁니까? 그 백신들은 명백히 시민들이 지불한 돈으로 생산되었습니다. 공공의 자금으로 생산된 그 제품에 대한 계약은 공개되어야 하며, 백신에 대한 특허 또한 마땅히 공공의 소유여야 합니다."

10년 만에 재현된 참사

신종플루라는 이름의 팬데믹을 둘러싼 소동이 지구촌을 훑고 지나간 직후인 2010년에도 비슷한 장면이 연출된 적 있다. 당시 유럽평의회와 프랑스 상원은 각각 제약회사들과 WHO 사이에 빚어진 이해충돌을 밝히기 위한 조사위원회를 꾸렸다. 제약회사들의 영향력으로 평범한 독감보다도 낮은 위험을 부풀려 가짜 팬데믹을 선포하고 회원국들로 하여금 백신을 과도하게 구입하도록 부추긴 WHO의 태도가 이 두 보고서를 통해 천하에 드러났다. (프랑스 상원 신종플루 조사위원회가 2010년 7월 29일 발표한 조사 보고서[*], 유럽평의회가 당시 조사결과 이후 채택한 결의안[**]) 당시 WHO는 팬데믹을 공식 선포하기 직전, 팬데믹의 정의를 바꾼다. "엄청난 규모의 사망자와 환자를 동반하여 세계적으로 나타나는 전염병"에서 "세계적으로 나타나는 전염병"으로. 즉, 심각한 증상의 환자나 사망자가 다수 동반되지 않아도, WHO가 판단하기에 팬데믹이면, 팬데믹이 되는 것이다. 당시 팬데믹에 대한 플랜을 기획하는 워킹그룹 소속 전문가들은 하나같이 제약회사와 계약 관계에 있던, 소위 로비스트들이었다. 제약회사와 유착된 관계 속에 있는 WHO 전문가 그룹들의 이해충돌의 수준은 이미 심각한 단계를 넘어선 지 오래였다. 그들을 향해 자성을 요구하는 목소리가 유럽 여러나라 의회에서 촉구되어 왔지만 아무것도 달라진 바 없이 10년의 시간이 흘렀다. 당시 유럽평의회의 보건위원회 위원장을 맡았던 독일의 감역학자 볼프강 보더그 Wolfgang Wodarg는 2020년 5월 21일 자신의 페이스북에서 2009년 자신이 언론과 나눈 인터뷰를 인용하며 이렇게 적었다.

> "여러분 신종플루H1N1 기억하십니까? 2009년에 있었던 가짜 팬데믹fake pandemic을?' 제약사들에 의해 의도적으로 과장되게 예측된 신종플루의 심각성은 전 세계적으로 확산된 공포를 통해 제약사들에게 수십억 달러를 벌어들이게 했다고 유럽의 대표적 보건 전문가 볼프강 보더그는 말했다. 유럽평의회 보건위원회 위원장인 그는 백신사들이 WHO가 팬데믹을 선포하도록 영향력을 행사했다고 고발했다."

• http://www.senat.fr/rap/r09-685-1/r09-685-11.pdf
•• https://assembly.coe.int/CommitteeDocs/2010/20100604_H1n1pandemic_E.pdf

4부 고발한다: 팬데믹 전체주의를 지나며
213

2020년 11월에 WHO는 백신 출시를 앞두고 돌연 '집단 면역'의 정의를 바꾼다. 불과 몇 달 전까지 집단 면역에 대해 "백신 혹은 감염된 후 생겨나는 면역을 통해 생긴다"고 적었던 WHO는 어느새 감염 후 생겨난다는 이야기를 쏙 뺀 채, 집단은 "백신을 통해 얻어진다"로 바꿔 쓰고 있다. 오직 백신을 통해서만 면역 상태에 이를 수 있다는, 백신회사들만이 목놓아 외치고 싶을 이 맹한 소리를 WHO가 하고 있는 이유는 뭘까?

자국민의 생명을 이미 1000명 넘게 앗아간 백신을 만들라고 세금을 털어 제약사들에 바친 건 대한민국도 마찬가지다. 대한민국 국회의원 중 우리가 투자하여 만든 백신에 대한 권리, 정부가 백신회사들과 맺은 계약서의 내용, 사람을 이토록 많이 죽이고 있는 백신의 성분, 터무니없이 부풀려진 효과, 역대 최고의 사망자를 발생시키는 백신의 안전성 문제에 대해 따졌던 의원이 있었던가? 정부가 지켜주고자 하는 백신회사들의 영업비밀은 자국민의 생명보다 더 소중한 것인가? 2020년과 2021년 사이, 인류에게 대참사는 분명 있었다. 그러나 범인은 바이러스가 아니라, 그것을 이용한 인간들 쪽에 있는 것으로 보인다.

백신회사들의 화려한 범죄 이력
: 전과 89범 화이자

2021년 방영 드라마 <빈센조>에는 마약성 진통제를 출시해, 사람들을 중독자로 만들고 개발과정에서 비윤리적 실험으로 가난한 사람들을 위해한 제약회사가 등장한다. 그 악덕 제약회사와 싸우는 사람은 본업이 마피아인 주인공 빈센조다. 드라마 작가는 "법 위에 군림하며 법 정신을 거스르는 '코리안 카르텔'에 대한 분노와 무기력함을 해소하기 위해 이 작품을 기획"했다고 기획의도를 소개한다. 이탈리아 마피아를 능가하는 악당인 제약회사와 그들과 협력하여 완전범죄를 구성해주는 경찰, 사법부, 정치권력, 언론… 이것은 그저 드라마적 설정일 뿐일까?

2021년 미국에선 무려 1500만 명의 시민이 소송인단으로 참여하는 초대형 소송이 진행됐다. 1990년부터 무려 20년간 50만 명을 사망에 이르게 하고, 헤아릴 수 없는 수의 사람들의 삶을 파탄에 이르게 한 마약성 진통제 오피오이드opioïdes에 대한 재판이 그것이다. 네 번째로 임시허가를 받아, 코로나 백신 시장에 뛰어든 존슨앤존슨(얀센백신)은 이 진통제 제조와 판매에 가장 큰 몫을 담당한 기업이다.

2021년 2월 말부터 국내에 코로나 백신 접종이 시작된 이후 한국 질병청에 등록된 통계에 따르면 2341명의 사망자(2022.8.4)와 1만 7097명의 중증환자가 백신 접종으로 인해 발생되었다고 신고되었다. 미국에선 2022년 7월 말까지 2만 9298명의 사망자가 신고되었으며,[*] 유럽연합의 의약품 부작용신고 사이트[**]에 따르면, 2022년 5월 19일까지 4만 2187명이 코로나 백신 부작용으로 사망했다고 신고되었다. 부작용 집계는 자발적 신고에만 의존함으로써 현실과 상당한 차이가 있다는 것이 많은 의사들의 주장이기도 하다. 프랑스의 독립과학위원회Conseil Scientifique Indépendent는 이 숫자가 현실의 5~10퍼센트 수준이라 하고, 미국의 백신 이상 작용 신고 사이트 VAERS에는 실제 부작용의 1퍼센트만 신고된다고 명시하고 있다.

이미 드러난 부작용만으로도 이번 코로나 백신들의 안전을 논한다는 것은 어려운 상황이다. 독일 호베트 코흐ROBERT KOCH 연구소의 보고서(2021년 12월 30일 발간)에 따르면 오미크론 감염자 중

---

[*] www.openvaers.com
[**] www.adrreports.eu

95.6퍼센트가 2차 접종 완료자이며, 28퍼센트는 3차 접종 완료자다.

안전도, 효능도 미지수지만, 현재 접종되고 있는 백신들이 공통으로 안고 있는 명백한 위험은, 어떤 부작용이 나타나도 백신회사들은 그 결과에 대한 책임에서 자유롭다는 계약조건과, 충분한 임상실험이 절대적으로 불가능했던 짧은 제조기간이다. 모든 백신이 "조건부 임시 승인"을 받은 상황에서 이 같은 계약은, 제약사가 안전성과 효과면에서 완성도를 기할 수 있는 조건을 당초부터 구성하지 못한다. 이런 상황에선 오직 제약업체가 가진 양심과 신뢰도에 백신의 품질이 달려있다고 해야 할 것이다. 그렇다면 제약회사로서 그들이 걸어온 길을 살펴보는 것은 인류의 안전과 직결되는 일이다.

가장 광범위하게 사용되고 있는 백신의 제조사 화이자를 먼저 들여다보자. 1849년 화학자인 독일 출신의 찰스 화이자가 과자점을 하던 사촌과 함께 뉴욕에서 회사를 차린 것으로 화이자의 역사는 시작된다. 그들이 처음 출시한 제품은 구충제의 효능을 가진 과자였다. 1990년대, 비아그라의 탄생으로 초대박 히트를 쳤던 이 회사는 2000년대 이후 수차례에 걸친 인수 합병을 통해 세계 최대 규모의 제약회사로 성장한다.

그 과정에서 현행법을 무수히 위반하면서 두둑한 전과기록을 쌓기도 했다. 미국의 기업감시 NGO가 공개한 바에 따르면, 화이자는 2000년 이후 지금까지 무려 89번이나 법을 위반해서 유죄판결을 받았고, 그동안 이들이 물어야 했던 벌금의 규모는 100억 달러(약 12조 원)가 넘는다.* 이들이 위반해온 법의 주요 항목은 승인되지 않은 의약품에 대한 허위 홍보, 약에 대한 허위 주장, 의약안전법 위반, 뇌물 공여, 환경법 위반 등 다양하다.

AZ백신을 만든 아스트라제네카는 1999년, 영국회사 아스트라와 스웨덴회사 제네카의 합병을 통해 만들어진 영국에 본사를 둔 제약회사다. 이들이 옥스퍼드 대학교와 함께 개발한 AZ백신은 유럽의 12개국에서 전면적(덴마크, 노르웨이, 스위스), 부분적으로 사용이 거부되면서, 이미 광범위하게 신용을 잃은 상태다. 비교적 짧은 역사 속에서도, 2006년 유럽위원회로부터 특허법을 남용한 혐의로 6000만 유로(약 8억 1600만 원)의 벌금 지불 명령을 받았고, 2010년에는 신경이완제 세로켈의 광범위한 무단 사용을 권장한 혐의로 미국법원으로부터 5억 2000만 달러(약 6741억 8000만 원)의 벌금을 판결받았다.

2010년, RNA 치료제 전문 기업으로 미국 케임브리지에서 문을 연 모더나는 그동안 아홉 건의 RNA 백신 개발을 시도했으나, 한 건도 성공하지 못했다. 코로나 백신은 그들이 세상에 출시한 첫 상품이다. 들여다볼 과거조차 없는 초짜 기업인 셈이다.

네 번째로 코로나 백신 임시허가를 받으며 코로나 백신 시장에 뛰어든 주자는 존슨앤존슨이다. 1886년 미국 뉴저지에서 출발한

*   https://violationtracker.goodjobsfirst.org/parent/pfizer

이 회사는 역사만큼이나 오랜 소송과 천문학적 숫자의 벌금과 배상금을 물어온 화려한 이력을 가지고 있다. 최근 것들만 살펴보아도, 조현병 치료제로 출시되었으나 남성에게 유방이 솟게 만들고, 노인에게선 뇌졸중을 일으키는 리스페달로 2019년 미국 법원에서 80억 달러(약 10조 3000억 원)의 배상 판결을 받았고, 2020년엔 석면이 함유된 여성용 크림을 판매하여 자궁암을 유발한 죄로 21억 달러(약 2조 7000억 원)의 배상을 판결받았다. 2019년에는 미국 오클라호마 주에서 마약이 함유된 진통제에 대한 허위 광고로 5억 7200만 달러(약 7420억 원)의 배상금과 4억 6500만 달러(약 6032억 원)의 벌금 지불을 판결받았으며, 2021년에도 같은 약으로 제소되어 또 다른 재판을 받았다. 무려 2000개의 재판이 50만 명을 죽음으로 이끈 이 마약성 진통제와 관련해 이뤄지고 있다.

이들이 천문학적 벌금과 보상금을 내야 하는 위법 행위를 계속해서 저지르는 것은, 위법을 통해 얻는 이득이 벌금으로 지출하는 비용을 압도하기 때문이라고 전문가들은 설명한다. 이들이 그 어떤 치명적인 약을 세상에 내다 팔아도 벌금, 배상금을 지불할 뿐, 회사 문을 닫거나 책임자가 감옥에 가는 일은 발생하지 않기 때문이다.

사법적 처벌의 수위가 엄격한 것으로 유명한 미국에서 제약업계가 누리는 놀라운 사법적 관용의 특권은 그들이 뿌리는 로비자금의 규모를 통해 설명된다. 2020년 집계된 전체 산업분야의 로비 규모에서 제약업계는 타의 추종을 불허하는 압도적 1위를 점했다. 로비 규모가 가장 크다는 것은 부패와 비리가 가장 많이 저질러지는 산업분야임을 뜻한다. 어지간한 국가의 힘을 능가할 만큼 성장해버린, 소위 '빅 파마Big Pharma'들의 권력과 금력은 그들이 어떤 짓을 저질러도 감옥에 가는 일은 없는 시스템을 구축해 놓았다.

코펜하겐 의과대학교 교수 피터 고체Peter Gotzsche 박사는 2013년 출간한 《살인적 의학과 조직 범죄 : 어떻게 빅 파마는 의학계를 부패시켰는가》Deadly Medicines and Organised Crime: How Big Pharma Has Corrupted Healthcare라는 책에서 "제약회사의 이권에 관련된 모든 사람들은 거의 매수되었다"고 주장한다. 즉 일부 개인의 일탈이 아닌 정계, 보건관료, 제약계, 의학, 과학저널 등이 모두 연계된, 시스템 전체가 부패한 상황이라는 것이다. 고체 박사의 이 책은 2014년 영국 의학협회에서 수여하는 의학 기초 부문 저작에서 1등상을 수상하면서 의학계가 공유하는 고질적 문제에 대한 인식이 널리 퍼지는 데 기여했다.

그는 같은 책에서 "FDA에서 어떤 일이 벌어지고 있는지 미국인들이 알게 된다면 아스피린 외에는 아무 약도 복용하지 않을 것"이라고 말한 FDA 전 연구원의 렌 럿워크의 말을 인용하며, 미국 FDA 역시 현재의 부패 양상에서 큰 역할을 하고 있음을 폭로한다. 내부고발자의 목소리가 아니더라도, 심각한 부작용을 일으키는 문제적 약들이 끊임없이 세상에 나오고, 그 약들이 수만 명의 사람을 죽일 때까지 판매가 지속되는 일이 반복되는 것은 FDA

가 제 역할을 성실히 해내고 있지 않음을 증명해준다. 물론 이는 미국만의 일은 아니다.

2012년 프랑스에서 초판이 나오고 2016년 개정판이 나온,《유익하거나, 무익하거나, 위험한 4000개의 약》Guide des 4000 médicaments utiles, inutiles ou dangereux이라는 책은, 시판 중인 약의 35퍼센트는 무용하며, 25퍼센트는 상당한 부작용이 있고, 5퍼센트는 당장 퇴출되어야 할 위험한 약이라고 경고한다. 이 가운데 35퍼센트만이 존재의 이유가 분명한 약임에도 불구하고, ANSM프랑스 의약국은 불필요하거나 위험한 약의 판매를 승인해주며 건강보험공단에서는 이 중 75퍼센트에 대해 보상을 해준다.

이로 인해 연간 약 100억~150억 유로(약 13조~15조 원)가 제약회사의 배만 채우며 낭비되고 있을 뿐 아니라, 연간 10만 건 이상의 심각한 질환과 3만 명의 사망자들이 이 카르텔 속에서 발생한다고 책은 경고한다. 이 책의 공저자, 베르나르 드브레와 필립 에방은 각각 하원의원과 네케르의학연구소 소장, 국립보건의학 연구소 위원을 지낸 권위 있는 의사들로, 이 모든 비극이 손대기 힘들만큼 커져버린 제약회사들의 영향력에서 비롯하고 있다고 지적한다.

마약성 진통제 재판에서 캘리포니아 소송인들의 변호를 맡은 변호인단은 존슨앤존슨이 2014년 한 해에만 오피오이드 판매를 통해 110억 달러의 수입을 거두었으므로, 그들이 2019년 재판에서 물어야 했던 10억 달러의 배상금과 벌금은 그들의 행위를 멈추게 할 수 없다고 말한다. 제약회사들의 유일한 관심사는 '이윤'이기 때문이다. 고체 박사는 여기에 더하여, 제약회사 대표들이 감옥에 가는 중형을 받아야 한다고 주장한다. 그들에게 배상금 벌금은 통상적으로 지불하는 비용에 불과하기 때문이다.

이런 자들에게 인간의 생명을 다루는 기업으로서의 양심을 묻는 일은 지나친 농담이다. 바로 이들이 전 세계인이 맞도록 끊임없이 정부로부터 종용받고 있는 백신을 만들었고, 세상의 모든 정부는 그 백신이 어떤 부작용을 가져와도 그들의 책임을 묻지 않겠다 약속했다. 제약사들에게 더 이상 행복한 조건은 있을 수 없다. 시민들은 적어도, 버젓이 존재하는 그들의 전과기록 정도는 파악하고, 이들이 코로나 백신이라 이름 붙인 약물을 몸속에 투입할지 말지를 판단할 수 있어야 할 것이다. 그들의 든든한 협력자인 각국 정부는 결코 이런 사실을 시민들에게 알려주며 백신을 맞으라 하진 않을 터이니.

팬데믹 속 <오징어게임>
: 누가 이 불행의 설계자인가

경쟁은 신성하다

<오징어게임>은 우리 사회가 절대적 가치를 부여하고 있는 성장의 도구 '경쟁'에 관한 이야기다. 이 드라마는 문재인 정부가 표상했고 이준석이 적절히 성공의 계단으로 이용한 한국식 '공정한 경쟁'의 허구를 해부한다.

이준석은 목동 월촌중학교 시절이 자신이 경험한 "가장 완벽하게 공정한 경쟁"이라고 설파했다. 공부 잘하는 자가 이기는 게임의 승자였던 그는 그 승리를 발판으로 과학고, 하버드 대학교로 나아갔다. 한국에 돌아와, 첫 직장에서 박근혜 키즈란 타이틀로 사회생활을 시작한 그는 자신의 출발점 월촌중에서의 "아름

다운 경쟁"의 추억을 사회에 도입하겠다는 메시지를 전하며 청년 세대를 사로잡는다. 마치 하버드 입성이란 상징자본 자체가 결승점인 듯, 출발점인 중학교에 영광을 바치며 스스로를 성공모델로 놓는 그의 모습은 한국식 공정(경쟁)의 슬픈 우화를 구성하는 한 장면이다.

세상은 온전히 경쟁으로만 굴러가며, 그 경쟁을 '공정한' 것으로 만드는 것이 정치의 역할이라 믿는 사회에선 99퍼센트의 부를 경쟁에서 승리한 1퍼센트가 갖고, 1퍼센트의 부를 99퍼센트가 나눠 갖는 모순에 대해 함구한다. 결과가 아무리 개떡 같아도 그게 공정한 경쟁의 결과라면 깨끗이 입 다무는 게 공정이다. 다만, 너희 패자들에게 던져진 1퍼센트만큼은 루저들끼리의 경쟁에 승리하는 자에게 '공정하게' 준다. 오케이? 드라마는 우리 사회가 봉착한 한국식 자본주의 가치의 진수, '공정한 경쟁'의 모순을 폭로한다.

같은 옷, 같은 식사, 같은 잠자리, 공정하게 주어지는 번호 선택의 기회, 과반이 원치 않으면 게임을 중단시킬 수도 있는 '민주적' 시스템, 게임을 사전에 유출하여 공정의 원칙을 위배한 자, 거기에 협력한 자 모두 제거될 만큼 철저한 '평등'의 룰로 게임은 굴러간다. 패자에겐 죽음이 기다리고 있음을 알고도 제 발로 다시 찾아든 사람들. 그들을 이 미친 게임으로 밀어넣은 것은 한 조각 희망도 찾을 수 없는 지옥이 된 세상이다. 이 게임의 가장 큰 아이러니는 이들에게 이 '공정'하고도 잔인한 게임판을 제공하고, 뒤에서 웃고 즐기는 자들이 바로 그 지옥의 설계자들이란 사실이다.

일상이 된 디스토피아

2008년엔 기괴하게 느껴져 퇴짜맞았던 시나리오가, 2021년 9월, 방영 2주 만에 넷플릭스가 있는 모든 나라에서 1위를 차지했다. 그사이 어떤 일이 있었을까?

감독은 2008년에 대본을 처음 썼다고 밝혔다. 그의 첫 장편영화 <마이 파더>2007가 기대 이하의 성적을 거두고 내려온 뒤였다. 빚을 졌고, 패자에게 냉정한 한국 자본주의의 속성상 감독으로서의 앞날도 불투명했다. 그는 서바이벌 게임을 다루는 영화와 만화를 보며, 자신도 이런 게임에 참여하면 어떨까 상상했다 고백한다. <오징어게임>의 상우처럼, 서울대를 나오고 최소한 동네 천재로 추앙받는 유년을 누렸을 그가, 빚에 짓눌리던 존재를 만화로 간신히 부스팅하면서 쓴 대본이 바로 <오징어게임>이다. 불닭볶음면 맛의 얼얼한 일상이 굽이굽이 무심하게 펼쳐지는 한국사회는 그래서 희로애락의 진미가 바글바글 끓는 훌륭한 서사의 재료이기도 하다.

2008년은 이명박이 대통령으로 취임한 해다. 그의 당선은 많은 이들에게 어두운 그림자를 예고했다. 이듬해엔 노무현 전 대통령이 바위에서 몸을 던졌고, 꺼이꺼이 울며 그를 보낸 김대중 전 대통령도 뒤를 따라갔다. IMF 구제금융 체제를 신속히 극복한 조국에 가슴 벅차던 기억 선연하건만, 그 무렵 우린 '헬조선'이란 말을 입에 달고 살기 시작했다.

대본이 쓰인 지 12년이 지난 2020년, 지구촌 구석구석은 바이러스 공포에 뒤덮혔다. 영화, 만화, 소설로 수차례 보아왔던 일이 현실 버전으로 전개되었다. 매일, 먼나라에선 많은 사람이 죽었다는 방송 보도가 숨 가쁘게 이어졌고, 사람들의 심장은 두려움으로 얼어붙기 시작했다. 온 세계가 바이러스로 전시 체제에 돌입했다. 민주주의, 인권 따위는 죽음의 공포 앞에 멈춰 섰다. 모든 사람이 마스크를 쓰고 다니고, 학교가 폐쇄되고, 도시가 봉쇄되었으며 일거수일투족이 감시되는 생활이 당연해졌다. 마스크 속에 서로의 존재를 가두며 인류는 그 어느 때보다 소외되었다. 접촉이 범죄가 되고 타인이 위협이 되는 사회에서 사람들은 기꺼이 서로의 감시자가 되었다. 그런 지옥 같은 현실에서 하나의 희망의 밧줄이 내려졌으니, 그것은 백신이었다. 급히 제조되어 임시허가를 달고 나온 백신의 위험을 지적하는 소리도 있었지만, 다수의 사람은 암울한 지옥을 견디느니 위험이 있더라도 백신이란 밧줄을 타고 탈출하길 원했다. 많은 이들이 1차, 2차를 통과했으나 고대했던 해방의 그날은 눈앞에 펼쳐지지 않았다. 대신 3차가 기다린다. 그리고 나면 4차, 5차 접종이 이어질 것이다. 단 한 사람이 남을 때까지 여섯 번의 살 떨리는 관문을 통과해야 했던 <오징어게임> 속의 그들처럼.

드라마가 판타지일지언정 드라마 촬영은 현실이다. 그러나 팬데믹 2년간의 방송 화면, 즉 드라마, 영화, 예능, 뉴스조차, 거기 등장하는 인물들에게서 마스크 착용의 원칙이 지켜진 적은 없다. <오

징어게임>은 절반 이상의 인물이 마스크를 쓴 모습으로 나오는 초유의 드라마다. 나머지 절반은 세상 끝으로 밀려나 목숨을 건 회생의 기회를 찾아 모여든 세상의 루저들이다. 두 부류에서 관객은 자신을 발견한다. 유니폼, 마스크로 정체성이 배제된, 도구로만 존재하는 사람들은 생물학적으로 살아 있지만, 자아가 제거된 존재다. 마스크 뒤에 갇힌 인간은 패자를 제거하는 역할을 기계처럼 수행하면서 생존을 구한다. 게임에 임하는 사람들은 제 얼굴을 드러내고 인간의 목소리, 표정을 갖고 살아가지만, 자본가들이 제시한 놀이에 경주마로 뛰어들어 최후의 승자가 되는 것 외에 다른 생존의 방법을 알지 못한다. '공정한 경쟁'을 집행하는 자, 그 경쟁에 뛰어든 자 거의 모두에게 동등하게 제시되는 건, 생물학적 혹은 사회적 죽음이다.

쌍문동 천재 VS. 쌍용차 해고노동자

공장 노동자였던 동네 형(기훈)과 서울대를 나온 동네 천재(상우)가 나란히 나락으로 떨어져 게임장에서 만났다. 기훈에게 상우는 어릴 적 함께 놀던 살가운 친구지만, 상우에게 기훈은 딛고 서야 할 하나의 경쟁자일 뿐. 잠시 연민이 발동하여 힘든 선택을 한 기훈을 불러세우지만, 경쟁에 단련된 상우의 관성은 연민을 행동으로 옮기지 못한다. 세상의 놀이 중 남자에게 유리한 게 훨씬 많다는 사실 또한 경쟁에 익숙한 자가 축적한 상식이다. 어떤 게임이 제시될지 모르니 여성이 있어도 나쁠 것 없다며 한 팀이 된 여성들을 내치지 않는 건, 져본 경험이 더 많지만, 여전히 사람의 온기를 지닌 기훈의 성정이다.

줄다리기 선두엔 팀원들이 가장 믿는 사람이 선다. 그 자리를 차지한 사람은 상우가 아니라 기훈이었다. 팀원들 간에 순식간에 이뤄진 암묵적 합의는 서울대 수석보다, 사람에 대한 신뢰를 매 순간 보여준 자를 택한다. 결국 노인의 지혜와 상우의 순발력, 알리의 지구력, 팀원 전체의 단합이 모여 그들은 이겼다. 노인의 경험이 전체를 설득할 수 있었던 계기 또한 기훈이 보여준 인간에 대한 믿음에서 나왔으니, 그의 역할은 서로의 장점이 융합할 수 있게 한 것이기도 하다. 절대적 힘의 약세를 극복하게 해준 열쇠는 협업하고 연대할 수 있는 인간의 능력이었다.

마지막은 목적을 향해 한치의 오차 없이 나아가는 냉철한 수재와 끝까지 인간을 버리지 않은 기훈의 대결이다. 주인공 기훈이 살아남는 것은 예측가능한 일이었지만, 드라마는 그 과정을 생과 사의 좁은 통로에 놓인 사람들 사이에서 작동한 고도의 연금술이 빚은 결과임을 설득해낸다.

가진 게 없는 중년의 루저가 아직 버리지 않고 있는 '그것'은 매 순간 멤버 간의 긴장을 어루만지며 잠시나마 그들을 '인간'으로 존재하게 해준다. 차가운 도시락을 덥히는 교실 안 난로처럼. 그는 도시락을 제공하진 못하지만, 난로가 되어 그 주변에 둘러앉은 사람들을 훈훈하게 녹이는 힘을 가졌다. 극한 상황에서 가장 큰 힘을 발휘하는 인간의 미덕은 결국 무엇인지 묻게 된다. 경쟁에 최적화된 차가운 인간의 두뇌인가? 양아치의 단단한 주먹과 비상한 잔머리? 아니면 사람에게 남은 한가닥 인간성을 움직이는 온기인가?

스펙터클의 사회

프랑스 철학자이자 마르크스주의 이론가 기 드보르Guy Debord는 1963년 출간한 자신의 저서에서 "스펙터클의 사회에선 자아와 세계의 경계, 진실과 거짓의 경계가 소멸된다. 가상의 조직이 믿게 하는 허위의 이미지는 개별적 인간에 의해 경험된 모든 진리를 억압하며, 스펙터클에 지배된 사람들은 그 이미지에 휩쓸린다"는 사실을 설파했다.

바이러스가 퍼진 우한 거리에서 쓰러지던 사람들, 공동화된 도시, 폐쇄된 도시로부터 목숨 건 탈출을 시도하는 사람들의 모습은 코로나 공포를 상징하는 이미지다. 그 후 2년의 시간이 흐르는 동안, 우린 코로나에 걸려 길에서 갑자기 쓰러지는 사람을 본 일이 없고, 사망자 대부분은 기저질환을 가진 80대 이상임이 드러나도, 공포는 여전히 다중을 지배한다. 미디어가 그것을 쉼 없이 전파하기 때문이며, 미디어를 지배하는 자본과 권력이 그것을 원하기 때문이다. 주류 언론과 방송이 다른 이야기를 일제히 내놓지 않는

한, 현실에서의 어떤 경험도, 다중의 생각을 바꿀 수 없다. 그것이 스펙터클Spectacle 사회, 모든 걸 굉장한 볼거리로만 치환하는 사회의 원칙이다.

팬데믹의 혼란에 여전히 장악된 세상에서, <오징어게임>은 전 세계 많은 대중을 사로잡았을 뿐 아니라 세상 주류 언론들의 각별한 관심과 주목을 받았다. 마치 이걸 보지 않은 사람은 세상의 흐름에 끼어들 수 없을 것처럼 공들여 선동하는 서구 언론의 모습은 '자랑스러운 대한민국'을 말할 또 하나의 이유를 찾은 국내 언론의 태도와는 사뭇 다른 차원이다. 주류 언론들이 한 입으로 열심히 뭔가를 합창하고 있을 때, 우연이란 있을 수 없다. 그것은 권력과 자본이 원하는, 최소한 허락하는 메시지란 의미다. 디스토피아를 그린 모든 소설과 영화는 인류를 향해 위험을 경고하는 동시에 익숙해지게 만드는 효과를 지닌다. <오징어게임>이 전 세계에 주류 미디어를 통해 소위 "띄워"지고 있는 현상을 보지 않을 수 없었다. 그들은 지금 무엇을 위해 이 한 편의 드라마를 이토록 띄우고 있었던 걸까.

게임과 지옥의 설계자들

드라마에서 가장 대범했던 장면은 VIP들의 민낯을 드러내는 대목이다. 외딴 섬에서 벌어지는 부자들의 범죄적 유희는 VIP들과 함께 소아성애를 즐기던 억만장자 금융인 제프리 엡스타인의 섬을 연상케 한다. 마스크를 쓰고 유희를 즐기러 등장하는 남자들, 그들이 널부러져 게임을 관전하는 방의 장식들과 기괴한 마스크들은 웹상에 돌아다니는 금융 재벌 로스차일드가의 파티 장면의 이미지와 유사하며, 스탠리 큐브릭의 마지막 영화 <아이즈 와이드 셧>Eyes Wide Shut·1999의 가면 파티 장면과도 겹친다. 그것은 남들이 보아선 안 되는 철저히 가려진 장막 속 세계다. 게임의 설계자들이 그 게임의 말이 된 자들 등 뒤에서 낄낄대며 즐기는 금기의 세계. 드라마는 직설적으로 그들이 쳐놓은 두꺼운 커튼을 들춰 카메라를 들이댄다.

천박한 돼지로 묘사된 VIP 중 하나의 알몸이 드러났을 땐, 목구멍에서 "헉" 소리가 튀어나왔다. 부르주아 남성의 몸을 즉물적으로 조롱하는 장면을 우린 스크린에서 좀처럼 볼 수 없다. 그것은 가상의 세계에서조차 존중되는 지배계급, 그중에서도 수컷이 누리는 특권이다. 감독은 잠입한 경찰의 손을 빌어 권력과 부를 가진 남자의 추한 몸을 전시하고, 머리에 총알을 관통시키며 "당신들이 겪고 있는 당연하지 않은 불행의 설계자"를 지목한다.

유일한 승자로 남은 기훈이 보낸 1년은 '그들이 만들어놓은 게임에서 승자가 되는 것으로, 혹은 그 게임을 더 공정하게 만드는 것으로 달라질 세상은 없다'는 사실을 웅변한다. 머리를 붉게 물들인 기훈이 결심한 듯 향하는 길이 어디로 닿는지는 아마도 2부에서 볼 수 있을 터. 그때까지 모두 무사히.

뿌리 뽑힌 사회

　드라마 <응답하라 1988>의 마지막 회에는 카메라가 폐허가 된 동네의 난자된 속살을 비추며 휴먼 명랑 버전 드라마를 고발 다큐로 바꾸는 순간이 등장한다. 함께 드라마를 보던 아이의 동공이 흔들리는가 싶더니, 양볼에 두 줄기 눈물이 후룩 흘러내렸다. 붉은 글씨로 벽에 갈겨진 "철거"라는 단어는 이 갑작스런 상황을 설명해주는 명확한 단서였다.

　재개발과 무관하게 살아갈 수 있는 성년의 한국인은 그리 많지 않다. 우린 이해한다. 저 명백한 폐허의 장면이 집주인이었다가 재개발로 동네를 떠난 사람에게는 비극으로 기록되지 않는다는 것을. 아이가 너무 절망하지 않도록, 현실을 설명해주는 말을 곁들이려 했지만 아이는 아무 말도 말라며, 내 '현실적' 부연 설명을 거부했다. 아이는 바닥에 철퍼덕 앉아 통곡을 했다. 처절하게 버려진 동네의 모습을 따라가던 카메라가 동네 친구들의 아지트였던 택이방 문을 열자, 그 옛날 그 동무들이 그대로 방안에 앉아 있다. 그 대목에서 아이는 오열한다. "저걸 다 파괴한 거잖아. 이제 다시는 저 장면을 가질 수 없는 거잖아~!"

오래 갖고 있던 질문의 답이 그때 탁 튀어나왔다. "뿌리 뽑힌 사람들". 아이 아빠와 한국에서 살던 3년, 그는 늘 "이곳 사람들은 뿌리 뽑힌 사람들 같다"고 말하곤 했다. 그건 예술가의 직관이 포착한 한국사회의 단면이었으나, 그 자신도 왜 이런 느낌을 한국사회가 주는지를 계속 찾고 있었다. 그가 찾아낸 첫 번째 답은 문화적 단절이었다. 일제에 의한 억압적 단절, 이후, 미군정 및 미국의 경제적, 정치적, 문화적 지배하에 살아온 오늘까지의 시간에 의한 자발적 단절. 그러나 그것만으론 설명이 부족했다. 문화적으로 미국의 지배를 당하며 제 고유의 문화를 빼앗긴 나라는 한국뿐이 아닌지라.

당시, 우리가 살던 집은 서울 근교의 2층짜리 단독주택이었다. 집 바로 옆에는 철거가 예정된 빈 아파트가 있었다. 사람들이 모두 떠나고 없는 그 빈 건물에 아이 아빠가 어느 날 들어가 봤다가 경악해 돌아왔다. 벽에는 가족사진과 한자가 적힌 액자 등이 그대로 걸려 있었고, 그는 아이들 일기며, 성경이며, 가구들이 집과 함께 버려져 있는 광경을 목격했다고 했다. 그의 손엔 빈집에서 들고 온, 사람들이 버리고 간 물건들 몇 개가 들려 있었다. 자신들이 살던 집뿐 아니라, 가족이 함께 해온 삶의 소중한 흔적들까지 버리고 어디론가 떠나버린 사람들을 보면서 그는 충격을 받았다. 뿌리 뽑힌, 뿌리가 파헤쳐진 한국인에 대한 이미지가 그에게 자리 잡히는 데, 철거 직전 아파트의 광경이 큰 역할을 했을 것이다.

어떤 다정한 골목도, 옛집도 온전히 남아있을 수 없도록, 재개발과 부동산이라는 아무도 막을 수 없는 막강한 이데올로기에 온 나라가 올인한 결과였다. 선거에서 재개발, 뉴타운 공약 하나면 승리는 따논 당상이었고, 그 약속의 실현을 보장하려면 집권세력과 가까움을 입증하는 것이 최선이었다. 세상의 모든 다정한 골목들은 호시탐탐 재개발로 인생역전 찬스를 기다리는 사람들에게 자리를 내줄 수밖에 없었다. 철거되어 쫓겨나거나, 투자 수익을 얻거나, 토건의 힘이 온 나라 공동체의 삶을 위협했다. 미끈한 다리를 위해 목소리를 바친 인어공주처럼, 사람들은 아파트를 갖기 위해 정겹던 마을을 갖다 바쳤다. 그렇게 사람들은 하나 둘 자발적으로 뿌리 없는 삶으로 내달렸다.

아이의 오열하는 모습이 내게 "뿌리 뽑힌 사람들"에 대한 해답을 비로소 접근하게 해주자 나는 몇 년 전 읽었던 이 책을 다시 열었다. 그리고 바로 이 문장이 눈에 들어왔다.

"유기체의 생존을 좌우하는 것은 결국 뿌리다. 격심한 기후변화를 이겨 내고 새 가지를 만들어 내는 곳도 뿌리다. 오늘날까지 그 나무를 생존시킨 수천 년의 경험이 저장된 곳도 뿌리다." 독일의 '숲 해설가' 페터 볼레벤Peter Wohlleben이 쓴 《나무 수업》Das geheime

Leben der Baume · 2015의 한 구절이다(나무가 전해주는 지혜를 담은 이 책은 독일과 프랑스에서 지난 3~4년간 놀라운 붐과 사회적 자각을 일으킨 바 있으며 우리말로도 번역되어 나왔다).

뿌리 뽑힌 사회는 작은 바람에도 크게 흔들린다

팬데믹 초기, 코로나 바이러스 확진자가 한국과 프랑스 양국에 각각 세 명씩 발생했을 때, 한국과 프랑스를 동시에 살아가는 나에게 놀라운 모습이 펼쳐졌다. 두 나라 뉴스를 나란히 앉아서 보는데, 양쪽 사회의 반응이 판이했기 때문이다. 당시엔 전 세계에 확진자가 나온 나라가 10개국이 채 되지 않았고, 유럽에선 프랑스가 유일했다. 양쪽 언론들은 비슷하게 선동적 어조로 코로나 바이러스로 공포 장사를 해보겠다는 의도를 숨기지 않았다. 그러나 댓글의 동향은 판이했다. 프랑스 언론에 달린 댓글들이 "애들 왜 이래, 6800만 중에 세 명 감염됐는데, 어쩌라고. 독감으로 어차피 해마다 수천 명 죽어" "더 위험한 건 땅에다 뿌리는 살충제야. 여론 무시하고 연금개혁하는 마크롱이야. 물타기 하지 마" 90퍼센트의 여론은 신문 기사를 조롱하고 있었다.

한국 언론에 달린 댓글의 양상은 판이했다. 언론이 공포라는 무기를 휘두르는 대로 한국의 독자들은 이리저리 휘둘리며, 패닉의 상황으로 급격히 빠져들었다. 지인들은 이미 마스크 사재기에 나섰다며, 페이스북에 소식을 전했다. 물론 한국은 중국과 가깝고 훨씬 많은 인적 교류가 있기에 중국발 위험에 더 크게 반응하는 것은 당연하다. 그러나, 공포 마케팅에 나서는 언론의 의도를 간파하려는 시민의식은 어디에도 보이지 않았다. 코로나 관련 모든 소식에 온 나라가 순식간에 휘말리는 모습이 적나라하게 드러났다.

이곳 언론도 당연히 선동을 시도한다. '공포'는 가장 쉽게 팔리는 언론의 키워드다. 파리에 테러가 났을 때 특파원을 급파할 수 있는 것은, 그만큼의 클릭 장사를 할 수 있다는 확신이 있기 때문이다. 그러나 코로나로 민심이 마침내 술렁거리는 데는 시간이 한참 소요되었다. 테러 직후에도 테라스에 앉아 공포에 질식되지 않을 것임을 과시했던 이곳 사람들은 이렇게 말했다. "일어날 일은 어떻게든 일어날 거다. 그러나 테라스에 앉아 죽더라도, 여기 앉아 한잔 마시는 걸 멈추진 않겠다. 어디 숨어 있는지 모르는 테러리스트들이 어디에서 총부리를 겨누며 나타날지 모르지만, 그렇다고 삶을 멈출 순 없다." 정부를 믿어서가 아니라, 경험치를, 이웃을, 사회가 축적해온 상식을, 역사 속에 축적된 사회적 균형감각을, 삶의 의미를 믿기 때문이다.

왜 이렇게 다른가?

뿌리 뽑혀서다. 튼튼히 뿌리 내린 식물은 자신을 성장시킨 세월 속의 지혜를 뿌리에 저장한다. 숲에 군락지어 사는 나무들은 공동체끼리 공생의 지혜를 함께 나누고, 상부상조하면서 산다. 아마도 '응팔'이라는 드라마가 남긴 메시지는, 애환 속에 부침하는 가운데도, 서로의 어깨가 되어 살아간 그 골목의 훈훈함, 공동체의 위대한 힘에 대한 소환이었을 것이다.

우린 자의로 타의로 그 뿌리를 제거당하며 살아왔다. 의지할 데가 별로 없다. 그것이 유난히 극성스러운 종교의 창궐을 낳았다. 종교가 한국사회에서 가장 잘 나가는 장사의 형태이다 보니, 정치가 바로 그 종교의 형식을 흉내 낸다. 토론과 판단, 비판과 지지의 영역이 아니라, 믿고 따르며 순종하는 것을 지지자의 미덕으로 만들어버렸다. 신과 순교자, 후계자, 사제, 바람잡이, 선무당… 정치인을 향해 소위 '빠질'을 하는 사람들의 집단 안엔 이 모든 것이 갖춰져 있다. 믿고 따르는 정치인은 따라서 실무형이 아니라 거룩하고 우아한 이미지의 인간형이어야 한다. 종교의 정치화, 정치의 종교화 현상의 기저엔, 뿌리 뽑히고 허공에 떠 있는 불안한 사람들이 있다.

한국은 매우 안정적인 보건 체계로 코로나19에 맞선 나라로 꼽힌다. 그러나 코로나19가 뒤흔들어 놓은 사회적 소요와 공포를 측정할 수 있다면, 단연 세계 최고치일 것 같다. 안정적인 공중 보건 체계와 신종플루, 사스, 메르스 등을 두루 거치며 이미 상당한 면역을 갖춘 대한민국 국민들의 신체적 면역력은 높지만, 공포에 저항하는 사회적 면역은 최저치다. 강박적인 고속 성장에 몰입하면서, 차 떼고 포 떼고, 더 빨리, 더 높이 달릴 수 있는 방법을 향해서만 스스로를 최적화시켜온 결과다. 뿌리 같은 걸 지니고 살아봐야 거추장스러울 뿐. 우린 그것을 싹둑 자르는 일에 경쟁적으로 나섰다. 그러자, 언론이 공포를 주문하면 공포에 떨고, 환희를 주문하면 환희에 몸을 떠는 사람들이 되었다. 언론을 조롱하고, 권력을 호령하며, 자본의 천박한 지랄을 비웃을 줄 모르게 되었다. 찍어 누르면 누르는 대로 찌그러지는 사람들이 되었다. 자발적 복종을 가장 잘 실천하는 사람들이 되어갔다. 바이러스로 인한 환란이 3년 차에 접어들며 많은 사람들이 이제 냉정해지기 시작했다. 거짓 선동이 현실을 가려왔다는 사실을 깨닫기 시작했다. 또다시 그들이 누를 공포를 주문하는 버튼에 그들의 원하는 대로 작동하지 않으려면, 거울이 필요하다. 그들의 주문에 반응하던 우리는 어떤 모습이었는지 들여다보아야 한다. 그게 우리가 치른 대가로 성장할 수 있는 유일한 방법이다.

"진실을 가리는 의료는
환자를 살릴 수 없다"

코로나가 점령한 세상에서 인류가 살아온 지 여러 해가 지났다.

누구도 한 해가 넘도록 얼굴도 확인할 길 없는 미지의 점령군에 인류가 지배당해 살게 될지 몰랐을 것이다. 그러나 우린 여전히 코로나라는 공포와 함께 살고 있으며, 이 악몽이 언제 끝날지 예측할 수조차 없다. WHO는 2020년 마지막 정례 브리핑에서 "코로나의 현재 치명률은 다른 신종 질병들에 비해 상당히 낮다"고 말하기도 했지만, 세상은 약속이나 한 듯, 백신으로 가는 마차를 정신없이 몰아가고 있다. 백신은 인류가 빠진 이 수렁으로부터 모두를 구할까? 《코로나 미스터리》2020의 저자 김상수는 아니라고 말한다. 세상엔 생각보다 많은 의사, 과학자, 시민들이 그와 같은 판단을 하고 있다. 이들은 정부의 지침을 따르기보다 진실을 드러내는 싸움을 통해 이 위기를 극복할 해법을 찾는 사람들이다. 이 책은 그 싸움의 포문을 열고 있는 셈이다.

코로나는 오래전부터 인류와 공생해온 바이러스

2020년 2월, 나는 주치의를 만나러 갔다. 우한에서 시작된 코로나 바이러스가 한국에 크게 번진 시기였기에, 그는 한국에 있는 내 가족의 안부를 물었다. "대구라는 도시에 환자가 폭발적으로 증가하고 있다"고 근심 어린 표정으로 내가 답하자, 그는 "일반인들은 처음 듣는 바이러스니까 걱정하는 건 당연하죠. 하지만 코로나는 의사들에겐 익숙한 바이러스예요"라고 말했다. 《코로나 미스터리》를 읽으면서 까맣게 잊고 있던 그때의 말이 떠올랐다. 재난영화에서처럼 정체불명의 전염병이 지구상에 퍼지고 있다고 떠들던 미디어의 호들갑 속에서, 난 그날 들었던 "의사들에겐 익숙한 바이러스"란 얘기를 까맣게 잊고 있었다.

"코로나 바이러스는 감기를 일으키는 바이러스 중 리노바이러스 다음으로 많이 검출되는 바이러스다. (…) 주변에 감기 환자가 있다면 열 명 중 둘은 이 코로나 바이러스에 걸린 환자라고 할 만큼 아주 흔한 바이러스다". 《코로나 미스터리》가 독자에게 처음으로 던지는 강력한 돌직구는 바로 이것이다. 처음부터 코로나가 흔한 감기 바이러스의 하나인 걸 사람들이 알았다면 이번에 등장한

변종이 제아무리 유난스러운 놈이라 해도 온 인류가 이 전대미문의 통제를 받아들였을까?

이 책을 읽은 직후, 난 또 다른 과학자의 같은 증언을 접한다. "코로나 바이러스는 인류가 출현했을 때부터 인류와 공생해왔던 바이러스입니다. 이 바이러스는 새롭게 발견된 바이러스가 아니고, 코로나19도 새로운 질병이 아니죠."* 그렇다면 왜 미디어는 이것이 정체불명의 바이러스인 듯 우리에게 소개했던 것일까?

호흡기 질환을 전문으로 치료하는 한의사인 동시에 열정적 연구자인 그의 눈엔 이 거대한 거짓말로 시작된 전 세계적 소란이 납득되지 않았고, 그의 머릿속엔 질문들이 쌓여갔다.

'코로나 바이러스가 정말 위험한 바이러스가 맞나?'

'면역력이 약한 아이들은 왜 이 병에 안 걸리는가?'

'지하철이나 해수욕장, 관공서에선 왜 확진자가 한 명도 발생하지 않는가'

'의사들은 치료제가 없다면서도 치료에 전념한다는데, 어떤 약으로 무엇을 치료하는가?'

'무증상 감염자는 정말 병에 걸린 환자가 맞는가?'

'아이들이 학교에 가는 것보다 집에 있는 것이 더 안전한가?'

'1년 내내 온 국민이 마스크를 쓰고 다니는데 정말 효과가 있

---

* 슈샤리트 박디Sucharit Bhakdi. 태국 출신으로 독일에서 활동하는 미생물학자, 감염학자다. 생물학자인 아내 카리나 라이스Karina Reiss와 함께 2020년 6월 《코로나 팬데믹》 Corona, False Alarm을 독일어로 출간했다. 현재 8개 국어로 번역, 출간된 세계적 베스트셀러다.

나? 오히려 해로운 건 아닌가?'

'백신 개발이 한창인데 백신은 정말 효과가 있을까, 부작용은 걱정하지 않아도 되는가?'

어느 누가 한 번쯤 이런 질문을 품지 않았을까? 그러나 대부분의 사람은 질병관리청 이외의 답을 찾을 수 없었고, 지탱해야 하는 고단한 삶 앞에서 다른 답을 찾아 헤맬 여유도 없다. 케이방역이라는 정부의 답에 의지하여 이 시기를 버텨내는 것 외의 해법은 없어 보였다. 하지만, 호흡기 질환을 전문으로 다루는 한의사인 저자는 답을 찾고자 했다. 의학논문들을 뒤져가며 날밤을 새운 그는 이 질문들에 대한 답을 찾았고, 그것을 세상에 알리려 했다. 하지만, 어떤 언론도 그에게 지면을 허락하지 않았다. 궁여지책으로 유튜브를 통해 말해왔고, 그로 인해 관련 기관에 불려가 "왜 남들이 하지 않는 말을 하느냐"는 추궁에 시달리기도 했다. 책은 외롭게 진실을 알리기 위해 싸워온 그가 택한 최후의 도구인 셈이다.

책장을 넘기며 만감이 교차했다. 지난 시간 동안 들어왔던, 진실을 위해 싸우던 프랑스 의사들과 같은 주장들이 책 속엔 담겨있었다. 동시에 그가 차마 책에 담지 못하고 추려내야 했을 더 많은 진실들이 행간으로 보이기도 했다. 한편으론 오해를 풀 수도 있었다. 왜 대한민국에선 질병관리청 혹은 그에 동조하는 말만이 미디어에서 유통되는 유일한 의견이며, 다른 목소리는 없는지에 대한 답을 알 수 있었기 때문이다. 우리나라 의사들도 여러 가지 고민을 하고, 판단을 하고 있지만 그 생각이 표현될 통로가 철저히 봉쇄되어 있던 것이다.

프랑스에서 코로나 팬데믹은 초반부터 논쟁과 함께 시작하여, 여전히 치열한 논쟁 중에 있다. 정부가 발표한 방역지침에 의사들은 매번 문제를 제기했다. 국민에게 단단한 신뢰를 심어준 한국의 질병관리청과 달리, 프랑스 보건당국의 방역은 온통 구멍투성이었던 것이 그 단초를 제공했다. 시작은 치료약에 관한 것이었고, 이동통제령, PCR 테스트의 신뢰성, 사망자 통계, 마스크, 그리고 백신에 관해 많은 의사들이 논쟁에 뛰어들었고, 혈전을 벌였다. 전선은 분명했다. 대형 제약회사들과 이해충돌 관계에 있는 의사들과 투명한 의사들, 자본과 의학적 진실의 싸움이었다.

2020년 프랑스 상반기 최고의 베스트셀러였던 《그들이 저지르지 않은 실수는 무엇인가》Y a-t-il une erreur qu'ils n'ont pas commise?의 저자 크리스치앙 페론 박사는 "진정한 팬데믹은 의료계에 뿌리 깊게 박힌 제약회사와의 부정의 관행"이라 말하기도 했다. 2020년 한 해 동안 프랑스에선 코로나의 진실을 파헤치는 네 편의 다큐멘터리 영화*가 나왔고, 수십 권의 책이 나왔다. 의사, 과학자뿐 아니라 법학자, 언론인, 인류학자 등 다양한 영역의 저자들이 각자의 관점으로 바라본 팬데믹의 진실을 다뤘다. 정부의 모순된 보건행정이 가려진 진실찾기에 대한 욕망을 충동질했던 셈이다.

한국에서 코로나19에 대한 진실 찾기의 발동이 더디게 걸린 것

---

* <2020: La Rupture>, <Magnigance>, <Hold-up>, <Mal traité>

은 케이방역이 이중의 방패노릇을 해왔기 때문이 아닐까 추정해 본다. 한국은 코로나로 적은 피해를 입은 국가에 속하며, 그것은 케이방역이 이룬 성과다. 케이방역에 대한 자긍심이 넘쳐나는 한국에서 코로나는 역설적으로 두 가지 공포로 존재해왔다. 질병에 대한 공포와 사회적 낙인의 공포가 그것이다. 확진자로 판정받는 순간 감당해야 할 사회적 낙인은 질병에 대한 공포를 능가할 만큼 큰 것이었다. 공포의 대상이자 동시에 금지의 대상인 케이방역은 이를 진두지휘한 질병관리청과 함께 국민들로부터 압도적 신뢰를 얻었고, 이에 의구심을 품는다는 건, 역적이 될 것을 각오해야 하는 일이 됐다. 케이방역 신화는 코로나19에 대한 의구심을 차단하는 방패로 작용한 것이다.

2020년 9월 16일, 신종감염병 중앙임상위원회 위원장 오명돈 교수가 진행하려던 기자회견이 취소된 것도 같은 맥락으로 보인다. 그는 코로나19의 과장된 치명률, 그것이 조장한 과장된 공포를 깨고 지속가능한 방역으로 가야 할 때를 설득하고자 했으나, 주변의 우려와 압력으로 기자회견을 취소했다.[*] 진실이 케이방역을 거역하는 공포 앞에서 물러서는 모습이었다. 그러나 한의사 김상수는 모든 장애와 압력을 뛰어넘고 말했다.

* 지속 가능한 방역에 대한 어느 의사의 질문 - 시사IN (sisain.co.kr)

"우린 모두 무증상 감염자로 태어났다"

"이번 코로나19 사태를 단적으로 표현할 수 있는 상징적인 단어 하나를 고르라면 나는 주저 없이 '무증상 감염자'를 꼽을 것이다" (…) 우린 모두 무증상 감염자로 태어났다. (…) 우리 몸속에는 이미 39조 개의 세균과 380조 개의 바이러스가 존재한다."

바이러스가 몸속에 있는 것은 지극히 자연스러운 일이며, 그것이 몸에서 이상을 일으키지 않는 한, 바이러스가 있다는 그 자체로 질환을 말할 수 없다는 사실은 하늘은 파랗고 태양은 눈부시다는 사실만큼 자명해 보인다. 코로나를 인류가 몰랐던 낯선 바이러스로 둔갑시킨 데 이어, 코로나가 몸에서 검출된 사람을 지칭하는 '무증상 감염자'라는 어휘가 등장했고, 그 단어는 폭발적 위력을 발휘하며 사람에게 공포를 전파했다.

"무증상 감염은 감염이 질병으로 발전하지 못한 상태를 의미한다. 때문에 코로나19 무증상 감염은 그저 감염일 뿐 질병이 아니고, 당연히 무증상 감염자는 정상적인 건강한 사람일 뿐, 무증상 감염 환자라 할 수 없다"고 저자는 단언한다. 그의 주장을 뒷받침하듯, 11월 27일 영국 의학 저널 <란셋>에 발표된 한국 연구진의 논문은 한국 확진자 7803명 중 94.5퍼센트는 무증상 혹은 경미한 증상의 감염자였고, 이 중 3.4퍼센트만이 중증 환자로 진행되었다고 밝히고 있다. 즉 무증상 감염자의 대다수는 처음부터 끝까지 환자가 아니었던 것이다.

PCR 테스트는 전능한가?

코로나 바이러스 감염 여부를 진단하는 PCR 진단기의 부정확성에 대해서는 이미 전 세계에서 수많은 증언들이 나왔다. 포르투갈 법원은 2020년 8월 PCR 테스트 결과만으로 코로나 감염 여부를 판단하여 사람을 격리, 감금할 수 없다고 판결했다.

"Ct*값이 30회를 넘어가면 한 번 사이클을 돌릴 때마다 수십억에서 수백억 배로 바이러스가 증가하니, 환자가 갖고 있던 바이러스가 질병을 일으키기엔 터무니없이 적은 양인데도 많은 것처럼 나올 수 있는 단점 때문에 PCR법은 단독으로 질병의 유무를 판단하는 데 쓰이지 않는다". 그러나 "전 세계적으로 모든 검사 절차 담당 의료인 소견을 모두 무시하고 마치 PCR법이 질병을 가리는 유일한 방법이자 최선의 도구인 양 사용됐다".《코로나 미스터리》의 저자 김상수는 이를 큰 문제점으로 지적하며, 한 걸음 더 나아가 이렇게 묻는다. "무증상 감염자를 양산해내는 이 검사법 때문에 코로나19 사태가 장기화되고 있는 것은 아닌가?"

WHO의 보건자문위원으로 일해온 보건의학자 아스트리드 스터켈베르제Astrid Stuckelberger도 저자와 비슷한 의견을 피력했다. "무

---

* "사람의 코 안에서 면봉을 통해 채취해낸 검체가 실험실에 도착하면 미리 만들어놓은 시약을 섞고, 검체 안에 녹아 있는 바이러스의 용량을 확인할 수 있을 정도로 늘이는 단계를 거친다. 검체가 담긴 튜브를 한 번 가열했다가 식혀서 검체에 담긴 바이러스를 두 배씩 늘리는 것을 한 사이클을 수행했다고 말하고, 이렇게 돌리는 총 사이클 수를 CT값이라 한다."(《코로나 미스터리》 162p 중에서)

증상 확진자를 양산하는 PCR 진단기의 사용부터 당장 멈춰야 하며, 그것이 이 팬데믹을 종식하는 최선의 방법"이라고. 프랑스 정부는 2020년 8월 말부터 PCR 테스트를 일주일에 100만 명씩으로 확대하면서 꺼져가는 코로나19의 불씨를 살려냈다(!). 정부의 이 같은 행동은 무증상 확진자를 무더기로 양산하며, 팬데믹이 아니라 "케이스데믹"(환자가 아니라 확진자가 많은)을 만들었다는 비판을 샀고, 정부는 이를 토대로 11월 두 번째 이동통제령을 내린다. 불가리아 병리학회에서는 코로나19 PCR 테스트는 과학적으로 무의미하다는 제목의 논평을 내기도 했다. 그러나 숱한 과학적, 법률적 문제제기에도 불구하고, 세계 대부분의 정부는 이 문제적 진단기에 근거하여 무증상 감염자를 양산하길 멈추지 않는다.

코로나 사망자로 집계된 대부분의 사람은 실질적으론 코로나 바이러스가 아니라, 그들이 갖고 있는 기저질환으로 죽었다. 그것은 저자의 결론이기도 하고, 2020년 4월 1일 당시 정은경 질병관리본부장이 발표한 통계인 '코로나 사망자 165명 중 164명이 기저질환을 갖고 있었다. 주로 60대 이상 고령 확진자가 사망했는데, 한 명의 확진자가 평균 세 가지 기저질환을 앓았다'가 의미하는 바이기도 하다. 한국뿐 아니라, 이는 모든 나라에서 발견되는 공통된 수치다. 이탈리아 보건부는 2021년 10월, 코로나 사망자의 2.9퍼센트만이 코로나만으로 사망했으며, 나머지는 모두 기저질환을 지닌 사람이었음을 발표한 바 있으며, 미국 질병통제예방센터CDC도 코로나 사망자 중 94퍼센트가 평균 2.6개의 기저질환을 가지고 있으며, 6퍼센트만이 코로나만으로 사망했다는 사실을 2020년 8월 26일 발표한 바 있다. 존 요아니디스John Ioannidis가 발표한 논문은 코로나가 70세 이상 고령의 기저질환자들에게는 영향을 미칠 수 있지만, 젊은 층에겐 일반적 감기보다 적은 영향을 미친다는 사실을 입증했다.*

백신은 집단의학의 결정체

"코로나19 백신은 안전성 문제로 여태껏 한 번도 상용화된 적이 없는 mRNA백신과 바이러스 벡터 백신, 그리고 자궁경부암 백신으로 상용화되어 여러 건의 사망사고에 연루되었던 바이러스 유사입자 백신 등의 방식으로 개발되고 있다. 이렇게 안전성이 확보되지 않고 사용 경험도 일천한 백신을 급박하게 제조하여 충분한 임상 시험도 없이 국민에게 접종하겠다고 하는 것은 곧 백신의 생산과정에서 부족했던 임상 시험을 국민을 대상으로 하겠다는 얘기다. 이처럼 결과를 알 수 없는 위험한 백신으로 예방하려는 질병이 고작 감기와 유사한 가벼운 질병이라면, 더구나 백신을 맞는다 해도 실제로 예방될지조차 알 수 없는 상황이라면, 국민들이

• 스탠포드 대학교의 존 요아니디스 교수는 2021년 발표한 논문을 통해 "70세 미만의 사람에게서 코로나의 치명률은 0.05퍼센트에 지나지 않는다. 코로나19의 치명률은 팬데믹 초기에 추정했던 것보다 훨씬 낮다"고 밝히고 있다. 그의 논문은 WHO에서 인증되어 사이트에 게시되어 있다. https://apps.who/int/iris/handle/10665/340124

이러한 위험을 감수할 필요가 있을까?"

여론은 백신 확보에 뒤처진 정부를 질타하는 분위기지만, 저자는 확고하게 코로나 백신 투여의 불필요함과 유해성을 설파한다. 그의 이 같은 주장은 코로나 진실 전쟁에 뛰어든 많은 의사들, 과학자들의 결론이기도 하다. 노벨의학상 수상자 뤽 몽타니에도 코로나 백신의 위험성을 경고하며, 이 같은 문제에도 불구하고 백신을 투여하고자 하는 의사들은 "히포크라테스의 가르침, '해를 끼치면 안 된다'를 잊은 자"라고 말했다. 세계적 감염학자 디디에 하울Didier Raoult은 "정부가 코로나 백신을 의무화한다면 혁명을 부를 것"이라 경고했으며, 화이자의 전 부사장 마이클 이든Michael Yeadon 또한 "백신에 관하여 지금처럼 비상식적인 상황을 일찍이 접해본 적이 없다. 어떤 위험에도 노출되지 않은 사람들에게 백신을 투여하는 법은 없다"며 각국 정부가 추진하는 코로나 백신 계획의 부조리함을 비판했다.

"의료계는 언젠가부터 질병을 바라보는 관점에서 환경과 숙주의 개념을 무시한 채 병원체에 집착하기 시작했고, 이제는 이러한 시류가 확고해진 것 같다. (…) 의학이 산업화하면서 의사들은 환자들 개인의 특수성을 고려하지 못하고, 집단적 처방에 환자를 맞추면서, 집단적이고, 기계적인 방식을 겪게 된다." 현대의학이 빠져 있는 모순과 그로 인한 폐해가 백신에 집약되어 드러나는 현실에 저자는 주목한다. 왜 점점 더 많은 종류의 백신들이 생겨나고 (로버트 케네디 Jr(The Real Antony Fauci: Bill Gates, Big Pharma, and the

Global War on Democracy and Public Health, 2021 저자. 변호사)에 따르면 초등학교 입학 전까지 아이들이 맞아야 하는 백신이 72회에 달하며, 273가지 백신이 승인을 받기 위해 대기 중에 있다) 그로 인한 부작용이 눈덩이처럼 불어나고 있음에도 문제는 좀처럼 시정되는 법이 없는지를 가름하게 해주는 매서운 지적이다.

가장 강력한 백신은 건강한 몸이 가진 면역력

"우리를 지킬 수 있는 가장 강력한 백신은 우리 몸에 꽂히는 바늘과 그 안에 들어 있는 정체불명의 약물이 아니라, 우리가 밖으로 나가 정상적인 활동을 하고, 동료들과 어울리며 자유를 만끽하는 것, 바로 그것이 우리의 건강을 지키는 가장 강력한 백신이다." 저자가 도달한 결론은 1년간 코로나와 씨름한 뒤 프랑스 의사들이 도달한 지점과 같다. 정부의 비상식적 코로나 대응에 반기를 들며 과학적 대안을 찾고자 한 6만 의료인들의 조직 독립과학위원회Conseuil scientifique Independant는 공동선언문을 통해 더 이상의 이동통제에 반대하며, 활발하고 정기적인 신체활동과 비타민C, D, 아연의 섭취를 통한 면역력 강화를 통해 코로나에 맞설 것을 제안한 바 있다.

"진실을 가두는 의료가 어떻게 환자를 살리는 데 기여할 수 있겠는가?" 난공불락처럼 보이던 케이방역이 허점을 보이기 시작했다면, 그 원인은 저자가 지적한 것처럼 진실을 가두고 토론을 거부해왔던 태도에 있을 것이다. 사회적 면역이란, 세상의 거친 바람과 웃음과 눈물을 겪으며 형성되는 것이듯, 다양한 의견을 수용하지 않고 환호와 찬사만 허용하며 일방적 독트린을 구사해온 그 어떤 정책도 장기적으로 건강할 수 없다. 이제 당신의 머릿속에 다가왔으나, 가두어 두어야 했던 그 의문들에 대한 답을 구하시라.

과학의 이름으로 저질러진
하얀 가운의 범죄

알지 못했다면 더 좋았을 것 같은 진실들이 세상엔 있다. 착한 아이에겐 산타 할아버지가 크리스마스에 선물을 가져다주신다는 인류의 오랜 거짓말을 믿으며 살았을 때, 세상은 더 알록달록 재미있어 보였다. '그날'이 가까워 오면, 과연 산타할아버지가 보시기에 내가 착한 아이였는지를 반추해보며 잠자리에 들곤 했다. 선한 의지에 대한 세상의 가치 부여는 명확한 것이라 믿었다. 그러나 한 발 한 발, 세상을 향해 발 디딜 때마다, 믿었던 가치들은 전복되고 말았다.

그 정점은, 2020년 이후 지구촌에서 벌어진 일들이었다. 팬데믹 이후, 의혹의 눈길이 닿는 곳마다 지뢰밭이었다. 미심쩍은 구석을 들추어 보면, 거긴 온통 바글바글한 부패로 우글거렸다. 세

.건기구, 미국 혹은 유럽 식약처, 대형 제약회사, 주류 언론, 국
.., 방송에 나오는 미디어용 의사들…. 그들은 앞뒤가 한참 맞지
않는 짓들을 계속 벌였다. 어제의 말, 오늘의 말, 그다음 날의 말이
달라져도, 그들은 변명을 찾지도 않은 채 모순을 반복했다. 초대
형 거짓말을 하고 연거푸 들통이 나도 브레이크 없는 기관차처럼
그들은 그저 연기를 내뿜으며 달릴 뿐이었다.

팬데믹이라면서 공공 병원의 병상을 매년 네다섯 개씩 축소
했고, 팬데믹 초기 수개월 동안, 건강한 사람은 마스크를 쓸 필요
가 없고, 오히려 해롭다고 했다가, 어느 날부턴 그것을 쓰지 않으
면 벌금을 물게 했다. 공식 석상에서 VIP들은 쓰지 않았고, 진행요
원들은 일제히 그것을 썼고, 같은 실내 스튜디오에 있어도 출연진
들은 쓰지 않고 스태프들은 썼다. 백신은 감염도 전염도 막지 못
한다면서, 그것을 맞지 않은 사람들의 기본권은 제한됐다. 백신을
맞지 않아도 학교는 갈 수 있지만, 학원은 못 간다. 백화점은 갈 수
있지만, 박물관은 갈 수 없다. 모순이 중첩되면, 사람들은 더 이상
논리 찾기를 포기하게 된다. 오늘은 또 어떤 방역 지침의 변덕이
떨어졌는지 알고자 할 뿐.

팬데믹 이후 벌어진 일련의 사건에서 가장 충격적인 대목은 의
사들이 사람을 구하는 대신, 어떤 목적을 위해 기꺼이 수많은 사
람을 제 손으로 죽이기도 한다는 사실을 목격했을 때였다. 물론
역사는 나치가 벌인 대학살과 생체 실험에 의사들이 대거 참여했
음을 알려주고 있다. 일부 의사들은 그 죄의 대가로 뉘른베르크

재판에서 사형을 선고받기도 했다. 하지만, 비슷한 일이 21세기에도, 치료라는 이름으로 버젓이 자행되고 있다는 사실, 거의 어떤 언론도 이런 사실을 보도하지 않으며 공모자의 길을 간다는 사실은 절망스럽다. 히포크라테스 선서에는 "나는 그 누가 요구한다 해도, 치명적 극약을 누구에게도 주지 않을 것이다"라는 대목이 등장한다. 마치 그들에게 이런 종류의 유혹이 얼마든지 가해질 수 있음을 알았던 것처럼.

프랑스에서 코로나19는 두 개의 치료약, 하이드록시클로로퀸HCQ과 렘데시비르 사이에 벌어진 전쟁으로 막이 올랐다고 해도 과언이 아니다. 해가 바뀌고, 2020년 12월 27일 백신 접종이 시작되면서, 주제는 급속히 백신으로 옮겨가며 치료약 논쟁은 막을 내린 듯했다. 그러나 2021년 2월 10일, 프랑스인들은 뜻밖의 총성을 듣는다. 마크롱 정부와 정의로운 의사들이 벌인 방역정책 전쟁에서 선두에 있던 한 사람, 크리스치앙 페론 교수가 프랑스와 독일의 다른 두 교수와 함께 <뉴잉글랜드의학저널>에 투고한 항의 서한이 게재된 것이다.

다음은 그 서한의 핵심 내용이다.

1) 영국에서 2020년 봄 진행된 코로나19 치료제 리커버리 연구에서 사용된 HCQ의 용량은 일반적인 용량을 심각하게(4배, 첫날) 초과하는 양이었다.

2) HCQ의 특성상 과도한 용량은 불필요할 뿐 아니라, 위험한 결과를 초래
한다.

3) 리커버리 연구는 따라서 HCQ의 효과에 대하여 어떤 유의미한 결론도
이끌어낼 수 없는 연구였다.

크리스치앙 페론 교수팀이 전한 소식은 충격적이다. 이미
2020년 5월, HCQ를 매장하기 위한 가짜 논문들이, 존재하지 않는
가상의 데이터를 바탕으로 쓰였다는 점이 줄줄이 들통나는 일이
있었다. 그런데 영국의 옥스퍼드 대학팀은 이 약의 코로나19 치료
제로서의 효과를 깎아 내리기 위해, 치사량에 가까운 용량을 사용
하며 임상시험에 임했던 것이다. 크리스치앙 페론 교수는 인터뷰
를 통해 이 임상시험에서 투약된 약의 용량을 보고 자신의 눈을
의심했다고 토로했다. 권위 있는 과학잡지들과 저명한 학자들이
벌이는 사기극, 그리고 잠시의 의심도 않고, 대서특필 해버리며
끔찍한 혼란을 초래한 언론들이 벌이는 환란 속에서 굳건한 과학
적 양심의 담지자로 역할해오던 크리스치앙 페론 교수는 이 사건
을 문제 삼기로 했다.

코로나 치료제 후보 약들에 대한 가장 광범위한 임상연구였던
리커버리 연구는 HCQ의 과도한 용량 투약으로 왜곡된 결과를 초
래한 연구였다. 그럼에도 이를 수용한 <뉴잉글랜드의학저널> 측
과 이 연구 결과를 논문으로 제시한 연구자들에 향해 그는 문제를

제기했다. 2020년 11월에 보낸 이들의 편지는 3개월 만에 연구의 공동저자들의 답변과 함께 게재되었다.

2020년 코로나19의 유럽 상륙 직후, 프랑스 감염학자 디디에 하울은, HCQ를 가능성 있는 치료제로 제시했고, 항생제 아지트로마이신과 함께 초기 환자에게 사용하면서 높고 빠른 완치율을 보이며 수많은 생명을 구했다. 당시 그가 사용했던 HCQ의 용량은 하루에 600밀리그램으로, 이는 프랑스 식약처가 코로나19 치료제로서 부여한 HCQ 정량의 최대치이기도 했다. 그의 처방은 뉴욕의 젤렌코 박사에 의해 아연이 추가되어 더 높은 효능을 보이면서, 국제적으로 널리 알려져 95~100퍼센트의 치료율을 보였다.

그러나 지구촌의 기대를 한 몸에 받았던 이 약에 예기치 못한 시련이 닥친다. 공격이 시작된 곳은 프랑스였다. 3월 초, 디디에 하울을 포함한 열두 명의 과학자들은 정부의 코로나19 과학위원회에 소집되나, 디디에 하울을 제외한 나머지 멤버들은 길리어드사가 만든 렘데시비르를 코로나 치료제 후보로 쓰겠다고 이미 합의한 듯한 입장을 가지고 있었다. HCQ는 2020년 1월까지만 해도 프랑스에선 처방전 없이 살 수 있던 오래되고 익숙한 약이었지만, 2월 중순부터 갑자기 처방이 필요한 약으로 돌변했고, 보건부 장관은 코로나로 입원한 중증 환자에게만 제한적으로 사용을 허용할 뿐, 일반의의 처방을 금한다고 발표했다. 디디에 하울 교수는 무슨 이유에선지 정부가 몹시 불쾌해하는 처방을 찾아냈다는 이유로 중상모략과 살해 협박에 시달렸다.*

2020년 3월 말, 영국에서 시작된 리커버리 연구는 1만여 명의 코로나 환자들을 대상으로 다양한 코로나 치료법의 효능을 평가하기 위해 시작됐다. 각각의 참가자는 HCQ를 포함한 여러 '후보 치료제' 중에서 무작위로 치료제를 할당받는다. 그러나 HCQ에 대한 연구는 6월 5일, "HCQ를 처방받은 그룹과 받지 않은 그룹 사이에 유의미한 차이를 발견할 수 없다. HCQ는 치료제로 유효하지도, 유해하지도 않았다"는 결론과 함께 갑자기 중단되었다.

그들은 실험 첫날 통상적인 사용량(500밀리그램)의 거의 다섯 배에 달하는 2400밀리그램을, 다음날부턴 800밀리그램을 투약했다.

실험에 참가한 환자의 23퍼센트에 이르는 421명이 사망했는데, "이들 중 21.4퍼센트는 투약된 약물과다로 죽었으며, 특히 약물이 투약된 첫날 사망한 열다섯 명을 포함해 사흘 안에 사망한 서른두 명의 사인은 약의 과다사용임이 명백하다"고 프랑스 언론 <프랑스 스와르>는 보도했다. 연구에 참여한 코로나19 환자의 40퍼센트는 70대 이상으로, 그들은 코로나19로 병원에 입원한 지극히 쇠약한 상태의 사람들이었다. 즉 옥스퍼드 대학교 연구팀은 실험을 빙자하여 수백 명의 환자들을 명백한 위험으로 몰았던 것이다.

● 협박범은 낭트대학병원의 라피 박사Dr. Raffi로, 그는 프랑스에서 렘데시비르 제조사인 길리아드사로부터 가장 많은 돈을 받아온 의사로 밝혀졌다. 그는 법정에서 디디에 하울 박사에 대한 공갈 협박 혐의로 유죄를 선고 받고, 벌금형에 처해진 바 있다.

영국의 과학저널 <란셋>에 HCQ의 효능 없음을 입증하는 논문이 실렸다가 가짜임이 탄로나 열흘 만에 철회되며 세상을 떠들썩하게 했던 소위 '란셋 게이트', 또 다른 과학잡지 <뉴잉글랜드의학저널>에 실렸던 HCQ 저격 논문 또한 가짜 자료로 구성된 것임이 밝혀져 철회된 사건(두 논문 모두 하버드 의과대학교의 만딥 메라 Mandeep Mehra 박사가 저자다)들이 잇달아 일어나며 무던히도 HCQ를 공격했지만, 번번이 거짓 논문임이 드러나면서 무대 밖으로 HCQ를 퇴장시키는 데 실패했다. 그러나 과도한 용량을 사용해 심각한 인명피해를 발생시킨 리커버리 연구는 HCQ를 특히 북미와 유럽, 혹은 그 영향권하에 있는 나라들에서 더 이상 거론하기 힘든, 금기에 가까운 약으로 만들어버렸다.

이 치명적 리커버리 연구를 진행한 자들이 택한 이해하기 힘든 HCQ 용량에 관해서는 <뉴잉글랜드의학저널>에 실린 편지와 답변을 통해 약간의 실마리를 얻을 수 있다.

문제제기를 한 프랑스와 독일의 세 과학자는 공동 서명한 편지에 "이 사안과 관련하여 밝혀야 할 어떤 종류의 이해충돌도 없다"는 점을 명확히 하고 있지만, 리커버리 연구를 주도한 세 명의 옥스퍼드 대학교 연구진은 정반대의 입장에 있다. 대표 연구자 피터 호비Peter Horby 교수는 옥스퍼드 대학교 ISARIC국제호흡기감염컨소시엄을 이끄는 대표이며, 이 연구센터는 2019년 빌 앤 멜린다 게이츠 재단으로부터 459만 파운드(약 70억 원)의 지원금을 받았다.* 2020년 7월, "코로나19를 끝내기 위해선 70억 회분의 백신이 필요하다"고장담하며 백신 홍보대사로 나선 사람이 백신 출현 이전에 어떤 약이 효과를 발휘하여 백신이 무용해지는 사태를 바라진 않을 것으로 보인다. 바로 그가 운영하는 재단으로부터 엄청난 금액의 자금을 지원받은 이들은 명백한 이해충돌의 상태에 있다고 말할 수밖에 없다.

2020년 2월 초부터 진행되어 4월 29일 <란셋>에 게재된 렘데시비르의 코로나19 치료제로서의 실험은 ISARIC의 지원을 통하여 중국 연구자들에 의해 진행되었으며, 피터 호비는 이 실험의 공동 연구자이기도 했다. 그는 "렘데시비르의 명확한 효능을 확인하지 못한 것은 실망이지만, 초기 치료 환자들에게서 효과를 볼 수 있다는 가능성을 제안해주었다. 이 실험은, 통계적으로 유의미하진 않지만 렘데시비르가 치료 기간을 단축시킬 수 있다는 이점을 발견하게 했다"며 긍정적인 의미를 실험에 부여했다.**

• "https://www.ox.ac.uk/news/2019-02-08-%C2%A345-million-award-clinical-research-consortium-tackle-global-threat-epidemic" https://www.ox.ac.uk/news/2019-02-08-%C2%A345-million-award-clinical-research-consortium-tackle-global-threat-epidemic

•• HCQ for COVID-19: real-time meta analysis of 303 studies (hcqmeta.com) 2021년 12월 22일까지 전 세계에 걸쳐 하이드록시클로로퀸의 코로나19 치료제로서의 효능을 시험한 303개의 임상연구가 있었으며, 그중 64퍼센트에서, 이 약이 초기 환자에게 사용될 경우 효능을 발휘한다는 긍정적 결과가 나온 바 있다. 북미 지역을 제외한 지역에서 행해진 연구에서는 80.4퍼센트의 연구에서 긍정적 결과가 나왔고, 북미에서 행해진 연구에선 46.6퍼센트만이 긍정적 결과가 나왔음을 주목할 필요가 있다. Remdesivir for COVID-19: real-time analysis of all 34 studies (c19rmd.com) 렘데시비르에 대해선 총 25개의 연구가 진행되었고, 이 중 18퍼센트의 연구에서만 긍정적 결과가 도출된 바 있다. FDA나 WHO, 그리고 한국의 질본이 인정한 유일한 코로나 치료제였던 렘데시비르는, 백신이 나오기 직전인 2020년 11월, WHO에 의해 효능 없고, 심각한 부작용이 있음을 인정되어 사용하지 말 것이 권고된 바 있다.

코로나19 치료에 유의미한 결과를 입증하지 못한 렘데시비르에 대해선 우호적 결론을, 코로나19 치료제로서 이미 곳곳에서 임상적 성과를 확인한 HCQ에 대해선 과도한 용량을 사용하며 무용하다는 결론을 내린 두 연구는 공교롭게도 모두 빌 게이츠 재단의 지원을 받은 같은 연구단체의 손에서 빚어졌음을 우리는 확인할 수 있다.

2020년 11월, WHO는 렘데시비르가 코로나19의 사망률을 낮추지 못할 뿐 아니라 치료기간도 단축시키지 못하고 심각한 부작용을 가지고 있다며, 뒤늦게 렘데시비르를 사용하지 말 것을 권고했다. 그리고 렘데시비르는 코로나19 치료약 전선에서 사라졌다. WHO의 발표 이후, 의학계의 그 누구도 렘데시비르를 변호하기 위해 더 이상 나서지 않았다. 그러나, 팬데믹이 발표되었을 무렵엔 친정부 의사들, 전 세계의 모든 보건 관련 기구들이 한입으로 이 단점뿐인 약을 어떻게 해서든 의미있는 약으로 포장해서 사들이게 만드는 데 온 힘을 다했다. 백신이 나오기 직전에야, 효과 없고 비싸며 지극히 유해한 약이었음을 모두 잘 알고 있었다는 듯 일제히 내쳤다.

이 어리둥절한 일들이 약속이나 하듯, 전 세계에서 착착 진행 중이다. 그러나, 누군가는 그들이 한 일들에 대해 끝까지 묻고자 한다. 실추된 HCQ의 명예를 구하기 위해서가 아니라 왜 옥스퍼드대와 하버드대의 연구자들이 과학의 이름을 팔아 그토록 파렴치한 일을 해야 했는지 세상이 알아야 하기 때문이다. 코로나19라는 지구적 환란의 출구는 기적의 신약, 혹은 기적의 백신이 아니라, 감춰지고 덮어진 진실들을 드러내는 데서 찾아질 공산이 더 커 보인다. 1947년에 나온 알베르 카뮈의 소설 《페스트》에는 이런 말이 등장한다. "페스트에 맞서 싸우는 유일한 방법은 정직이다". 코로나19에 맞서 싸우는 유일한 방법 또한 다르지 않을 것이다.

유럽연합집행위와
화이자의 수상한 관계

2020년 초 팬데믹이 발발했을 때, 지구촌 백신맨의 면모를 유감없이 발휘한 빌 게이츠의 활약을 우린 기억한다. 그는 선뜻 1억 달러를 내겠다며, 문재인 전 대통령을 비롯한 G20의 각국 정상에게 전화를 걸어 인류를 위해 백신개발기금에 참여해달라 독려했다. 그렇게 모인 기금은 약 75억 유로(약 10조 원)였다. 미국은 참여하지 않았고, 유럽연합 10억 유로(약 1조 3700억 원), 독일 5억 2500만 유로(약 7000억 원), 프랑스 5억 유로(약 6600억 원), 한국 600억 원 등 30여 개국이 함께 백신 개발을 위한 국제기금을 조성했다.[*]

국제 감염병혁신연합CEPI이 모금을 맡았고, 세계백신협회GAVI

---

[*] www.newspim.com/news/view/20200509000099

가 백신 보급의 역할을 맡았으며, 75억 유로 중 40억 유로는 백신 개발, 20억 유로는 치료제 개발, 15억 유로는 진단기 개발에 쓰인다는 외교부의 발표가 있었다. 감염병혁신연합에선 20억 유로 정도가 백신 개발에 쓰인다고 밝혔으니, 자금의 부족은 없었을 것이다.

영국의 권위 있는 과학저널 <BMJ>가 2021년 11월 2일 보도한[*] 바에 따르면, 화이자의 임상 시험은 과학적 원칙을 완전히 무시한 채 철저하게 날림으로 이뤄졌다. 더구나 이러한 문제를 감독 관청인 FDA에 알린 연구원은 당일 해고됐다. 당초 12~18개월로 예정되었던 백신 개발 기간도 6~7개월 정도로 단축되었다. 이런 상황에서 개발 기금이 제대로 임상 시험에 사용되었는지에 대한 의구심을 품는 건 자연스러운 일이다. 그러나 각국의 시민들이 낸 그 개발 자금이 어떻게 쓰였는지에 대해선 아무도 들은 바가 없다.

치료제는 이미 있었다

굳이 코로나 치료제를 새로 개발하고 말 것도 없이, 이미 인류가 오래전부터 써오던 여러 가지 약들이 팬데믹 초기에 약효를 입증했다. 하이드록시클로로퀸, 아지트로마이신, 아르테메지아, 이

---

[*] https://www.bmj.com/content/375/bmj.n2635?

버멕틴 등. 그러자, 그 약들의 효능을 폄하하고 위험한 약으로 몰아가는 급조된 논문들이 출몰했다. 존재하지 않는 자료들을 토대로 만들어진 가짜 논문들임이 발각되어 논문이 철회되었는데도 각 보건당국은 주류 언론과 어용 의사들을 내세워 소란을 가중시키고 공포 분위기를 조성했다. 프랑스의 경우, 하이드록시클로로퀸은 2020년 1월까지 처방전 없이도 살 수 있는 약이었으며, 이미 70년 동안 별문제 없이 사용해왔던 약이다. 1975년에 첫 선을 보인 이버멕틴은 그것을 만든 일본 과학자가 2015년 그 공로로 노벨의학상을 수상할 만큼 탁월한 약으로 인정받은 바 있으며, 많은 의사들은 그 약을 통해 코로나 환자들을 구했다고 증언한다. 그러나 이러한 약들은 결국 당국에 의해 처방 금지가 되고, 이 약을 처방한 의사들은 체포되거나 의사협회의 경고를 받는 등 수난을 겪어야 했다. 이렇게 인류가 이미 보유하고 있는 안전성과 효과가 입증된 약들에 위험 딱지를 붙인 후, WHO와 각국 보건당국은 한 입으로 백신이 유일한 답임을 외쳐왔다.

백신기금 관리에 나선 두 단체
: 감염병혁신연합CEPI, 세계백신연합GAVI

백신 개발을 위한 국제공조에 나선 두 단체의 정체는 뭘까. 과연 믿고 돈을 맡길 만한 곳인가? 감염병혁신연합CEPI은 2017년 백신 개발 지원을 목적으로 다보스포럼에서 발족되었다. 노르웨이, 일본, 독일 등의 국가와 빌 앤 멜린다 게이츠 재단, 영국의 의료 재단 웰컴 트러스트가 설립 자금을 지원했다. 2000년대 초부터 WHO의 핵심 재정 기여자가 되면서, 백신 관련 사업을 적극적으로 벌여왔던 게이츠 재단이 이 연합과 관련이 있는 것은 제법 자연스러워 보인다. 그런데 왜 세계 경제가 주된 테마인 다보스 포럼이 2017년 난데없이 백신 관련 기구를 만든 것인가?

1971년 다보스 포럼을 창립하고, 여전히 그 대표로 활동 중인 클라우스 슈밥Klaus Schwab이 2020년 7월 펴낸 《그레이트 리셋》 COVID-19: The Great Reset이라는 책에 그 답이 있다. 그는 코로나 팬데믹을 계기로 인류를 리셋하겠다는 원대한 꿈을 꾸고 있는 사람이다. 몸에 전자칩을 이식받은 인간이 디지털 환경과 융합되는 새로운 존재로 거듭나고 트랜스 휴머니즘이 이뤄지길 고대하는 분이기도 하다. 2016년 다보스 포럼을 앞두고, 스위스의 한 방송에 출연한 그는 다음과 같이 말했다.

"2016년 다보스 포럼의 주제는 '4차 산업혁명'이고, 그 핵심은 디지털, 바이오, 오프라인 등의 기술 융합이다. (…) 10년 안에는 틀림없이 마이크로칩의 인체 이식이 실현될 것이다. 첫 단계에선 옷에 그것을 부착하게 될 것이고, 다음 단계에선 우리의 뇌나 피부에 이식하게 될 것이다. 종국에 가선 사람들이 직접 뇌를 통해 소통하는 단계로 나아가게 된다. 바로 이것이 인간의 생물학적 육체와 디지털 세계가 융합되는 새로운 세계의 모습이다."

이렇게 말하는 그는 미래에 대한 꿈으로 들뜬 모습이다. 사람의 몸에 디지털 칩이 이식되어 인간이 말을 하지 않아도, 생각을 전달할 수 있는 세상은 역으로 생각하면, 내가 하지 않은 생각을 주입당할 수도 있는 세상이다. 트랜스휴머니즘을 꿈꾸는 그가 백신에 깊은 뜻이 있어 미리 2017년부터 관련 기구를 다보스 포럼 산하에 준비하고, 코로나가 터지자마자 두 가지를 연결 짓는 그레이트 리셋을 의제로 내놓는 것을 어떻게 봐야 할까?

세계백신연합GAVI은 이번 국제 공조에서 백신 보급을 담당했다. 빌 앤 멜린다 게이츠 재단이 2000년, 자금을 들여 일종의 협력 기구로 만든 단체이기도 하다. 이들의 주된 역할은 개발도상국에 대한 백신 보급 활성화이며, 주요 멤버는 백신 제조사들과 연구소들이다. 결국 빌 게이츠가 나서서 모금하기 시작한 10조 원을 접수하여 관리해온 곳은 빌 게이츠의 영향력하에 있는 두 집단이었다.

공공자금으로 만든 백신은 왜 공공재가 아닌가?

누군가 엄청난 금액을 신제품 개발에 투자했다면, 그 투자자는 최소한 자신이 들인 돈이 어떻게 쓰이는지, 그 결과물로 나온 제품이 어떤 성분으로 제조되었는지 알아야 한다. 그리고 수익이 난다면, 투자한 만큼의 수익을 나눠 갖는 것이 상식이다. 인류적 차원에서 비영리적 목적으로 이뤄진 투자라면, 그 결과물도 그렇게 쓰여야 한다. 누구도 그런 과정을 통해 나온 제품을 통해 폭리를 취하고, 일확천금을 손에 쥐는 일은 없어야 한다. 그러나 공조를 위해 거액을 지불한 모든 나라들은 그 결과물인 백신을 원가의 수십 배가 되는 비용을 치르고 사들였고, 그 어떤 나라도 백신회사들과 계약하면서 쓴 계약서를, 돈을 낸 주체, 즉 세금 낸 국민들에게 공개하지 않았다. 심지어 백신의 성분조차 완전히 투명하게 공개되지 않았다. 각국 국민들이 백신 관련 계약에 대해 명확히 아는 단 한 가지는, "부작용이 나와도 그 책임을 제약사가 지지 않는다"는 사실뿐이다.

출시 초기, 95퍼센트의 효과를 낸다던 화이자와 모더나 백신은 1년이 지나면서 백신 접종률이 높을수록 감염이 확대될 뿐 아니라 중증 방지에도 효력을 발휘하지 못하는 실패한 약임이 입증됐다. 코로나와 관련된 과학적 데이터를 국민들에게 제공하고자 모인 500여 명의 캐나다의 의사, 과학자, 의료종사자들의 단체Canadian covid care alliance는 화이자가 공개한 자료를 토대로 심층 분석하여, 실제 화이자의 코로나19 백신 효능은 95퍼센트가 아니라 0.84퍼센트에 불과하며, 이 또한 주관성이 개입된 결과여서 신뢰할 수 없다고 말하고 있다.* 또한 코로나19 백신은 인류 역사에 존재해왔던 모든 백신 부작용 기록을 갈아치우고 있기도 하다. 2022년 7월 29일까지 VEARS 미국 백신 부작용 신고 사이트에 신고된 미국

---

* https://www.canadiancovidcarealliance.org/media-resources/the-pfizer-inoculations-for-covid-19-more-harm-than-good

코로나 백신 사망자 수는 3만 명에 육박하며* 이는 지난 30년간 신고된 모든 백신 사망자 수 합산의 두 배를 넘어선다.

엄청난 자금의 개발비를 국제 공조로 제공받았음에도 형편없는 제품을 만들어 낸 것으로 모자라, 이들은 2021년 8월, 백신 가격을 인상했다. 화이자의 유럽 판매가는 15.5유로에서 19.5유로(2만 7000원), 모더나는 19유로에서 21.5유로(3만 원)로 인상됐다. 영국 방송사 채널 4의 보도에 따르면 화이자 백신 1회분 제조 비용은 76펜스(1193원)에 불과하다. 백해무익한 약을 백신이라 팔아온 제약회사들을 향해 각국이 소송을 벌이고 변상을 요구해도 부족할 판이다. 그런데 유럽연합을 비롯한 각국의 보건당국은 22~25배에 달하는 폭리를 취하고 있는 이들의 제품을 추가로 사들이는 것을 주저하지 않았다.

화이자-우르즐라 사건

유럽연합집행위 위원장 우르즐라 폰데어라이엔Ursula von der Leyen은 2021년 5월 화이자사와 18억 회분의 백신 추가 구입에 서명했다. 유럽연합 인구(약 4억 5000명) 전체가 앞으로 세 번씩 더 맞고도 남는 숫자다.

* https://www.openvaers.com/covid-data/mortality?fbclid=IwAR3WQNsZVRe_kLAUVI3ewp3bOIvyfI_vZ9kXsopO8JKM7dHrcxJpGMp2fq8

또한 폰데어라이엔 위원장은 12월 1일, 모든 유럽연합 회원국들이 백신 의무화를 검토할 때가 됐다는 말로, 각 정부에게 박차를 가할 것을 요구하기도 했다.

개발기금에 가장 큰 공여를 한 유럽연합이 백신회사에 당시 지불한 백신의 단가(모더나 19유로, 화이자 15.5유로)는, 벨기에 예산부 장관이 우발적으로 트위터에 공개해 알려진 벨기에 정부 단독 협상가격(모더나 14.8유로, 화이자 12유로)보다 훨씬 높았기에 이를 둘러싼 무성한 의혹이 제기되었다.

유럽의회의 많은 의원들이 백신 공급을 둘러싼 문제를 지적해왔다. 왜 유럽연합이 백신회사들과 맺은 계약서를 자신들이 볼 수 없는 것인지 따져 물으며, 유럽연합은 거침없이 독재로 향하고 있다는 비난을 쏟아냈다.

독일 의원 크리스틴 앤더슨Christine Anderson은 "인류의 역사를 통틀어 정치 엘리트들이 평범한 시민들의 이득을 극대화하기 위해 진정으로 매진한 적은 없었다. 그들이 자신의 목적 달성을 위해 이 정도까지 강압을 가하고, 강탈과 조작을 구사하고 있다면, 여러분들은 그들이 원하는 바가 여러분들의 이득을 위한 것이 결코 아니라는 사실을 확신하셔도 좋다"고 강변하기도 했다.

팬데믹이 발발했던 2020년 4월엔, 독일의 유럽의회 의원 마르탱 시어드반Martin Schirdewan이 '지난 7년간 유럽연합 집행위가 무려 63회에 걸쳐 회원국들에게 보건복지 예산 축소와 민영화를 요구했으며, 회원국들은 대부분 이 요구에 따라왔음'을 폭로하기도 했다. 코로나19로 인한 위기 상황에서 각 회원국들이 보여주는 부족한 대응 능력은 유럽연합의 이 같은 의도적 공공의료 파괴 정책에서 비롯된 결과라는 지적이다. 비단 의료 영역뿐 아니라, 유럽연합 집행위의 모든 방향은 공공영역의 파괴와 민영화, 그것을 궁극적으론 소수 자본가들이 소유하게 만드는 일에 집중되어 왔다. 각 회원국들은 끊임없는 긴축 재정을 요구받고, 전반적인 복지와 교육, 보건의료 서비스의 질은 저하됐다. 유럽연합 탈퇴가 영국만의 유별난 선택이 아니라, 많은 회원국의 국민들이 점점 더 열망하는 일이 되어가는 이유가 여기에 있다.

한편, 유럽연합 산하의 유럽집행위 활동 감시 단체 유럽중재위원회Mediateur europeen는 우르즐라 폰데어라이엔 위원장과 화이자 사장 알버트 부를라Albert Bourla가 계약 과정에서 개인적으로 주고받은 문자에 대한 조사에 착수하기도 했다. 이들이 백신 계약 과정에서 문자를 수차례 주고받은 흔적이 남아 있지 않으며, 백신의 계약 과정이 지극히 불투명하게 이뤄졌다는 정황이 포착되었기 때문이다. 유럽집행위 간부가 공적인 일로 주고받은 문자는 모두 문서로 남기게 되어 있다. 우르즐라 위원장은 그 문자의 존재에 대해 기억하지 못한다며 발뺌 중이다. 유럽중재위원회는 지난해 11월에도, 세계 최대 규모의 자산관리회사 블랙록Blackrock과 유럽연합집행위 간에 이뤄진 계약에서 심각한 이해충돌이 발생한 사실을 적발했다. 그러나, 유럽연합 안에는 이들의 부정을 벌할 사법적 틀이 존재하지 않는다. 기껏 적발을 하고, 공개적으로 경고를 할 수 있을 뿐.

2021년 11월, 워싱턴에선 만인의 시선을 끄는 희한한 장면이 연출된다. 대서양위원회Atlantic Council: 미국-유럽 간의 경제협력을 고무하기 위한 싱크탱크 모임에서, 유럽집행위 위원장이 화이자 사장에게 '상업적 리더십상'을 수여한 것이다.*

제약회사가 유럽연합으로부터 상을 받는다면, 그들이 개발한 약이 인류의 생명을 구하는 데 공헌했을 때여야 할 것이다. 화이자의 백신은 코로나를 없애는 데 기여하지 못했다. 더구나 사상 최대의 부작용이 나오는 상황에 대해 유럽연합은 별 관심이 없는 듯하다. 물론, 화이자는 상업적 측면에서라면 상을 받아도 좋을 만큼 대단히 성공적인 한 해를 보냈다. 2020년에만 코로나 백신으로 인한 42조 5000억 원, 2022년엔 76조 5000억 원의 매출이 예상되며, 그들의 코로나 백신은 사상 가장 큰 이윤을 창출해낸 약으로 꼽힐 거라는 예측이 나온다. 그런데 왜 화이자의 상업적 성공을 유럽집행위원회가 치하하는 것일까? 바로 거기에 팬데믹을 이해하는 핵심 열쇠가 있다.

물론 이 수익을 화이자가 독식하진 않을 것이다. 화이자를 비롯, 세계 대부분의 빅 파마를 분할 소유하고 있는 블랙록(자산관리사 부문 세계 시장 점유율 40퍼센트), 뱅가드(25퍼센트)에 투자자로 이름을 올리고 계신 분들, 그리고 이 엄청난 수익을 위해 음으로 양

• https://www.agoravox.fr/tribune-libre/article/laureats-2021-de-l-atlantic-238507

으로 기여한 많은 분들 또한 수익을 나눠가질 것이다.

　공포의 팬데믹이 지구촌을 강타하며 전 세계인이 절망에 빠진 상황에서 우르즐라 폰데어라이엔이 보여주는 이 대범한 행동은, IMF 외환 위기 때 외환은행을 론스타에게 헐값 매각하던 한국 고위 관료들을 떠오르게 한다. 온 나라가 환란 속에 빠져 실업과 자살, 노숙의 풍랑에서 허우적거릴 때, 나라의 고위 관료들이 자본금 비율까지 조작해가며 국책은행을 외국 투기자본에 허둥지둥 팔아넘겼던, 그러나 결국 누구도 책임지지 않았고 덜미 잡히지 않았던 그 일 말이다.

　2021년 12월 5월, 영국 언론 <가디언>은 마치 이제야 알았다는 듯, "화이자, 비밀의 장벽 뒤에서 백신 폭리를 취해왔다"*는 제목의 기사를 실었다. "영국 정부는 제약사들의 지배권을 허용했다. 소수의 제약사가 세계에서 가장 강력한 정부를 통제할 수 있는 상황에 이르게 됐다. 시스템이 고장 난 것"이라고 이들은 지적했다. 영국뿐 아니라, 지구촌 대부분 국가가 불과 2년 만에 오늘의 혼란스러운 수렁 속에 처하게 된 것은 장벽 뒤에서 벌어지는 일에 철저히 눈 감고, 정부와 제약사의 말만 받아적으며 시민의 눈과 귀를 가려온 바로 <가디언> 같은 언론들의 대활약을 통해서 가능했던 일이다.

　시민들은 이제 장막 뒤에서 일어난 일에 눈을 떠야 할 차례다.

---

* 　https://www.theguardian.com/business/2022/feb/08/pfizer-covid-vaccine-pill-profits-sales

왜 언론들이 장막 뒤에서 일어난 일을 알려고 하는 자들에게 '음모론자'라는 끔찍한 낙인을 찍어서 멀리 내쫓고, 자신들은 철저히 정부의 대변인 노릇을 자처해왔는지 알아야 한다. 깨어 있는 시민들의 자각과 행동만이 지금의 암울한 시절을 끝낼 수 있다.

반성문 내놓는
유럽의 과학자, 언론인들

　팬데믹 기간 동안, 세계 시민들은 공통으로 전례 없는 수준의 '공포'와 '우울'을 경험했다. 그것은 미지의 바이러스에 대한 두려움이기도 하겠으나, 바이러스를 계기로 각국 정부가 미디어와 함께 적극적으로 유포한 공포 선동의 결과이기도 하다. 팬데믹은 방역정책과 함께 현재진행중이지만, 유럽에선 지난 1년여간, 공포를 선동해온 주역들의 고백과 반성문이 잇달아 등장하고 있다.

　영국 과학위원회 소속 과학자들은 2020년 팬데믹 기간 동안 정부가 영국인들을 통제하기 위해 공포를 조장해왔으며, 이는 '비윤리적'이고 '전체주의적'인 것이었다고 고백했다. 2021년 5월 17일 영국에서 발간된 책, 《공포 국가》The State of Fear에서 저자 로라 도드스워스Laura Dodsworth는 영국 정부가 팬데믹 기간 동안 공포를 어떻게 무기화 했는지를 다각도로 입증하면서, 정부 산하의 과학위원회 팬데믹 인플루엔자 행동그룹SPI-B 소속 과학자들을 취재했고, 그 일부를 영국의 일간지 <텔레그라프>가 소개했다.

SPI-B팀의 심리학자인 개빈 모건은 "통제의 수단으로 공포를 사용한 것은 명백히 반윤리적이었다. 공포를 이용한 것은 전체주의 냄새를 풍겼다"고 증언했고, 또 다른 멤버는 "2020년 3월, 정부는 사람들이 락다운을 받아들이지 않을까 봐 염려하고 있었고, 그들은 어떻게 공포를 확장시켜 락다운을 수긍시킬지에 대해 논의했다. 우리가 공포를 사용한 방법은 디스토피아적이었다"고 털어놨다.

다음은 SPI-B의 여러 멤버들이 저자와의 인터뷰에서 털어놓은 증언들이다.

"이건, 이상한 실험 같았다. 결과적으론 역효과를 냈다. 사람들이 너무 큰 공포를 갖게 되었기 때문이다." "사람들은 전염병을 사용하여 권력을 쥐었고, 전염병이 없었다면 하지 않았을 방식으로 문제를 처리했다. 우리는 다가오는 권위주의를 경계해야 한다." "정부는 바이러스의 위험에 대한 명백한 경고뿐 아니라 대중에게 끊임없는 부정적 소식만을 반복해서 제공해왔다는 비난을 받았다. 매일 반복적으로 사망자와 입원자 수에 대해서만 말하고, 몇 명이 회복되었는지 또는 1일 사망자 수가 해당 시즌의 평균을 초과하는지, 밑도는지는 말하지 않았다." "백신이 없으니, 심리는 우리의 핵심 무기였다. 사람의 심리는 정말로 전염성이 매우 강하다." "팬데믹 기간 동안 행동심리학이 대중을 향한 무기로 이용되는 것에 놀랐고, 심리학자들은 이것이 이타적 용도에서 대중 심리 조작으로 넘어가는 순간을 알아차리지 못한 것 같다. 너무 큰 권력이 그들을 도취하게 만들었다." "솔직히 말해, 오늘날 정부 정책이 전체주의의 뿌리로 작용하고 있는 것이 두렵냐고 묻는다면, 나의 답은 물론 그러하다."

팬데믹 이후, 유럽인들은 자주 2차 세계대전과 오늘의 상황을 비교했다. 나치를 경험했던 사람들은, 안전을 이유로 시민들의 자유를 제한하는 방식에서 전체주의 부활의 냄새를 처음 맡기 시작했다. 비접종자들에게 차별과 불이익을 가하는 단계적 방식은 공공장소에서 유대인들의 출입을 제한하기 시작한 방식과 똑같았고, 임상시험이 끝나지 않은 의약품을 전 인류를 상대로 실험한다는 면에서, 유대인들을 대상으로 임상실험을 했던 나치를 또다시 연상케 한다. 팬데믹에서 유독 맹활약 중인 국제적 인물들이, 우생학적 사고를 바탕에 둔 트랜스 휴머니즘의 신봉자들이란 점에서도 그러하다.

그 와중에 정부의 핵심 과학기구 안에서 터져나온, 사람의 심리를 핵심 '무기'로 공포를 조장했다는 증언은 놀랍다. 무기는 전쟁에서 사용하는 도구다. 그렇다면 이들은 누구와 전쟁을 벌인 것일까? 이 과학자들은 바이러스와의 전쟁을 한다는 명분을 내세워 결국은 시민들과 전쟁을 벌였다는 사실을 고백하는 셈이다. 이들은 자신들이 전달한 공포가, 민주주의 근간을 뒤흔들고 전체주의 국가로 가는 뿌리를 제공했다는 사실을 인식하고 있다. 그 두려움이 이 고백을 가능케 했다. 그들은 고백의 형태를 띤 경고를 통해 자신들이 짊어져야 할지도 모르는 가까운 미래의 두려운 변화에 대한 책임을 덜고 싶었던 것으로 보인다.

그들이 저지른 과오를 왜 현시점에서 고백하고 있을까? 영국에서 최근 이어진 대규모 시민 저항이 이들에게 자백을 압박한 심리적 무기로 작용했을 가능성을 점쳐볼 수 있다.

노팅엄 트렌트 대학교의 사회학과 교수 로버트 디그월은《공포 국가》가 폭로하고 있는 국가의 범죄는 민주주의와 법치주의를 훼손한 행동이며 사회는 그로 인해 고통받게 될 것이라 경고하고 있다.

아이들에게 반성문 제시한 독일 언론 빌트BILD

독일 일간지 <빌트>는 2021년 5월 27일, 코로나19 기간 동안 아이들을 희생양으로 삼은 정부의 방역 정책에 대해 정부를 대신하여 사과의 말을 전했다. <빌트>의 편집국장 줄리앙 하이셀트 Julian Reichel가 독일 어린이들을 향해 쓴 글의 일부다.

"빌트는 독일의 모든 아이들에게 사과한다. 정부가 이것을 하지 않으므로. 나는 이 나라의 수백만 아이들에게 감히 정부가 하지 못한 미안하다는 말을 전하고 싶다. 지난 1년 반 동안 여러분들을 희생양으로 삼았던 방역 정책에 대해 사과한다. 그동안의 폭력과 무시, 고립, 고독의 희생양이 되게 해서 미안하다. 정치와 미디어는 오늘날까지 마치 여러분들이 사회에 대한 심각한 위험인 것처럼 간주하는 독 같은 생각을 전파해왔다. 여러분들은 위험한 존재가 아니다. 우리는 여러분들을 보호해야 한다. 여러분들이 우리를 보호해야 하는 것이 아니라.

우리 사회는 부끄럽다. 정부와 부모들이 여러분들에게 한 일, 우리가 선택한 일, 즉 학교의 폐쇄, 운동장의 폐쇄 등에 대해 우리는 충분히 비판하지 않았음을 최대한 명확히 말하고 싶다.

2020년, 스무 명의 20세 이하의 사람이 코로나로(혹은 코로나와 다른 병과 함께) 사망했다. 반면, 같은 해 152명의 14세 이하의 아이가 살해되었다. 2019년에 비하면 40명이 많은 수치다. 이 숫자는 작은 임대주택에서 고립된 채로 지내야 했던 아이들의 상황을 대변할 뿐 아니라, 넓은 집에서 숨을 곳이나 그들을 보호해줄 공간 없이 폭력에 고스란히 노출되어야 했던 아이들의 상황도 대변해준다.

스웨덴은 한 번도 학교 문을 닫지 않았다. 그들은 아이들에 대한 사회의 책임을 다했다. 우리가 아이들에게 했던 것은 경고뿐이었다. 우린 그들에게 감히 아이로서 존재한다고, 친구들을 만난다고, 너희가 할머니를 죽이게 될 거라고 말했다. 아이들이 노인들에게 바이러스를 옮긴다는 것은 과학적으로 전혀 입증되었던 바가 없다. 그러나 이런 말을 하는 것은 아주 쉬웠다. 아이들은 스스로를 방어할 수 없고, 특히 투표를 하지 않으므로.

정부가 어린이들의 권리를 거두어 간다면, 그 덕에 피하게 되는 위험을 그들은 당장 아이들에게 입증해야 한다. 그러나 어떤 증거도 제시된 바 없다. 대신 팬데믹을 전파할 수 있는 존재로서 아이들을 향한 비판적 선동이 그 자리를 대신했다. 아이들은 우리의 이 부유한 나라에서 가장 가련한 존재다. 정치권에서 단 한 사람도 그들을 위해 어떻게 하면 더 나은 방법이 있는지 고민하지 않기 때문이다. 정부를 향해 간청한다. 우리가 사회에서 가장 어리고 가장 약한 존재에게 저지른 잘못을 치유하기 위해 조금이라도 시간을 할애하기를."●

프랑스 대통령 언론 자문의 내부고발서 《전염병의 독재》

마크롱 대통령의 미디어 자문이자 시사주간지 <렉스프레스>의 편집장, 뉴스 전문 방송 BFM의 논설위원으로 활약해온 저명한 언론인 크리스토프 바르비에는 자신의 모든 직에서 물러난 후, 2021년 초 《전염병의 독재》les tyrannies de l'epidemie, fayard, 2021라는 책을 펴냈다. 거기서 그는 "불안은 사람들의 행동을 통제하기 위해 정

● https://www.bild.de/politik/inland/politik-inland/weil-die-bundesregierung-es-nicht-macht-bild-bittet-kinder-um-verzeihung-76535200.bild.html?fbclid=IwAR3xfJwhlT-sz0QsMsG14PVCHX8QwU5d9PeXEts9TTfV1ogV6mjjePlfqAE

부와 정치권력이 조직해낸 것이었다. 그리고 그것은 먹혔다"라고 전하며, 프랑스 정부 역시 불안과 공포를 의도적으로 조장했다는 사실을 고백한다. 대통령의 언론자문이자 영향력 있는 뉴스매체의 논설위원이던 그는 이 선동의 선두에 있었다.

"삶을 재건해야 하는 모든 젊은 세대에게 바치는" 이 책에서 크리스토프 바르비에는 코로나19 위기 속에서, 하나의 독재가 아니라 다양한 독재가 복합적으로 튀어나오는 것을 목격했다고 기술한다. "권력의 창백한 독재, 통계의 검은 독재, 의학의 하얀 독재…" 그는, 우리가 너무 빨리 제대로 저항 한 번 하지 않은 채 독재를 받아들였으며, 그로 인해 감당해야 하는 또 다른 위기(경제적, 사회적, 인간적, 문화적)들에 대한 깊은 고민 없이 자유를 포기했다고 지적한다.

그리고 그는 "두려움은 즉각 안착하지 않았다. 그것은 끊임없이 자극되었고 지속적으로 관리되었다. 권력에게 공포는 최상의 동지였으므로… 마침내 공포라는 전염병은 코로나 바이러스보다 더 빠르게 사회를 장악해 버렸다." "권력자들은 토론을 틀어막았고, 집단적 비겁함은 이 사실을 은폐했다. (…) 연구는 막혀버렸고, 일상으로의 복귀는 지연되었으며, 활동은 정지되었고, 삶의 수준은 무너져 내렸다… 청소년들은 앞으로 한동안, 이 코로나의 저주를 짊어져야 할 것이다." "노인들을 위해 청년들을 희생으로 삼는 국가는 관대한 국가가 아니다. 이것은 죽은 국가다"라고 말한다. 또한 그는 시인 앙토냉 아르토의 말을 인용하며 지금의 프랑스 사회를 "자살하고 있다는 사실을 인식하지 못한 채 자살하는 세계"라고 강하게 비판했다.

프랑스 일간지 <피가로>는, 정부가 시행한 이동통제령이 가져온 득과 실에 대한 한 연구 결과를 이렇게 전했다. "정부의 이동통제령은 50만 년의 삶을 구했지만, 반면에 120만 년의 삶을 잃게 만들었다. 득보다 실이 2.4배 많은 선택이었다. 방역 정책에 따라, 바이러스로 죽었을지 모를 노인 10만 명의 삶을 5년 연장할 수 있었다면, 500만 명의 수입이 줄어들었고, 100만 명의 삶이 빈곤층으로 전락했다. 활동인구와 청년층의 삶은 심각한 수준으로 위축됐고, 이러한 사회적 붕괴는 120만 년의 잃어버린 삶으로 계량화된다."* 1년 전, <피가로>는 봉쇄령이 6만 명의 삶을 구했다는 기사를 내며 정부 방역 정책에 찬사를 바친 바 있다.

프랑스 언론인이 내놓은 내부고발과 영국 과학자들의 고백, 독일 언론의 반성문은 하나같이 국민의 행동과 심리를 조작해온 권력의 적극적 협력자들에게서 나왔다는 면에서 주목을 끈다. 전쟁은 아직 끝나지 않았으나, 그 혼돈의 시간 속에서 권력자들이 행한 일에 대한 대차대조표가 나올 날은 머지않은 듯하다. 팬데믹 1년 반 동안 우리의 삶을 심하게 타격한 것이 바이러스인지, 아니면 그 바이러스의 위험을 빙자한 권력의 횡포였는지를 살피

* https://www.lefigaro.fr/actualite-france/le-confinement-a-detruit-plus-d-annees-de-vie-qu-il-n-en-a-epargnees-20210511

는 일은, 아직 비판의식이 살아 있는 사회에서만 가능한 일일 것
이다. 그 반성과 비판의 능력 속에서만 사회는 건강한 모습으로
재건될 수 있을 것이다.

PCR 테스트기를 둘러싼 뜨거운 진실 공방

코로나 사태는 수많은 전대미문의 현상, 용어, 규칙과 함께 순식간에 새로운 질서 속으로 사람들을 편입시켜버렸다. 무증상감염자, 동선 추적, 락다운, 돌파 감염… 우리가 알던 상식들은 순식간에 사라졌고, 우리는 매일 새롭게 쓰이는 보건 규칙 앞에 상식을 재배열하며 행동해야 했다.

코로나19의 낯선 질서에 모두가 복종하게 만드는 데 1등 공신의 역할을 한 것은 PCR 진단기였다. 이 진단기 하나로, 사람들은 의사 한 번 만나지 못한 채, 때론 아무 증상도 없는 상태에서 코로나19 확진자로 판정되곤 했다. 한번 확진자가 되면, 동선 추적과 격리는 물론, 주변으로부터 소외되고 실직에 이르는 경우도 각오해야 했다. 바이러스보다 무서운 것이 확진자라는 사회적 낙인이었다. 눈을 돌리면 보이는 그날그날의 확진자 수와 핸드폰을 통해 손 안에 전달되는 인근 확진자 정보를 통해 공포는 순식간에 대중을 장악했다.

보건당국은 PCR 테스트에 근거한 확진자 수에 따라 시민들의 숨 쉴 권리, 소통하고 생활할 권리를 제한해왔으며, 시민들은 기본권이 하나둘 차압되는 상황을 받아들였다. 그렇다면 적어도 확진 여부를 결정하는 PCR 테스트기의 정확도는 절대적인 것이어야 한다. 그래야만 PCR 테스트기로 시작되는 정부의 방역 행위가 정당화될 수 있다.

태국 출신의 독일 의학자로, 2020년 10개국에서 번역 출간된 세계적 베스트셀러 《코로나 팬데믹》Corona, False Alarm, 2020을 저술한 슈샤리트 박디Sucharit Bhakdi 박사는 2020년 12월 한 영국 유튜버와 가진 인터뷰에서 PCR 테스트기의 오남용이 어떻게 팬데믹을 열었는지 이렇게 지적했다.

"PCR 테스트가 등장했다. 그것이 마치 코로나를 진단할 수 있는 최적의 도구인 것처럼 간주되었다. 감염학을 공부한 모든 사람들은 PCR 테스트기가 그 어떤 감염병도 진단할 수 없는 도구라는 것을 잘 안다. 어떤 사람이 숨이 차고, 기침을 심하게 하고, 열이 심하게 나는 등 여러 증상을 보인다면, 그때 PCR 테스트기를 통해서 원인이 되는 바이러스를 찾으려 하는 건 충분히 가능한 얘기다. 그러나 이것 자체가 하나의 질병을 진단하는 도구가 될 수는 없다. 정말 심각한 문제는 PCR

테스트가 양성으로 판정하면, 그 사람은 코로나19의 확진자로 판정되고 있다는 사실이었다. 여기서부터 넌센스가 시작된다."

코로나 정국이 시작된 이후, 오로지 여기에 매달려 숱한 사람들을 천국과 지옥으로 보내왔던 PCR 테스트기에 대한 슈샤리트 박디 박사의 견해는 가히 충격적이다. 왜 이걸 알고 있는 수많은 국내 의사들은 아무 말도 하지 않은 것일까? 왜 질병청은 이토록 위험한 결정을 한 것인가? 혹시 박디 박사의 편견은 아닐까?

물론, 이는 한 사람만의 주장이 아니다. 지난해부터 팬데믹의 수상한 동태를 포착하고 목소리 내기 시작한 학자와 의사들은 이구동성으로 PCR 진단 중단이 코로나 팬데믹을 멈출 수 있다고 말해왔다. 심지어 PCR 테스트기를 발명하여 1993년 노벨화학상을 수상한 캐리 뮬리스도 PCR 테스트기가 감염병 진단 도구로 사용되는 것에 부정적 견해를 피력해왔다. 2019년 여름, 석연치 않은 이유로 사망한 그는, PCR테스트기가 남용되고 있는 현상에 대해 지적한 영상에서 "증폭수를 증가시키면 누구한테서나 무엇이든 찾아낼 수 있다"며 과학을 이용해 과학을 왜곡하는 도구로 자신의 발명이 남용되는 현실의 위험을 지적했다.

당초, 유전자의 형질을 파악할 수 있게 하는 유전자 증폭 장치로 만들어진 것이 PCR 테스트기이다. 협심증 치료제로 나온 비아그라가 정작 발기부전 치료제로 각광받듯 과학적 발명이나 의약품이 본래의 목적과 다른 용도로 쓰이는 일은 드물지 않다. 중요한 건 어떤 의도로, 왜곡되지 않게 사용되느냐이다. PCR기가 과학적 진실을 배반하지 않기 위해선 지켜야 할 증폭수(CT값)가 있다. 그것이 일정 수치를 초과하는 순간, 위양성률(가짜 양성이 나올 확률)이 기하급수적으로 늘어나 의학적으론 무의미하며, 사회적으론 공포를 조장하는 무기로 둔갑한다. CT값의 적정선은 얼마이며 우리나라는 어떤 CT값을 사용해온 것일까?

식약처, 위양성 높은 PCR 테스트기 무더기 허가

식약처가 2021년 8월 말 제시한 자료에 따르면, 우리나라에서 사용돼온 PCR 테스트 업체의 71.4퍼센트는 40~45에 이르는 CT값을 사용해온 것으로 나타났다. 국내 코로나19 진단검사관리위원회가 정한 PCR 기기의 CT값 컷오프 기준은 33.5다. 그러나 한국에서 코로나 진단용으로 사용되어오던 PCR 테스트기 업체 28곳 가운데 두 곳을 제외한 모든 업체들이 이 기준을 충족시키지 못한다. CT값이 40 이상인 업체도 스무 곳이나 된다. 이 모든 사실은 '코로나19종식 범시민대책위'가 질병관리청에 요구한 정보공개 청구에 대한 답변(2021년 8월 27일자)을 통해 드러났다.

전 EU 면역전문가회의 부의장이자 전 프랑스 감염보건최고회의 의장을 지낸 프랑스의 감염병 전문가 크리스치앙 페론 교수는 2020년 10월, 방송 인터뷰를 통해 PCR의 증폭수를 20 이상으로 돌리면 거짓 양성판정이 급증하게 된다고 지적했다. 그리고 이를 40~45로 사용하고 있는 프랑스 정부는 거짓 확진자를 양산하고 있는 셈이라며 비판했다. 식약처의 자료는 한국 역시 프랑스와 같은 종류의 오류를 범하고 있음을 입증해준다.

식약처가 제시한 자료를 살펴보면, 대한민국에서 사용된 코로나19 진단 PCR 테스트기 중 조금이나마 검사 결과에 신빙성을 부여할 수 있는 기기는 7퍼센트에 지나지 않았다. 대한 진단검사관리위원회가 제시한 당초 기준이 정확성을 담보할 수 있는 기준과 거리가 먼 점도 의문이지만, 실질적으로 이 낮은 기준조차도 준수되지 않았다. 이들은 왜 이 같은 기준을 제시하였으며, 식약처는 왜 이 기준마저도 준수하지 않은 기기들에 무더기로 허가를 내준 것일까? 40~45에 이르는 CT값으로는 캐리 멀리스가 지적한 "누구에게서 무엇이든 다 발견해낼 수 있는" 검사가 된다. 지난 2021년 3월 사망한 탄자니아 대통령 존 마구풀리가 파파야유와 염소젖도 코로나 양성으로 나온다는 사실을 통해 입증해 보인 점이 바로 이것이다.

증폭수 35부터 PCR 테스트의 정확성은 0퍼센트

2021년 4월 과학잡지 <유럽 임상미생물학과 감염성 질환> European Journal of Clinical Microbiology & Infectious Diseases volume에 발표된 논문에 따르면, PCR 테스트는 CT값이 17 미만일 때 100퍼센트 정확성

을 가지며, 25미만일 때 약 80퍼센트, 34를 초과하면 정확성은 0 퍼센트로 떨어진다.*

대한진단검사관리위원회가 정한 기준 33.5는 0퍼센트의 정확성을 간신히 모면할 수 있는 수치다. 위의 논문이 제시하는 정확도를 기준으로 한다면, 현재 한국에서 사용되고 있는 28개 제품 모두 허가받을 수 없는 것들이다. 바로 이 엉성한 기계가 제시한 무시무시한 수치 때문에, 대한민국에선 오늘도 증상 없는 수천 명의 확진자가 나오고, 시민들의 자유와 삶이 제한되며, 자영업자들은 벼랑 끝으로 내몰린다.

PCR 제조업체 허가 취소 소송

시민단체 '코로나19종식 범시민대책위'는 이러한 결과에 따라, 2021년 9월 2일 식약처를 상태로 '식품의약안전처장의 코로나19 진단시약 제조업체에 대한 허가 취소 소송'을 서울행정법원에 제기했다. 같은 단체는 7월 12일, 질병관리청을 대상으로 하는 정보 공개청구에서 "코로나19의 공식 사망자 2044명 중, 기저질환 없는 사망자 수는 14명"(2021년 7월 12일 기준)이라는 답변을 받아내기도 했다. 나머지 사람들의 진정한 사인은 무엇인지, 그들이 확

---

* https://link.springer.com/article/10.1007/s10096-020-03913-9

실히 코로나로 고통받았던 것은 맞는지조차 알 수 없다. 코로나19 확진자가 사망하면, 그 직접적 사인이 무엇이든 코로나 사망으로 기록되는 비합리적 관행도 전 세계에서 두루 목격되는 현상이다.

이미 2020년경부터 일부 국가에선 PCR 테스트의 허구가 공식화된 사례들이 나오고 있다. 가장 먼저 PCR 테스트의 허실이 폭로된 곳은 포르투갈 법정이다. 2020년 8월, 포르투갈에 온 독일 관광객 네 명 중 한 명이 PCR 테스트에서 양성 판정을 받았다는 이유로 전원 호텔에 감금되면서 소송을 제기했고, 8월 26일 포르투갈 법원은 PCR 테스트기가 갖는 불확실성을 인정하며 그들을 석방했다. 1심 판결 이후, 포르투갈 보건국은 항소했고, 2심 판결이 11월 10일에 나왔다.[*]

2심 재판의 판결문 핵심 내용에는 "포르투갈 보건당국은 그 어떤 정당성도 없는 인신 감금 결정에 대한 항소의 권한을 갖고 있지 않다. PCR 테스트기는 코로나19 바이러스 감염 여부를 정확히 판정할 수 없다. 테스트기의 신뢰성은 테스트의 증폭 횟수에 따라 결정된다. 환자의 감염 여부에 대한 판단은 의사의 환자에 대한 종합적 판단을 통해 이뤄져야 하며, 의사의 진단 이후, 의사의 판단에 따라 테스트 진단 여부가 결정될 수 있다. 테스트 결과는 25회 증폭했을 때 약 70퍼센트의 신뢰성을 가지며, 30회 증폭했을

• https://www.moveaveiro.pt/les-juges-au-portugal-soulignent-la-fiabilite-plus-que-discutable-des-tests-covid?fbclid=IwAR1r51uAxsZYbpTJ6Rq9Dp9zvSyzqIaZa32anPJOZmGKWqlVBSzQQxwc0Sc

때는 20퍼센트까지 떨어진다. 35회일 때 신뢰도는 3퍼센트밖에 되지 않는다"라고 나와 있다. 당시 유럽지역에서 사용되던 PCR 테스트기는 대부분 35~45의 값을 적용했던 까닭에 결국 포르투갈 법원은 PCR 테스트만 가지고 격리하는 것은 불법이라며 1심 판결을 확정지었다.

WHO는 2021년 1월 20일, 코로나19의 감염 판정과 관련한 지침에서 "PCR검사가 양성이더라도 임상 진단에서 양성으로 볼 수 없다면 다시 샘플을 채취해 검사하거나 다른 방법의 검사를 취해야 한다"는 권고안을 내놓았다. 그간 PCR 검사의 문제를 지적해온 다수 과학자들의 비판을 부분적으로나마 뒤늦게 수용한 것이다.

한편, 미국 질병청CDC이 연구소들에 2022년부터 코로나19와 일반 독감을 구분할 수 있는 테스트기를 사용하도록 촉구했다는 보도가 나오기도 했다. CDC 자료에 따르면, 2019년 미국에서 연 2만 3000~6만 1000명에 이르던 독감 사망자가 2020년엔 646명으로 줄었다. 이는 독감과 코로나19를 구분하지 않는 테스트에 기인한다고 보는 것이 CDC의 판단이다. 연말까지 이 잘못된 기기들을 시정하라고 촉구했다는 것은, 작년부터 당해까지는 정확도가 바닥인 기기를 사용해왔다는 고백이기도 하다.•

앞서 살펴보았듯, 한국 정부가 PCR 테스트기 사용과 관련하여 저지른 비과학적 행위는 다른 나라들에서도 같은 방식으로 자

• https://www.foxnews.com/health/cdc-labs-covid-tests-differentiate-flu

행되었고, 여전히 진행 중이다. 일부 국가에서 뒤늦게나마 잘못을 시인하고 문제 시정을 위한 노력을 기울이고 있지만, 왜 애초에 이런 치명적인 의학적 오류들이 전 세계적으로 자행되었는지에 대해선 설명되지 않는다.

PCR 테스트기의 오용이 코로나19를 위력적 재앙으로 성장시킨 1등 공신이었다면, 코로나19를 인류의 삶에서 제거하기 위한 방법도 바로 같은 지점에서 찾을 수 있을 것이다.

2020년부터 선별진료소에서 일해오며 목격하고 경험한 것을 토대로 《코로나19, 걸리면 진짜 안 돼?》를 저술한 바 있는 서주현 교수는 "오늘 아무도 PCR 검사를 받지 않으면 내일 코로나는 끝난다"며 코로나 종결을 위해 검사받지 말 것을 제안하기도 했다. 민폐 끼치지 않으려면 선제적으로 코로나 검사를 받아야 한다고 정부는 말해왔지만, 검사받는 것이야말로 가장 큰 민폐 행위라는 것이 그의 주장이다. 증상이 있을 때 조용히 감기약 먹고 쉬면 타인에게 피해를 주지 않지만, 검사를 받으면 누구도 음성이 나온다 자신할 수 없고, 양성이 나오면 본인은 물론, 주변인 모두 밀접 접촉자로 격리당하고, 방역수칙을 잘 지키지 않은 사람으로 비난받으며, 뉴스에 보도되는 확진자 수에 추가되어, 우리가 간절히 바라는 일상을 점점 멀어지게 만들기 때문이라는 것이다.

과학을 악용하여 사기의 도구로 만든 사람들로 인해 오늘의 거대한 비극이 빚어졌다. 그 비극을 끝내는 가장 간단한 방법은 진단의 절차에서 사기를 없애는 것이다.

빌 게이츠의 꿈이
이뤄지는 나라

 당연하게도, 하늘 아래 순수하게 선한 자본가는 없으며, 선한 절대 권력도 없다. 절대 권력은 더 큰 권력을 추구할 뿐이고 자본가는 더 많은 자본을 원할 뿐이다. 이 명백한 사실이 어떤 사람에겐 예외로 적용된다면, 과도한 힘이 진실을 가리고 있는 중임을 확신해도 좋다.

 세상은 두 가지 시선으로 코로나19 팬데믹의 종말에 다가서고 있다. 한편에선 백신 맞고 구원받으시라는 복음이 강력한 전파를 타고 전해지는 반면, 다른 한편에선 사태의 본질적 문제를 추적하여 재발을 방지하려는 입장에 선 사람들이 분주히 움직인다. 후자의 사람들이 찾아낸 증거들 가운덴 어김없이 WHO의 변질 혹은 타락을 지적하는 목소리가 들어 있다.

'코로나19'라는 지루한 재난영화의 시나리오를 파악하려다 WHO의 변질이라는 퍼즐 조각을 집어든 사람은 바로 옆에 있는, 흥미로운 또 다른 퍼즐 조각을 보지 않을 수 없다. 20년 전 세계 보건기구에 발을 들여놓은 후, 세계 보건 질서를 재편해온 그의 이름을 사람들은 쉽게 말하지 못한다. 인류애의 상징이 된 이름을 부정적 현실과 연결지어 말하는 순간, 어린아이에게 산타클로스의 진실을 폭로한 어른처럼 즉각적인 거부와 공격에 직면하기 때문이다.

한국에서 그의 이름이 지니는 무게는 한층 각별하다. 언젠가부터 국민 전체가 GDP만큼이나 신경 쓰게 된 비계량적 가치 '국격'과 긴밀한 관계를 맺고 있는 탓이다. 1997년, 국가부도의 수렁에 빠졌던 우리가 빠른 속도로 그곳을 탈출할 때 붙잡았던 동아줄은 'IT 강국'이었다. 우린 김대중 전 대통령과 빌 게이츠가 반가운 표정으로 악수를 나누는 장면을, 앞으로 펼쳐질 밝은 미래를 약속해줄 보증 수표처럼 가슴 한편에 담고 있다. 그가 박근혜 전 대통령과 거의 똑같은 장면을 연출하며 한 손을 바지 주머니에 꽂고 있는 모습은 박근혜 시대와 함께 '추락한 국격'을 상징하는 모습으로 비춰지기도 했다.

우한에서 발발한 코로나19가 한반도로 불붙어 중국 다음으로 많은 확진자가 나오며 일순간 추락하는 듯했던 국격은, 케이방역을 통해 급속도로 사태가 수습되면서 건국 이래 최고 수준으로 치솟았다. 자타공인 미스터 세계보건 대통령이 된 빌 게이츠는 한국을 모범 방역국으로 치하하며, 상승한 한국의 국격을 공인해주는 역할을 맡기도 했다. 그를 부정하는 것은, 우리가 믿고 쌓아왔던 과거와 현재, 어쩌면 미래의 국격 포인트까지도 포기하는 일이 된다. 그는 옳았고, 계속 옳아야만 한다.

탐사 전문기자이자 생태분야에서 10여 권의 책을 내온 저자 리오넬 아스트뤽Lioner Astruc이 《빌게이츠, 아프리카에 간 이유》L'art de la fausse générosité : La Fondation Bill et Melinda Gates를 2019년에 출간한 것은 절묘한 행운이다. 냉철한 시선으로 인류의 전설이 된 인물의 행보를 추적하며 그가 베풀었다는 '관용'의 본질을 탐색하는 것은, 팬데믹이라는 전쟁터 한복판에서 그가 인류의 사령관을 자처하는 상황에선 더 복잡한 미션이었을 것이다. 서점에 깔리기도 전에 음모론 서적으로 분류되어, 세인의 색안경을 넘어서기 위해 분투해야 했을지 모른다. 책이 나오고 저자는 여러 방송에 초대되어 자신이 파악한 이 문제적 인물의 이면을 소개했다. 나 역시 한 방송을 통해 전혀 다른 각도에서 조명되는 이 자비로운 부자의 모습을 접할 수 있었다. 1년 후, 팬데믹이 경험케 한 첫 번째 통제령에서 풀려날 무렵, 난 이 혼란스러운 그림을 이해하기 위한 과정에서 이 책을 주문해 읽기 시작했다.

독점 자본주의 최첨단 기술을 구사하던 기업주, 업계의 경쟁사들을 차례로 전사시키고 윈도우 천하를 이룬 이 전투적 자본가는 21세기에 들어서며 기부 역사의 신화로 남을 법한 천사로 등극, 20년째 언론의 찬양을 한 몸에 받아왔다. 매년 세계 최고 수준의 기부를 갱신해도 그의 곳간은 고갈될 줄 모르고, 그는 첫손에 꼽히는 세계 갑부 자리에서 내려온 적이 없다. 베풀수록 커지는 즐거움, 노블레스 오블리제라는 말로는 충분히 설명되지 않는 이 아름다운 '마술'은 빌 게이츠의 고상한 직업이자 슈퍼리치들이 거쳐야 하는 필수 코스가 된 '자선 자본주의'의 과학이다.

저자는 "기부사업은 세계화된 경제계에서 가장 번창하는 산업"이라고, 게이츠의 마르지 않는 곳간의 비밀을 설명한다. 이들의 기부는 교육, 농업, 보건 분야의 정책 영역에서 억만장자들이 전대 미문의 권력을 휘두를 수 있는 데 직접 기여하고, 상위 1퍼센트 부자들은 자신들을 부유하게 만들어준 구조를 더 강화시키기 때문이다. 더구나, 그들은 국민의 세금을 사용하는 정부와 달리 국회의 논의를 거칠 필요도, 감사를 받을 필요도 없다. "내 돈 내가 쓰고 싶은 곳에 폼나게 쓴다"는 '기부'란 이름의 자유로운 행위는, 그 모든 귀찮은 절차를 피하면서, 자신이 원하는 방식으로 자신이 원하는 영역의 질서를 개편하게 해주는 도구다. 정치인들처럼 시시때때로 표를 구걸할 필요도, 가진 권력을 하루아침에 잃을 것을 염려할 필요도 없는 그들은 유아독존의 존재다. 현명하게도 게이츠 재단은 학계와 주류 언론, NGO에도 넉넉하게 선의를 베풀어온 덕에 웬만한 잡음들을 소거할 수 있었다.

팬데믹이 유럽에 상륙한 후 음울한 뉴스들로 세상이 뒤덮일 무렵, 게이츠 재단은 세계 유수의 언론에 돈을 뿌려왔으며, <르몽드>도 최근 5년간 게이츠 재단으로부터 400만 달러(약 52억 2000만 원)를 받았다는 소식이 전해졌다. 의심의 촉을 곤두세우던 이들은 여기서 팬데믹을 이해하는 또 하나의 의미 있는 퍼즐 조각을 발견한다.

빌 게이츠는 악랄한 자본가 노릇을 하다 어느 날 깨우쳐 선량한 자선가로 변모한 것이 아니라, 자선의 이름으로 세계의 보건, 농업, 기후 정책에 개입하여 더 큰 자본을 확보할 수 있는 정책적·구조적 개입의 교두보를 확보한 것이다. 이는 카네기, 록펠러 등 선대 자본가들이 갔던 길을 그대로 따른 것이기도 하다. 부록으로 수록된 앤 엠마누엘 번 교수의 논문은 록펠러 재단에서 게이츠 재단으로 이어지는 자선 자본주의의 메커니즘을 잘 설명하고 있다. 게이츠 재단은 신자유주의의 도입 이후, 회원국들의 분담금이 줄어 존립 위기에 있던 WHO의 막강한 재정적 지원자로 자리하며 2000년 이후 실질적으로 WHO를 사유화한다.

사회학자 린지 맥거이Linsey McGoey는 "자선사업 자본주의는 세계화된 경제의 가장 활황을 누리는 사업 형태의 하나"라고 설명한다. "수십억 달러가 투여되는 이 자선사업들은 교육정책, 농업정책, 보건의료 정책에 자본가들이 더 직접적인 권력을 행사하고 직접 개입하기 위한 용도로 사용"되기 때문이다.

1998년 마이크로소프트는 시장 독점을 위해 네츠플레이를 시장에서 몰아내는 과정에서 저지른 불법으로 미연방법원으로부터 해체 직전까지 가는 궁지에 몰린다. 극적 타협점을 찾아, 정부 감시하에서 영업을 재개할 수 있었으나 빌 게이츠의 이미지는 땅에 떨어졌다. 이런 상황에서 그는 2000년, 빌 앤 멜린다 게이츠 재단을 세워 자선사업이라는 우회통로를 통한 사업전략을 찾아낸다. 그는 무기제조업, 몬산토-바이어 등의 농화학기업, 제약회사, 정유회사, 패스트푸드 체인 등에 투자해 얻은 배당금으로 교육, GMO 농업, 질병 퇴치 등에 나섰고, WHO를 비롯한 수많은 의학연구소와 대학 등에 후원해왔다. 그가 투자해온 제약회사들의 이름은 길리어드, 화이자, 노바르티스 등 소위 빅 파마다. 그의 자선사업은 아프리카, 인도 등에서 에볼라, 에이즈, 결핵, 소아마비 등의 퇴치를 위해 자신이 투자해온 제약회사들의 백신을 공급하는 형태로 이뤄졌다. 즉, 자선사업이라는 구실로 자신이 투자한 회사의 성장을 돕고, 거기서 나오는 이익을 취해온 셈이다.

우리는 코로나19가 지구촌에 확산되는 동안, 이 바이러스와의 전쟁을 지휘하는 그의 목소리를 종종 들었다. 모두가 백신을 맞기 전엔 이전의 삶으로 돌아갈 수 없는 그의 복음을. 그의 말은 세상의 모든 언론을 타고 세계인의 귀에 빠짐없이 전해졌다. 르몽드와 AFP, 로이터가 합창하면 다른 언론들이 그 뒤를 따랐고 이 권위에 도전하는 모든 잡소리는 '음모론'으로 처리됐다.

IT업계의 몬산토

인도의 핵물리학자이자 생태운동가인 반다나 시바Vandana Shiva
는 빌 게이츠라는 인물의 본질을 오래전부터 정확히 간파해왔다.

책에 수록된 그의 글은 빌 게이츠를 "IT업계의 몬산토"에 비유하며 테크놀로지로 지구를 살리고 인류를 구하겠다는 자선자본가의 위선을 고발한다.

컴퓨터 산업 태동기엔 모든 것이 오픈소스 체제로, 개발자들 사이에서 자유롭게 소스를 공유하는 가운데 창의적 개발이 활발히 이뤄졌다. 빌 게이츠는 모두가 공유하던 초창기의 컴퓨터 기술에 자신의 기술을 가미하여 특허를 출원했고, 공공재처럼 사용되던 초기의 컴퓨터 기술들을 자신만의 것으로 사유화한다. 그리 오래전 일도 아니건만, 반다나 시바의 이 같은 증언은 통 큰 자선가의 이미지가 세상을 뒤덮은 뒤로 까마득하게 잊힌 사실이다.

이는 16~17세기에 영국의 돈 많은 지주들이 인클로저 운동 Enclosure movement: 미개간지나 공유지에 울타리를 쳐서 토지를 사유화한 움직임으로 토지를 착복한 것과 비슷한 방식이며, 빌 게이츠가 투자하고 있는 몬산토가 종자 분야에서 했던 것과 같다고 반다나 시바는 지적한다. "종자라는 것은 수천년간 인류가 함께 일구고 가꿔온 작업의 결실이다. 선대의 농민들이 그것에 특허를 낸 적은 없었으며, 농민들은 언제나 서로의 종자를 나누며 풍요를 일궈왔다. 그런데 몬산토가 등장해 종자에 약간의 변형을 가한 후, 종자에 대한 독점적 권리를 천명한다. 나아가 해당 종자의 모든 유전적 유산에 접근하지도 못하게 막는다. 이는 수 세기 동안 농부들이 개량하고 발전시켜온 종자의 특징을 가로챈 꼴이다."

15세기에 신대륙에 당도한 유럽인들이, 땅과 하늘, 공기는 누구도 사유할 수 없다 믿으며 자연과 공존하던 원주민들(유럽인들을 환대하며 얼마든지 함께 살아가고자 했던)을 학살하고, 극소수를 보호구역에 가둔 후 자신들이 새롭게 발견하고 개척한 땅으로 기록한 역사가 떠오르기도 한다. 모두가 공유하던 것을 사유화한 후, 그것을 나누어 쓰고자 하는 이들로부터 돈을 받아 부를 일구고, 그 부를 이용하여 절대 권력을 구축하는 일. 이 불길한 게임의 룰은 오늘 우리가 겪고 있는 현실과 닮아 있다. 마스크 없이 거리를 활보하고, 자유롭게 여행하고, 공연을 관람하며, 얼굴을 마주보고 대화하는, 인간이면 누구나 누리던 권리는 이제 몇몇 제약회사가 만들어낸, 효과가 입증되지 않아 조건부 승인을 받은 약물을 주입한 사람에게만 허락될 모양이다. 빌 게이츠는 코로나19 백신 개발을 위해 자신도 목돈을 내놨지만, 동시에 각국의 수장들을 종용하여 수천 억 달러를 백신회사들에게 건네게 했고, 각국은 실험이 완료되지 않은 그 백신을 앞다퉈 사들였으며, 그가 앞장서서 컨소시엄을 구성한 백신회사들은 잭팟의 기쁨을 누리고 있다. 물론 그 사이 게이츠의 자산도 410억 달러(약 53조 4800억 원)가 늘어났다.

이 백만장자는 인류의 미래, 특히 기후 위기로 위협받고 있는 지구의 미래에 지대한 관심을 갖고 있다. 그는 백신을 적절하게 사용함으로써 환경오염과 기후변화에 가장 큰 영향을 미치는 인류를 약 10~15퍼센트가량 축소할 수 있다고 공언하는 등, 자신이 설계하는 지구의 미래에 백신을 이용하려는 생각을 피력해왔다. 누구에게나 생각의 자유는 있으나 제 생각을 의회의 논의나 법적 절차도 필요 없이 자본의 힘으로 전 인류에게 적용시킬 수 있는 사람의 것이라면, 그것이 과연 어떤 결과를 초래할 수 있는지 면밀히 살펴야 한다.

그가 아는 해법은 단순하다. '테크놀로지'. 그리고 그것을 독점 자본으로 만들어줄 '특허'. 컴퓨터 기술과 특허로 세상을 지배한 그에겐 당연한 귀결이다. 식량에 대한 그의 해법은 GMO 기술과 나라별로 특성화된 단일 작물의 농업이다. 생물다양성을 유지하는 다양한 작물의 재배가 식량과 영양 위기에 대한 현명한 생태적 대안이라는 명료한 현장의 목소리는 그에게 들리지 않는다. 보건의료에 있어서 그가 아는 답은 '백신'이다. 보건의료 상황을 향상시키는 데 백신이 한 방법이 될 수 있지만, 게이츠 재단이 백신에 부여하는 의미는 '집착'에 가깝다. 식수와 위생 수준의 향상, 영양의 개선은 백신 이전에 인류의 건강을 증진시킬 수 있는 가장 기본적 조건이지만, 백신에 집착하는 빌 게이츠의 영향하에서, WHO의 노력은 게이츠 재단이 정한 특정 질병 퇴치에 집중된다.

이런 분위기 속에서 각 지역에 전통적으로 전해지는 자연적 치유법은 금기가 된다. 열대 지방에 만연한 말라리아 퇴치에 전통적으로 사용되어 오던 치료제는 개똥쑥(아르테미지아)이라는 약초다. 부작용도 없고, 어디서나 흔히 자라므로 제약회사에 종속될 필요도 없다. 코로나19도 일부 아프리아 국가는 아르테미지아로 치료했다. 그러나, 빌게이츠와 제약회사들이 강력한 영향력을 행사하는, 그리고 예산의 80퍼센트를 기업과 민간 컨소시엄이 제공하는

WHO는 아르테미지아의 사용을 금지시켰다. 코로나19에 효과를 입증했던 모든 오래된 약들이 언론과 보건당국의 협공 속에서 퇴출되어 갔던 것과 마찬가지다.

빌 게이츠의 꿈이 이뤄지는 나라

2018년 국제구호단체 옥스팜이 발표한 보고서에 따르면, 전년도에 창출된 부의 82퍼센트가 상위 1퍼센트의 부자들에게 돌아갔다. 오늘 인류가 직면한 팬데믹이라는 문제의 원인은 인류와 태초부터 공존해왔던 바이러스에 있는 것이 아니라, 바이러스를 계기로 제멋대로 세상을 개편해낼 수 있는 막강한 힘을 가진 자들의 출현이 아닐까? 한 줌의 자본가들이 무소불위의 권력을 가지게 된 상황을 방치한 채, 그들이 우연히 선한 마음을 먹어주기를 바라는 것은 현명한 일일까?

대한민국은 빌 게이츠의 꿈이 이뤄지는 나라다. 그 어느 나라보다 앞서 5G를 깔았고, 케이방역의 성공을 위해 한마음 된 전 국민의 협조로, QR코드로 만인의 동선이 확인되는 감시사회에 논란 없이 안착했다. 백신에 대한 신뢰도도 높아 독감 백신의 접종률은 세계 1위 수준이다. GMO 농산물을 가장 많이 수입하는 나라이며, 식량 자급률은 OECD 최하 수준이지만, 점점 더 많은 농지를 태양광 에너지 발전에 할애하느라 갈아엎고 있다. 무엇보다, 인구가 줄고 있다. 케이방역의 성공으로 코로나19의 피해를 최소화했음에도 2020년 대한민국의 인구는 2만 명이 줄었고, 2021년 인구는 9만 명이 줄었다. 빌 게이츠는 대한민국을 계속 칭찬하고, 이대로라면 우린 계속 그의 기대에 부응할 것이다. 우리가 들어선 이 길은 다음 세대를 위한 바람직한 선택일까?

여전히 대부분의 한국 언론은 인류애를 실현하는 자비로운 부자로 빌 게이츠를 바라본다. 자선이 쌓일수록 높아져만 가는 자산고의 비밀을 파헤치는 목소리도, 평화로운 얼굴 뒤에서 벌어지는 난감한 현실을 취재한 글도 찾을 수 없다. 기부금을 전하는 그의 재단이 트로이의 목마가 되어 미국의 제약회사, 농화학 회사들의 제품을 실어나르며 아프리카에서 벌인 일들을 우린 알지 못한다. 부지불식간에 대한민국이 그의 꿈을 이뤄가고 있는 중이라면, 그가 어떤 인물인지 그의 꿈을 우리가 이렇게 착착 실현해도 되는 건지, 한 번쯤 살펴야 할 것이다. 앞에서뿐 아니라, 뒤, 옆에서 그를 조명한 글들을 통해 우리에게 엄청난 영향력을 행사하는 이 인물을 고찰하는 것은 다음 세대에게 이 사회를 물려줄 기성세대가 해야 할 최소한의 의무일 것이다.

호모 사피엔스 사피엔스로
돌아갈 때

가장 강력한 면역은 웃음과 포옹, 햇빛

2021년의 마지막 날을 친구 집에서 열린 파티에서 보낸 딸 아이가 다음 날 아침에 돌아왔다. 아이가 현관에 들어서자, 난 긴 여행에서 돌아온 것마냥 두 팔을 크게 벌려 아이를 품에 안았다. 순간, 계속 사랑을 하면서 살게 해주는 존재가 있어서 고맙단 생각, 사랑하는 존재는 인간에게 가장 절실한 살아갈 이유를 제공하며, 그것이 최고의 면역을 제공한다는 생각들이 연쇄적으로 지나간다. 사랑하는 존재는 우리의 몸과 마음을 지속적으로 부스팅하게 해주는 고갈되지 않는 에너지원이며, 미소 짓게 하고, 좋은 것, 고귀한 것, 아름다운 것들로 삶을 채워가게 해주는 원동력이므로.

프랑스 라루스 사전Grand Larousse Encyclopedique: 프랑스의 대표적인 백과사전
이 말하는 면역의 정의는 "유기체에 침투한 외부 요인으로부터 유
기체를 지켜낼 수 있는 방어체계의 총체"다. 면역이란, 현대의학
특유의 협소한 정의처럼 특정 약물을 몸에 찔러넣으면 생기는 항
체만을 의미하는 게 아니라, 사람에 침투하여 우리를 약화시킬 수
있는 모든 외부 요인들로부터 우리를 지켜주는 것의 총체를 칭한
다. 그것은 햇빛을 통해, 비타민C, D, 아연 등을 통해서도 강화되지
만, 충분한 휴식, 무엇보다 사람들과 부지런히 관계 맺는 일상, 건
강한 식생활, 사랑으로 충만하게 채워진 관계, 스트레스가 쌓이는
걸 막아주는 내면의 기쁨, 삶을 향한 열정 속에서 형성된다.

사랑하는 사람과 함께 살면 자주 스킨십을 나눈다. 작은 기쁨
도 함께 나누니 배가 되고, 소소한 일로도 크게 웃을 수 있으니 스
트레스를 쌓고 살지 않을 수 있다. 상대에 대한 사랑이 그가 살고
있는 환경과 그와 이웃이 되어 살아갈 인류에 대한 사랑으로 확대
되면서, 사회적·역사적 존재로서의 고민을 실천해 나아갈 수 있
게 해준다. 인간에 대한 사랑은 호모 사피엔스 사피엔스가 타고난
지혜와 슬기를 최대한 발휘하게 해주는 최적의 촉진제인 셈이다.

웃음과 스킨십은 강력한 면역 촉진제

서너해 전, 살짝 몸살 기운이 돈다 싶은 상태에서 조금은 염려

하며 파리의 지인들과 한국 식당에서 만난 적이 있다. 우린 식탁 가득, 한국 음식들을 시켜놓고 원 없이 모국어로 회포를 풀며, 즐거운 수다를 나눴다. 식사 이후 카페로 자리를 옮겨 각자 품고 있던 비밀을 하나씩 풀어내며, 언니들 특유의 은밀한 우정의 밀도를 다지는 시간을 이어갔다. 한 번씩 허공에 박장대소를 날릴 때마다 꺼져가던 면역세포들이 퐁퐁 활력을 얻어 살아나는 느낌이더니, 열 번쯤 박장대소를 터뜨린 후 일어나 집으로 가는 길에, 내 몸을 맴돌던 몸살 기운이 사라진 걸 알았다. 내 몸살 기운을 가져간 건 탕수육과 보쌈, 김치찌개였을까? 언니들과 나눈 달근한 수다였을까? 그들과 다진 끈끈한 자매애였을까? 아마도 그 모두가 함께 빚어낸 면역의 연금술이 아니었나 짐작해본다. 한나절 동안 터뜨린 웃음과 언니들끼리의 모국어 수다 테라피의 놀라운 효과에 대한 기억을 간직하고 있다가, 이에 대한 과학적 근거를 찾아보았다.

캘리포니아 로마린다 의과대학교의 리 버크와 스탠리 탠 교수가 발표한 <웃음과 면역체계>라는 논문은 한바탕 웃고 난 후, 몸에서 감마 인터페론이 200배 이상 증가해서, 면역체계를 작동시키는 T세포를 활성화시킨다는 사실을 밝혀냈다. 또한 웃음은 종양이나 바이러스를 공격하는 백혈구와 면역 글로블린을 생성하는 B세포도 활발하게 만들어주어, 세균에 저항할 수 있는 최상의 상태로 이끌어준다는 사실도 입증했다.

미국 인디애나 메모리얼 병원 연구팀도 비슷한 연구 결과를 발표했다. 15초 동안 크게 웃기만 해도 엔돌핀과 면역세포가 활성화

돼 수명이 이틀이나 연장된다. 또한 많이 웃을수록 바이러스나 암세포를 공격하는 NK세포가 활성화되어 강력한 항암 효과를 가져올 수 있다는 것이다. 자주 웃고, 충만한 행복 속에서 지내면 감기 같은 질병에 잘 걸리지 않을 뿐 아니라, 암도 예방할 수 있다는 사실들이 과학적으로 입증된 것이다.

노시보Nocebo 효과가 가져온 결과

반면, 공포와 불안, 근심은 사람의 영혼과 육체를 함께 갉아먹는다. "사람들에게 당신은 곧 죽을 것이라고 말하면, 뇌 속에 있는 특정 세포가 죽어버리는 현상을 우리는 의학적으로 관찰할 수 있다. 이것은 노시보라고 하는 현상이다. 텔레비전에서 매일 밤 이런 얘기를 시민들에게 하면, 이것은 사회적 노시보라는 현상을 만들어낸다." 프랑스의 감염학자 디디에 하울은 2020년 프랑스 상원에 초대되어 이 같은 내용을 증언했다. 노시보Nocebo는 플라시보의 반대되는 개념으로, 라틴어로 '나는 해를 입을 것이다'라는 뜻이다. 사람에게 실제로는 무해하지만 해롭다는 주입된 믿음 때문에 실제로 해로운 영향을 끼치는 물질, 현상을 가리킨다.

● 플라시보Placebo: 라틴어로 '내가 기쁨을 줄 것이다'란 뜻의 단어로, 심리학자들은 고통을 가라앉힌다는 의미로 사용하고 있다. 의사가 환자에게 가짜 약을 진짜 약이라고 말하며 이것이 당신을 치유할 것이라고 하고, 환자가 그 말을 신뢰하면, 가짜 약임에도 병세가 호전되는 효과를 플라시보 효과라 한다.

세상의 모든 미디어가 '인류를 초토화시킬 초대형 바이러스가 지구촌을 휩쓸고 있으며, 이 신종 바이러스는 무증상인 상태에서도 타인을 감염시킬 수 있다'고 말하면, 사람들은 그로 인한 공포에 시달린 나머지, 점점 쇠약해질 수 있고, 심지어 아무런 구체적 위협이 없어도 죽음으로 향할 수도 있다.

프랑스의 한 심리학자는, 지난 시간 동안 정부 방역 당국이 프랑스 시민들을 향해 취해온 일들이 마치 어른에 의해 학대받는 아이와 비슷한 상태에 시민들을 놓이게 했다고 지적했다. 사람들은 공포 마케팅에 주눅 들어 있으며 정신적으로 지쳐 있다. 논리적 일관성을 찾기 어려운, 시시각각 변모하는 방역 규칙, 너무 많은 금지, 신체의 자유조차 박탈당한 초유의 상황, 확진자가 되면 사생활이 만천하에 공개될 수 있고, 세상에 민폐를 끼칠 수 있다는 공포의 주입은 인간의 면역력을 최악으로 약화시키는 환경을 조성한 셈이다. 그것은 인간 본연의 생존 능력인, 연대하고 추론하며 함께 답을 찾아 현명한 답에 이르는 길을 원천적으로 차단했다. 팬데믹 상황에서 정부가 시민들에게 주문한 것은 "너희들은 생각하지 마라. 그저 우리의 말을 따르라"였다. 더구나, 강요된 마스크 착용은 서로의 얼굴을 볼 수도, 미소를 전할 수도 없게 했을 뿐 아니라, 면역력 형성에 핵심 요소인 햇빛도 차단하게 만들었다. 보건 당국은 면역학의 기초도 모르는 집단이란 말인가?

"베샹이 옳았다."

19세기 프랑스 의학계의 두 거장이자, 치료의 관점에선 반대 입장에 있던 클로드 베르나르와 백신의 아버지로 일컬어지는 루이 파스퇴르는 질병의 가장 중요한 요인이 토양(인간의 신체)인가 아니면 외부로부터 침투해 들어오는 병원체인가를 두고 평생 논쟁을 벌여왔다. 파스퇴르는 후자의 입장을 대변하는 대표적 학자였다.

그러나 파스퇴르는 임종의 자리에서, "베샹이 옳았다. 병원체는 아무것도 아니다. 토양이 전부다"라는 말을 유언으로 남기면서 그 오랜 논쟁에 종지부를 찍었다. 아무리 바이러스가 창궐하고 사람 몸에 침투해도, 튼튼한 면역력을 가지고 있으면 해를 입지 않는다는 얘기다. 바이러스를 차단하기 위해 그것만 콕 집어서 막아주는 약물을 만인에게 주입하기보다는, 병원체들의 공격을 막아낼 수 있는 탄탄한 면역체계를 형성하는 것이 훨씬 효과적인 치료의 접근이라는 것이 이 논쟁의 결론이었다.

의학을 실천하는 방식에 관해 근본적인 대척점을 이루는 두 관점의 논쟁에서 파스퇴르가 임종 시 인정한 자신의 패배에도 불구하고, 현대의학은 건강한 토양을 조성하는 것이 아니라 병균을 적

● 앙투안 베샹Antoine Béchamp은 클로드 베르나르Claude Bernard와 같은 입장에 서 있던 당대의 의사다. 클로드 베르나르는 루이 파스퇴르Louis Pasteur의 스승이었고, 앙투안 베샹은 파스퇴르와 함께 수학한 동료였다.

으로 삼고 그들과 전쟁을 벌이는 데 초점을 맞추는 방향으로 진화해왔다. 이러한 진화의 방향을 주도한 것은 당연히 자본의 논리에 따른 결과였다.

WHO에서 10여 년간 자문위원으로 일해온 스위스의 보건의학자 아스트리드는 2020년 다큐멘터리 영화 <홀드업>에 출연하여 "세계보건기구는 건강이 아니라 질병에 초점을 맞춰왔다. 제약회사들은 오로지 더 많은 약을 팔려는 목적만 가지고 있으며, 약을 팔기 위해 그들에겐 질병과 환자가 필요하다"는 말로, 제약사들과 머리를 맞대며 그들의 이해를 도모하는 방향으로 변모해온 WHO의 타락을 지적했다. 2000년대부터 WHO는 빌 앤 멜린다 게이츠 재단, 게이츠 재단이 설립을 주도한 백신사들의 단체 세계백신연맹GAVI 등 민간단체들의 재정적 영향력 아래 놓이며 그들의 이해를 도모하는 도구로 전락해왔다.

2020년 3월 12일 코로나19 팬데믹 선언 이후, 전 세계는 사회적 거리두기, 이동 통제, 마스크 착용, 회합 금지, 대인 접촉 금지 등을 일괄적으로 명령받으며 백신의 은총이 베풀어질 때까지 기다렸다가, 때가 되면 맞으라는 얘기만 들어왔다. 그사이 정부는 우리의 면역력을 어떻게 하면 강화시킬 수 있는지에 대해선 전혀 말하지 않았을 뿐 아니라, 그들이 제시하는 모든 방법은 오히려 사람들의 면역력 저하에 적극 기여했다. 철저한 자본의 질서에 따라, 제약회사의 이윤에 보탬이 되지 않는 정보는 유통되지 않고, 오히려 탄압당하거나 은폐되었던 것이다.

호모 마스크스에서 호모 사피엔스로

인류는 지난 2년 동안 제 얼굴을 잊은 채 살아왔다. 서로의 표정을 응시하지도, 미소를 전하지도 못하면서, 점점 더 거리를 두고, 경계하고, 때론 증오하며 지내야 했다. 타인을 잠재적 위험으로 간주하게 만들고, 백신자와 비백신자가 서로 반목하고 질타하도록 부추기는 정부와 언론의 선동에 무력하게 순응하면서. 이러한 환경은 인간이 가진 가장 큰 능력 휴머니티의 발현을 적극적으로 방해했다. 그러면서 호모 사피엔스는 지혜로운 인간이라는 본질을 극적으로 상실해갔다.

프랑스는 2022년 3월부터 다시 거리에서 미소를 주고받을 수 있게 되면서, 거리에서 키스하는 연인들을 만날 수 있었다. 다시 숨 쉴 수 있었다. 일상의 기쁨이 미소와 보드라운 눈길을 타고 세상에 흘렀다. 그것은 바이러스를 중심에 둔 관점에선 가장 위험한 행위겠으나, 토양, 즉 몸의 면역력을 중심에 둔 관점에선 가장 바람직한 일에 속한다. 키스나 포옹은 엔돌핀과 옥시토신 등 행복 호르몬의 분비를 촉진하고, 특히 키스할 때 분비되는 엔돌핀은 몰핀보다 200배 강한 천연 진통제로 체내 면역 항체를 증가시킨다고 아주대 가정의학과 김범택 교수는 밝히고 있다.

진지한 하루의 일과인 듯, 마당을 공유하는 네 마리의 이웃집 고양이들은 오늘도 담장과 마당, 지붕 위를 빠짐없이 두루 산책하고 마당을 뒹굴며 뛰어논다. 메마른 나뭇가지들을 분주히 오가며 먹이를 찾던 새들도 종종 가지 위에 나란히 앉아 다정한 스킨십을 나눈다. 이들에겐 마스크도, 거리두기도, 백신도, 모임 제한 같은 우스운 지침도 필요치 않다. 그들에겐 그들의 신체에 대해 결정하는 WHO도, 공포를 전달하는 TV도, 방역규칙을 결정하는 질본도 없으니. 하늘을 날고 담을 넘기 위해 그 어떤 패스도 필요치 않다. 같은 하늘 아래서, 같은 공기를 마시며, 분명 같은 바이러스들과 공존하지만, 그들의 삶은 2년 전과 조금도 달라지지 않았다. 인류가 타고난 지혜라는 제 안의 버튼을 끄고 자본과 권력의 스피커인 주류 언론에 귀 기울이는 동안, 현생 인류는 사피엔스라는 학명에 걸맞지 않게, 심각하게, 매우 심각하게 퇴화하고 있다.

제 얼굴을 가리고 표정을 소거한 채 살아가는 '호모 마스크스(마스크를 쓴 인류)'는 퇴화된 인류를 상징하는 슬픈 초상화다. 지상 위의 그 어떤 생명체도 지금의 인류보다 어리석지 않다. 우린 호모 사피엔스 사피엔스로 태어났다. 생각하는 인간, 지혜로운 인간, 제 머리로 사고하고, 서로의 지혜를 모아 언제나 최선의 방법을 찾아낼 줄 아는 현생 인류의 본질을 회복해야 할 시간이다. 아무도 우리에게 그것을 허락해주지 않을 것이다. 스스로 행할 뿐.

시 끄 러 울 수 록
풍 요 로 워 진 다

ⓒ 목수정, 2022

초판 1쇄 인쇄 2022년 08월 12일
초판 1쇄 발행 2022년 08월 19일

지은이 목수정
펴낸이 이상훈
편집인 김수영
본부장 정진항
편집팀 허유진 원아연
마케팅 김한성 조재성 박신영 김효진 김애린 임은비
사업지원 정혜진 엄세영

펴낸곳 (주)한겨레엔 www.hanibook.co.kr
등록 2006년 1월 4일 제313-2006-00003호
주소 서울시 마포구 창전로 70(신수동) 화수목빌딩 5층
전화 02-6383-1602~3 **팩스** 02-6383-1610
대표메일 book@hanien.co.kr

ISBN 979-11-6040-875-1 (03300)